Rom. Ein archäologischer Reiseführer

ROM

Ein archäologischer Reiseführer

Von Margit Brinke
und Peter Kränzle

Mit 15 Plänen sowie 27 Abbildungen

Philipp Reclam jun. Stuttgart

Universal-Bibliothek Nr. 18194

Umschlaggestaltung: Martin Völlm, nach einer Idee
von Stefan Schmid, Stuttgart, unter Verwendung
eines Fotos mit Blick vom Kapitol auf das Forum Romanum
mit Saturn-Tempel und Septimius-Severus-Bogen
(Foto: Jürgen Baumann, Gerlingen)
Gesamtherstellung: Reclam, Ditzingen. Printed in Germany 2002
RECLAM und UNIVERSAL-BIBLIOTHEK sind eingetragene Marken
der Philipp Reclam jun. GmbH & Co., Stuttgart
ISBN 3-15-018194-1

www.reclam.de

Inhalt

ARCHÄOLOGISCHE MUSEEN ROMS

VOR DEN TOREN ROMS

ANHANG

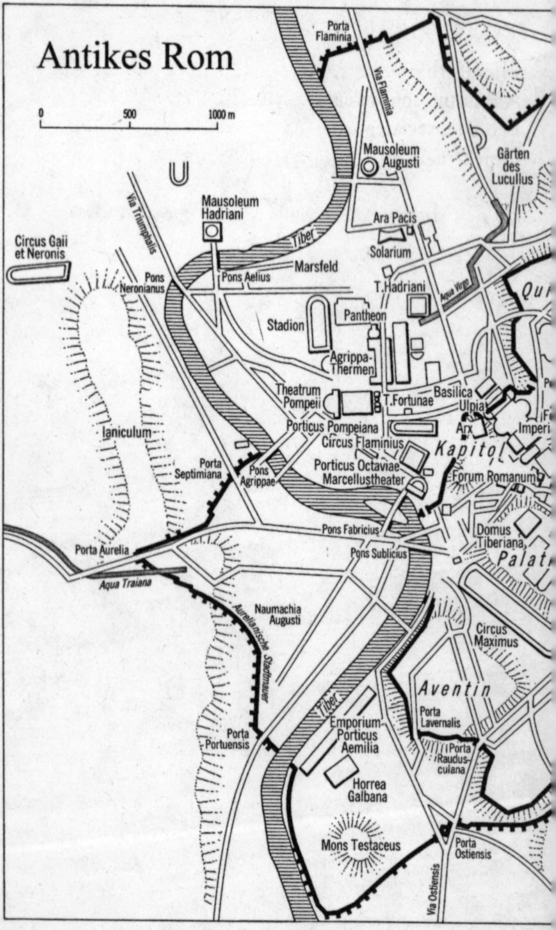

Antikes Rom
0
500
1000 m
Porta Flaminia
Via Flaminia
Mausoleum Augusti
Gärten des Lucullus
Via Triumphalis
Mausoleum Hadriani
Ara Pacis
Circus Gaii et Neronis
Tiber
Solarium
Marsfeld
Pons Neronianus
Pons Aelius
T. Hadriani
Aqua Virgo
Stadion
Pantheon
Agrippa-Thermen
Theatrum Pompeii
T. Fortunae
Basilica Ulpia
Arx
Ianiculum
Porticus Pompeiana
Circus Flaminius
Kapitol
Porta Septimiana
Pons Agrippae
Porticus Octaviae
Marcellustheater
Forum Romanum
Pons Fabricius
Domus Tiberiana
Porta Aurelia
Pons Sublicius
Aqua Traiana
Naumachia Augusti
Aurelianische Stadtmauer
Circus Maximus
Aventin
Tiber
Porta Lavernalis
Emporium
Porticus Aemilia
Porta Portuensis
Porta Raudusculana
Horrea Galbana
Mons Testaceus
Porta Ostiensis
Via Ostiensis

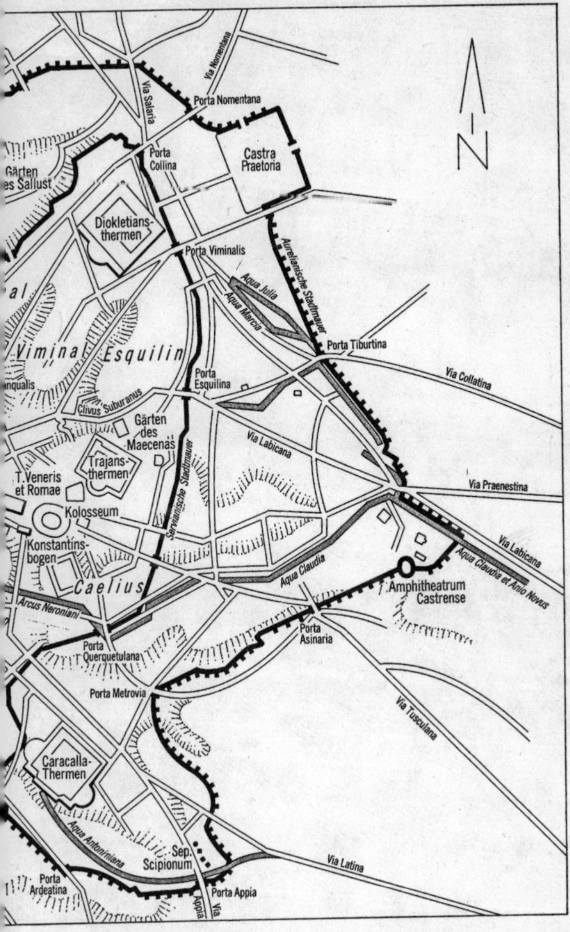

Via Nomentana
Via Salaria
Porta Nomentana
Porta Collina
Castra Praetoria
Gärten
es Sallust
Diokletians-
thermen
Porta Viminalis
Aurelianische Stadtmauer
Aqua Julia
Aqua Marcia
Porta Tiburtina
Via Collatina
Viminal
Esquilin
Porta Esquilina
Clivus Suburanus
Gärten
des
Maecenas
Via Labicana
Trajans-
thermen
T. Veneris
et Romae
Servianische Stadtmauer
Via Praenestina
Kolosseum
Konstantins-
bogen
Via Labicana
Aqua Claudia et Anio Novus
Aqua Claudia
Amphitheatrum
Castrense
Caelius
Arcus Neroniani
Porta Asinaria
Porta
Querquetulana
Porta Metrovia
Via Tusculana
Caracalla-
Thermen
Aqua Antoniniana
Sep.
Scipionum
Via Latina
Porta
Ardeatina
Porta Appia
Via
Appia

Vorwort

»Ja, ich bin endlich in dieser Hauptstadt der Welt angelangt!«, jubelte Goethe, als er am 29. Oktober 1786 in Rom eintraf. Seither zieht *Roma Aeterna*, die »Ewige Stadt«, Besucher fast magnetisch an. Rom ist – so der Münchner Schriftsteller Herbert Rosendorfer – »die Hauptstadt, die Seele, der Mittelpunkt der Welt« und damit im Unterschied zu anderen Weltstädten keiner Mode unterworfen.

»SPQR – *S*enatus *P*opulus*q*ue *R*omanus«, diese vier Buchstaben finden sich noch heute auf Gullydeckeln, Papierkörben, Bussen und Ruinen. Sie versinnbildlichen nicht nur das antike Ideal der Einheit von Volk und Regierung, sondern sind zugleich Symbol für die Verschmelzung von Epochen und Ruinen. Nirgendwo anders gehen Prähistorie, Altertum, Mittelalter und Neuzeit eine derart enge und harmonische Verbindung ein wie hier in Rom.

Der vorliegende handliche Band beschäftigt sich ausschließlich mit der Antike, mit den bedeutendsten historischen Stätten in Rom und Umgebung und den herausragenden archäologischen Museen. Auf ein allgemeines Einführungskapitel zu Geschichte, Kunst, Architektur (»Rom – die Ewige Stadt«) folgt ein archäologischer Rundgang durch das antike Rom; er bildet das Kernstück des Buches. Ausschlaggebend für die Auswahl und Anordnung der Sehenswürdigkeiten waren Bedeutung und Geografie, und nicht zuletzt der Erhaltungszustand. Zur Orientierung vor Ort dienen die Lagepläne.

Die bekanntesten Sehenswürdigkeiten Roms, wie das Forum Romanum und die Fori Imperiali (Kaiserforen), finden sich subsumiert im Kapitel »Das Zentrum«, wohingegen die in der Antike bedeutsamen einzelnen Stadtviertel bzw. Hügel einen eigenen Abschnitt bilden. Vorausgeschickt wurden die infrastrukturellen Hinterlassenschaften – Stadtmauern, Brücken und Wasserleitungen – die das »Rückgrad« der antiken Stadt bildeten. Um das reichhaltige archäologische Fundmaterial, die Kunst der Römer, geht es in »Archäologische Museen Roms«. Schließlich laden Ostia, die antike Hafenstadt Roms, und die Villa Adriana in Tivoli, Wohnort des Kaisers Hadrian, zur Erkundung der näheren Umgebung der Ewigen Stadt ein.

Es fällt schwer, eine Stadt wie Rom in Worte zu fassen, und es dürfte unmöglich sein, sie während einer einzigen Reise auch nur annähernd zu erkunden. Doch Rom ist schließlich »ewig« und man kann immer wieder dorthin zurückkehren! Einstweilen ...

Roma ex urbe aeterna s. d.
(salutem dicit)
Januar 2002

Margit Brinke
Peter Kränzle

Zeittafel

21. April 753 v. Chr. Mit diesem legendären Datum (archäologisch fassbar um 750 v. Chr.) beginnt die römische Zeitrechnung – *ab urbe condita* ›seit Gründung der Stadt‹

ab etwa 600 Herrschaft des etruskischen Geschlechts der Tarquinier über Rom. Zusammenschluss der Siedlungen auf dem Kapitol und Quirinal zu einer Stadt

ab 578 Mit der sog. Servianischen Stadtmauer entsteht die erste Umfriedung Roms

510/509 Sturz des letzten etruskischen Königs, Tarquinius Superbus, und Beginn der römischen Republik. Der Senat fungiert fortan als maßgebliches Verfassungs- und Verwaltungsorgan, zwei jährlich wechselnde Konsuln sind oberste Regierungsbeamte; in Krisenzeiten kann ein Diktator auf beschränkte Zeit ernannt werden

494 Einführung des Amts des Volkstribuns als Folge des Ständekampfes zwischen Patriziern (Adel) und Plebejern (übrige, nicht-adelige Römer)

451/450 »Zwölftafelgesetz« als erste Kodifizierung des gültigen Rechts; zugleich Einführung der Centurienverfassung (Heeres- und Volksordnung, basierend auf dem Grundvermögen)

445 Erstmalige Ernennung von Militärtribunen mit konsularischer Gewalt

um 390 Von den Römern als »Gallier« bezeichnete keltische Senonen plündern Rom. Als Folge entsteht ab 378 v. Chr. eine mächtigere Stadtmauer auf den Grundmauern der Servianischen

367/366 Licinisch-sextische Gesetzesreform zugunsten der Plebejer (Beschränkung von Grundbesitz des Adels, Zulassung zum Konsulat, der von Plebejern gestellte Prätor dient als oberster Richter bei Privatklagen)

348 Vertrag mit Karthago zur Abgrenzung der Einflusssphären beider Mächte

327–304 Mit dem 2. Samnitischen Krieg beginnt die Unterwerfung Mittel- und Unteritaliens unter römische Oberhoheit

312/311 Bau der Via Appia, der ersten Überlandstraße, und der Aqua Appia, dem ersten Aquädukt, unter Censor Appius Claudius Caecus

280–275 Krieg gegen den griechischen König Pyrrhos, nach dessen Rückzug sich Rom als ernstzunehmende Macht im westlichen Mittelmeergebiet etabliert

264–241 1. Punischer Krieg: Rom engagiert sich für Messana (Messina/Unteritalien) und gerät dadurch in einen Interessenkonflikt mit Karthago

238/237 Sardinien und Korsika werden als erste römische Provinzen eingerichtet

232–218 Rom setzt sich in Norditalien als bestimmende Macht durch

229 und 219 Im 1. und 2. Illyrischen Krieg dehnt Rom erstmals seinen Machtradius auf das östliche Mittelmeer aus

218–201 2. Punischer Krieg: Der zweite Konflikt mit Karthago entbrennt um Herrschaftsansprüche in Spanien. Hannibal zieht über die Alpen nach Italien. Da sich zwischen 215 und 205 auch der makedonische König Philipp V. auf dessen Seite schlägt, ist Rom zu einem Zweifrontenkrieg (1. Makedonischer Krieg) gezwungen

217 und 216 Vernichtende Niederlagen der Römer gegen

Hannibal am Trasimenischen See und bei Cannae

206 P. Cornelius Scipio besiegt die Karthager in Spanien

202 Bei Zama Regia in Nordafrika schlägt Scipio Hannibal vernichtend. 201 kommt es zum Friedensschluss mit Karthago

200–197 2. Makedonischer Krieg: In der zweiten Auseinandersetzung mit den Makedoniern unter Philipp V. greift Rom auf Bitten Pergamons und Rhodos' in die griechischen Machtkämpfe ein und dehnt damit, zunächst unbeabsichtigt, seine Herrschaft ostwärts aus

196 Nach dem Friedensschluss mit den Makedoniern gibt der römische Feldherr und Abgesandte des Senats, T. Quinctius Flamininus, die berühmte Freiheitserklärung für ganz Griechenland bekannt. 194 ziehen sich die römischen Truppen aus Hellas zurück

191–188 und 171–168 Im Krieg gegen Antiochos III. von Syrien und im 20 Jahre später ausbrechenden 3. Makedonischen Krieg wird Rom erneut in griechische Machtkämpfe hineingezogen und muss anschließend zur Friedens- und Machtsicherung erstmals Truppen in Griechenland belassen

161 Der innerrömische Streit zwischen »Modernen« (Philhellenen) und »Konservativen« endet in der Ausweisung griechischer Rhetoren und Philosophen

148 Niederschlagung eines Aufstandes in Makedonien. Folge ist die Entstehung der ersten römischen Provinz in Griechenland

146 Nach der Zerstörung Karthagos (im 3. Punischen Krieg) und Korinths übernimmt Rom endgültig die Vorherrschaft im Mittelmeerraum

133 Das griechische Königreich Pergamon (Klein-

asien) fällt testamentarisch an Rom und wird 129 v. Chr. als Provinz Asia römischer Herrschaft unterstellt

133–121 Die von den beiden Volkstribunen, Tiberius und Gaius Gracchus, erlassenen Agrar- und Sozialgesetze führen zum Zeitalter der römischen Revolution, das erst unter Augustus endet

113–101 Die Bedrohung durch germanische Kimbern und Teutonen kann durch Siege des Feldherrn Marius abgewendet werden

104–100 Marius führt eine Heeresreform durch, die die Entstehung eines römischen Berufsheers, in Legionen aufgeteilt, zur Folge hat

um 100 Mit dem Vesta-Tempel auf dem Forum Boarium entsteht der erste Marmortempel Roms

91–89 Der Bundesgenossenkrieg bringt Rom an den Rand des Zusammenbruchs. Ein Kompromiss (Verleihung des römischen Bürgerrechts an alle Italiker) schafft vorübergehend Ruhe

88–82/81 Der Machtkampf zwischen Marius bzw. seinen Anhängern und Sulla führt zum Bürgerkrieg

81 Mit der Rede »pro Quinctio« wendet sich der Redner Cicero erstmals an die Öffentlichkeit. Rom hat nach Schätzungen etwa 400000 Einwohner

82/81–79 Sulla gibt als gewählter Diktator auf Zeit dem Senat wieder größere Machtbefugnisse – lässt jedoch etliche Senatoren auf Ächtungslisten setzen und ermorden

73–71 Sklavenaufstand unter Spartacus

70 Rücknahme der sullanischen Maßnahmen durch die Konsuln Pompeius und Crassus

ab 67 Pompeius erhält als erfolgreicher Feldherr mehrmals außergewöhnliche Machtbefugnisse (Imperien) in Kriegen gegen Seeräuber und König Mithridates von Kleinasien übertragen

63 Die »Catilinarische Verschwörung« endet mit dem Tod Catilinas und seiner Anhänger (62 v. Chr.)

61 Pompeius lässt auf dem Marsfeld das erste römische Theater in Stein errichten

60 Pompeius, der Feldherr, Crassus, der Geldmagnat, und Caesar, der junge ehrgeizige Politiker, schließen sich heimlich zum 1. Triumvirat (Dreierbund) zusammen, um die innenpolitschen Unruhen zu beenden

59 Gaius Iulius Caesar wird Konsul und erhält als Prokonsul die Gewalt über die gallischen Provinzen

58–50 Als Prokonsul erobert Caesar ganz Gallien, häuft damit ein beträchtliches Vermögen an und erringt eine bedeutende Machtposition

51 Mit dem Baubeginn von Caesar-Forum und Curia Julia beginnt der Wandel Roms zur Marmormetropole

49–30 Zeitalter der Bürgerkriege im Römischen Reich. Als einzige verbliebene ausländische Macht ist das Ptolemäerreich (Ägypten) unter seiner Herrscherin Kleopatra involviert

45 Caesar wird zum Diktator auf Lebenszeit ernannt

15. März 44 Ermordung Caesars während einer Senatssitzung

43 Oktavian, Caesars Erbe, Antonius, Feldherr unter Caesar, und Lepidus, angesehener Senator und Politiker, bilden das 2. Triumvirat, um den römischen Staat vor dem Niedergang zu retten

42 Schlacht bei Philippi: Antonius besiegt die Caesarmörder Brutus und Cassius

ab 37 Nach Antonius' Heirat mit Kleopatra eskaliert der Streit zwischen ihm und Oktavian zum Bürgerkrieg

31 Seeschlacht bei Actium: Agrippa, Oktavians Feldherr, schlägt die Truppen von Antonius und Kleopatra vernichtend

27 Oktavian legt alle Sonderämter nieder und stellt damit die Republik wieder her. Der Senat gibt ihm jedoch zahlreiche Sonderrechte (*imperium proconsulare*) und verleiht ihm den Ehrennamen »Augustus« (der Erhabene). In den folgenden Jahren befriedet er mit seinen Truppen die römischen Provinzen und festigt die Macht Roms im Mittelmeerraum

25 Agrippa lässt die ersten öffentlichen Thermen Roms errichten

ab 16 Beginn der organisierten Unterwerfung Germaniens

12 Augustus wird zum Pontifex Maximus gewählt

7 n. Chr. Verwaltungsreform in Rom: Die Stadt wird in 14 Regionen unterteilt

14–68 Tiberius wird nach dem Tod des nunmehr »vergöttlichten« Augustus dessen Nachfolger und begründet die julisch-claudische Dynastie

16 Abberufung des Germanicus und damit Einstellung der Offensive gegen die Germanen

um 60–63 Der Apostel Paulus predigt in Rom und wird schließlich verhaftet

Juli 64 »Brand von Rom« (10 der 14 Regionen sind betroffen) und anschließende Christenverfolgung, da Nero die Christen als Brandstifter beschuldigt. Bau der Domus Aurea und des Circus Maximus

um 67 Hinrichtung der Apostel Petrus und Paulus

68/69 Vierkaiserjahr: nach Neros Tod Unruhen und Machtkämpfe, bei denen sich Vespasian als neuer Regent durchsetzt

80 Erneut großes Feuer in der Stadt. Einweihung des Kolosseums

96–138 Unter der Herrschaft Trajans und Hadrians größte Ausdehung des Römischen Reiches; Friedenspolitik (Grenzsicherung)

148	900-Jahr-Feier in Rom, wo inzwischen über eine Million Menschen leben
166/167	Die Pest wütet im Römischen Reich
193	Bürgerkriegsähnliche Machtkämpfe im zweiten »Vierkaiserjahr«, die mit der Herrschaftsübernahme durch Septimius Severus enden
208–211	Britannien-Feldzug und Einrichtung einer römischen Provinz auf der britischen Insel
212	»Constitutio Antoniniana«: Alle freien Bürger im Römischen Reich erhalten das römische Bürgerrecht
247	1000-Jahr-Feier in Rom
249/250	Edikt des Kaisers Decius: Alle Bewohner des Römischen Reichs müssen die offiziellen Staatsgötter verehren. Ende der Religionstoleranz und Beginn einer großangelegten Christenverfolgung, die einen zweiten Höhepunkt 257–259 n. Chr. erlebt
260	Toleranzedikt des Kaisers Gallienus stellt das Recht zu freier Religionsausübung wieder her
271–279	Bau der Aurelianischen Stadtmauer mit etwa 19 km Länge; sie umfasst ein Areal von rund 1400 ha
293	Einrichtung der Tetrarchie: Das Römische Reich wird in zwei Verwaltungsgebiete, Ost- und West-Rom, geteilt und von vier Caesaren regiert
299	Nach dem Edikt gegen die Christen kommt es 303 erneut zu Christenverfolgungen
301	Das Höchstpreis-Edikt ist der umfassendste Versuch staatlicher Wirtschaftslenkung in der Antike
312	Die Schlacht an der Milvischen Brücke sichert Konstantins Macht
ab 312	Bau der Lateranbasilika als Hauptkirche der christlichen Welt
313	Mit dem Mailänder Edikt gesteht der bekehrte Kaiser Konstantin den Christen Religionsfreiheit zu
321	Der Sonntag wird als Ruhetag eingeführt

330 Konstantinopel (Byzanz) wird neue Hauptstadt des Römischen Reichs, Rom verliert zunehmend an Bedeutung

391 Kaiser Theodosius I. erhebt den christlichen Glauben zur Staatsreligion und verbietet andere Kulte

395 Das Römische Reich wird nach der verwaltungstechnischen Trennung im Jahr 293 in zwei unabhängige Staatswesen gegliedert. Regierungssitz des weströmischen Reichs wird erst Mailand, ab 402 Ravenna

410 Die Westgoten unter Alarich erobern Rom

455 und 472 Rom wird von Vandalen geplündert

476 Mit Romulus Augustulus wird der letzte weströmische Kaiser abgesetzt, neuer Machthaber ist der Germane Odoaker. In der Stadt Rom übernimmt der Papst die weltliche Kontrolle. Die Bevölkerung schrumpft in der folgenden Zeit auf rund 25000 Einwohner

Geschichtlicher Überblick

Mit Stolz nannten die Römer im Altertum die Metropole Rom schlicht *urbs*, die Stadt, und in der Tat überstrahlte diese während ihrer Blütezeit alle anderen Metropolen. Dabei liegen die Anfänge in einem bescheidenen Dorf und es verstrichen etliche Jahrhunderte, bis sich die Stadt zur Weltmacht erhob, nicht ohne dabei herbe Rückschläge erleben zu müssen. Drei historische Hauptphasen prägen die Geschichte des »alten Rom«: 1. die Königszeit, 2. die römische Republik und 3. die römische Kaiserzeit, die den kulturellen und politischen Höhepunkt des Imperium Romanum bildet.

Königszeit

Die Vorgeschichte Roms ist die wissenschaftlich am wenigsten gesicherte Epoche. Obwohl in letzter Zeit bedeutende Funde ans Tageslicht gekommen sind, beruht die Kenntnis der Frühgeschichte immer noch überwiegend auf den Überlieferungen des wichtigsten römischen Geschichtsschreibers, Livius. Er war es, der die sagenumwobene Gründungsgeschichte Roms erstmals umfassend niederlegte.

Am 21. April 753 v. Chr., *ab urbe condita*, wie Livius es ausdrückt, wurde Rom von den Zwillingen Romulus und Remus gegründet. Die Überlieferung des exakten Zeitpunkts verdanken wir Varro, der bereits eine Generation vor Livius das Gründungsdatum »berechnet« hatte. Livius schildert jedoch die Umstände in anschaulicheren Bildern: Aeneas war nach seiner Flucht aus dem von den Griechen eroberten Troia in Latium gelandet, hatte dort Lavinia, die Tochter des Königs, geheiratet und die Städte Lavinium und Alba Longa gegründet. Romulus und Remus, die Nachkommen des Aeneas, waren ausgesetzte Königskinder, die von einer Wölfin gesäugt worden waren, bis ein Hirte sie aufnahm und großzog. Als Erwachsene holten sie sich dann nicht nur ihr rechtmäßiges Erbe zurück, sondern gründeten gleich auch ihre eigene Stadt, Rom. Während der Bauarbeiten kam es jedoch zum geschwisterlichen Streit, und Romulus soll dabei seinen Bruder erschlagen haben. Da es in der neuen Stadt anfänglich zu viele Männer gab, raubten die Römer die Frauen des benachbarten Volks der Sabiner. Den unausweichlichen Konflikt verhinderten die Betroffenen selbst, indem sie ihre Väter und neuen Ehemänner von der Notwendigkeit eines friedlichen Zusammenlebens der Verwandten überzeugten.

Wie archäologische Grabungen zeigen, lassen sich erste Siedlungsspuren auf den Hügeln von Rom bereits wesentlich früher datieren. Schon im 14. Jh. v. Chr. wohnten Menschen auf dem Kapitol, ab dem 10. Jh. v. Chr. auf dem Palatin. In dieser »vorurbanen Phase« lassen sich neben den frührömischen auch sabinische Siedlungen (unterschiedliche Grabbeigaben) des 8. Jh.s v. Chr. auf dem Esquilin und Quirinal nachweisen. Während der sog. urbanen Phase zwischen dem 8. und 6. Jh. belegen andere Funde, dass es zur Vereinigung der unterschiedlichen Siedlungen zu einer gemeinsamen Stadt gekommen sein muss.

Nach der römischen Sage herrschten nach der Stadtgründung sieben etruskische Könige, und archäologische Funde bestätigen tatsächlich etruskischen Einfluss ab etwa dem 7. Jh. v. Chr. Die Fundsituation belegt zugleich die Entstehung einer Infrastruktur, Trockenlegung des Geländes und den Bau eines Forums (um 575 v. Chr.). Religiöses und politisches Zentrum war das Kapitol, und die obersten Götter Jupiter, Mars und Virinus, die dort verehrt wurden, lassen den etruskischen Einfluss und jenen aus dem griechischen Unteritalien erkennen. Unter dem etruskischen Königsgeschlecht der Tarquinier, die über Rom herrschten, entstand mit dem Tempel des Jupiter Capitolinus (geweiht 509 v. Chr.) zugleich der erste bedeutende Tempel, und das römische Wahrzeichen, die die Zwillinge säugende Wölfin, geht auf ein etruskisches Bronzestandbild zurück. Der Name »Rom« soll übrigens nach einer von zahlreichen Theorien ebenfalls etruskisch sein und sich von der Adelsfamilie der Ruma ableiten.

Woher die Etrusker eigentlich stammten, wird bis heute viel diskutiert. Um 900 v. Chr. tauchten sie an der Küste Norditaliens auf, bekleideten schon bald herausragende Stellungen und kontrollierten während der Blütezeit im 6. Jh. v. Chr. nicht nur das Areal des heutigen Etruriens, sondern auch die Po-Ebene, Kampanien, Latium, Elba und Teile Korsikas. Gerade ihre hochentwickelte Stadtkultur erwies sich auf kulturellem und religiösem Gebiet als wegweisend, und viele Institutionen und religiöse Bräuche lebten noch lange in Rom fort.

Republik

Ein Meilenstein in der Geschichte Roms war das Jahr 509 v. Chr. Damals gelang es den Römern, sich der etruskischen Herrschaft zu entledigen. Der Legende nach wurde damals der letzte etruskische Herrscher Tarquinius Superbus wegen der Vergewaltigung der Römerin Lucretia, die sich daraufhin umbrachte, gestürzt. Angeführt von Lucius Brutus, vertrieben die römischen Bürger die Etrusker – das Zeitalter der Republik begann.

Im Laufe des 5. Jh.s v. Chr. förderten innenpolitische Umwälzungen eine sich konstituierende Oligarchie, angeführt von einem aristokratischen Senat und einem Magistrat mit zwei Konsuln an der Spitze. Für stärkere Beteiligung der Bürgerschaft am politischen Leben sorgte die Einführung des Tribunenamts sowie das Concilium plebis als eine Art Volksvertretung.

In den folgenden Jahrhunderten wurde der Agrar- und Stadtstaat auch außenpolitisch aktiv und strebte die Vorherrschaft über ganz Italien an. Selbst ein katastrophaler Angriff der Gallier um 387 v. Chr. konnte die Expansion der Stadt nicht aufhalten, bewirkte jedoch, dass Mitte des 4. Jh.s die heute noch in Resten erhaltene Servianische Stadtmauer massiv ausgebaut wurde. Zwischen 272 und 133 v. Chr. brachte der Machtkampf mit den italischen Mächten und vor allem mit Karthago (v. a. 264–228 und 218–201 v. Chr.) die Stadt mehrmals an den Rand des Zusammenbruchs. Unter Aufbietung aller Kräfte und mit stoischer Disziplin setzten sich am Ende, trotz zahlreicher verlorener Schlachten, die Römer durch und hatten um 200 v. Chr. den westlichen Mittelmeerraum unter ihrer Kontrolle.

Der Versuch der Römer, sich fortan aus Konflikten herauszuhalten, scheiterte an den engen Verflechtungen der verschiedenen Mächte. Statt nach der Auseinandersetzung mit Karthago zur Ruhe zu kommen und die darniederliegende Landwirtschaft, die Stütze des Staates, wieder zu stabilisieren, geriet Rom in die Machtkämpfe der traditionell zerstrittenen Herrscher und Stadtstaaten in der griechischen Welt. Zunächst nur widerstrebend – in einer berühmten Rede hatte schließlich 187 v. Chr. der römische Feldherr T. Quinctius Flamininus ganz Hellas für frei erklärt und damit das machtpolitische Desinteresse Roms am Osten bekräftigt – begann Rom im Laufe des 2. Jh.s v. Chr. in zunehmendem Umfang auch den östlichen Mittelmeerraum zu kontrollieren.

Durch die rapide Expansion innerhalb weniger Jahrhunderte geriet das einstige Bauerndorf Rom aus den Fugen. Der sich stetig vergrößernde Machtbereich wuchs den Römern buchstäblich über den Kopf, denn die stadtstaatlich organisierte Aristokratie war bereits mit der Organisation der Verwaltung restlos überfordert. Die von Rom eroberten, ererbten oder zwangsverbündeten Gebiete wurden zu Provinzen erklärt und dann mehr schlecht als recht von Ex-Politikern verwaltet, die meist ihr Amt zur persönlichen Bereicherung nutzten. Man versuchte, zentral von Rom aus zu regieren, was jedoch die für die Provinzen zuständigen Verwalter kaum vom Amtsmissbrauch abhielt. Der durch Ciceros berühmte Rede angeprangerte Fall des korrupten Provinzverwalters Verres gibt einen Eindruck davon.

Zudem sorgten außenpolitische Konflikte zwischen dem 5. und 2. Jh. v. Chr. und besonders die neu einströmenden kulturellen Einflüsse aus Griechenland in Rom für Unruhe. Ein Bauernvolk sah sich mit einer hochstehenden Kultur konfrontiert, die althergebrachte Traditionen ins Wanken brachte. Auch die Umwandlung der von Kleinbauern, aus denen sich die römische Armee zunächst rekrutierte, getragenen Landwirtschaft zur Latifundienwirtschaft der Großgrundbesitzer mit Sklaven verlief nicht problemlos. In Rom war ein arbeits- und besitzloses Proletariat entstanden, das sich zum unberechenbaren politischen Machtfaktor entwickelte. Eine Agrarreform (*lex agraria*) des Tribunen Tiberius Gracchus scheiterte 133 v. Chr. und auch sein Bruder

Gaius, der 122 v. Chr. ein Agrargesetz (*lex frumentaria*) durchgesetzt hatte, konnte sein Ziel, in ganz Italien das römische Bürgerrecht einzuführen, nicht verwirklichen. Schon damals stand Rom kurz vor einem Bürgerkrieg.

Die Umwandlung des Bauernstaats in ein hochentwickeltes, von Beamten und Berufssoldaten getragenes Staatsgebilde nahm ihren Lauf. Ein entscheidender Schritt war die durch innen und außenpolitische Unruhen zu Beginn des 1. Jh.s v. Chr. ausgelöste Heeresreform des Marius. Die nach 104 v. Chr. verpflichteten Söldnertruppen sollten im Laufe des 1. Jh.s v. Chr. zu einem bedeutenden Machtfaktor werden. Im Jahr 60 v. Chr. versuchten Pompeius, Caesar und Crassus mit einem geheimen Triumvirat für Ruhe und Ordnung zu sorgen. Die gemeinsame Herrschaft hatte jedoch nicht lange Bestand, zu unterschiedlich waren die Ansichten. Am Ende standen sich Pompeius samt konservativen Kreisen und Caesar mit den »Reformern« gegenüber. Die Meinungsverschiedenheiten führten zu einem Bürgerkrieg, aus dem 48 v. Chr. Caesar als Sieger hervorging. Vom Senat zum »Diktator auf Lebenszeit« ernannt, machte sich der Herrscher an die Lösung der innenpolitischen und verwaltungstechnischen Probleme, startete ein groß angelegtes Bauprogramm, mit dessen Vollendung allerdings erst sein Erbe Augustus Lorbeeren ernten konnte. Dass die Krise aber weiterhin nicht behoben war, zeigt die Ermordung Caesars am 15. 3. 44 v. Chr.

Neuerliche Auseinandersetzungen betrafen dann das ganze römische Machtgebiet von Spanien bis Ägypten. Octavian, schon von Caesar zum Nachfolger bestimmt, setzte sich dank dem brillanten Feldherrn Marcus Agrippa und besonders der tatkräftigen Hilfe durch einflussreiche Caesargetreue gegen Marcus Antonius, einen ehemaligen General Caesars, durch. Mit dem Sieg bei Actium 31 v. Chr. beendete Octavian die lange Phase der Bürgerkriege – vier Jahre später wurde er dafür vom Senat mit dem Ehrentitel »Augustus« (der Erhabene) geehrt. Der innenpolitische

Konflikt hatte gezeigt, dass die komplexe Verwaltung des römischen Reiches nicht mehr mit den politischen Maßstäben der Republik zu halten war. Vorherige Versuche, einzelne Personen mit Sonderbefugnissen, sog. Imperien, zur Lösung spezieller Probleme auszustatten, hatten die Grundprinzipien der Republik – Annuität und Kollegialität – ad absurdum geführt, da die Macht auf eine Person konzentriert wurde. Das war bei Augustus prinzipiell nicht anders. Er vereinte ab 27 v. Chr. die politischen, militärischen und religiösen Schlüsselpositionen in seiner eigenen Person, was zum sog. Prinzipat führen sollte, der Herrschaft des *primus inter pares*.

Imperium Romanum

Augustus setzte das von seinem Großonkel und Ziehvater, Caesar, begonnene Bauprogramm fort und schuf, wie er selbst in seinem Rechenschaftsbericht festhielt, aus einer »Stadt aus Lehm« eine »Stadt aus Marmor«. Erstmals war die Rede von Rom als *caput mundi*, als Zentrum der Welt. Augustus sorgte aber auch für innenpolitische Konsolidierung, trieb die Sicherung des Reiches voran und initiierte eine administrative und bauliche Neuordnung (Militärreform, Verbesserung der Wasser- und Getreideversorgung, der Infrastruktur, Schaffung eines Berufsbeamtentums, Neuordnung der Religion). Zeitgenossen sprachen nach der langen Phase innerer Unruhen nun vom »Goldenen Zeitalter«. Das Römische Reich erblühte künstlerisch und wirtschaftlich zu bisher ungekannter Größe.

Mit der Ermordung des zwielichtigen Kaisers Nero im Jahr 68 n. Chr. endete die Regierungzeit der julisch-claudischen Dynastie, die Augustus begründet hatte. Die von Machtkämpfen und Intrigen am Kaiserhof geprägte Epoche erlebte ihren unrühmlichen Gipfel im Brand von Rom (64 n. Chr.). Der Geschichtsschreiber Sueton machte Nero dafür verantwortlich, da dieser Platz für seine Domus Aurea brauchte. Nero dagegen beschuldigte die Christen und begann die erste große Verfolgungsaktion gegen die »neue« Religion, der wahrscheinlich auch die Apostel Petrus und Paulus zum Opfer fielen. Der wahre Grund für den Brand mag vielleicht eines der immer wieder in Rom wütenden Feuer gewesen sein, die vor allem in den dicht mit Holzhäusern bebauten Slums ausbrachen, und nicht selten auf Bauspekulantentum zurückgingen.

Von 69 bis 96 übernahm die Familie der Flavier (Vespasian, Titus und Domitian) die Herrschaft. In jener Phase der Kaiserzeit entstand das berühmte Kolosseum. Nerva, der erste der sog. Adoptivkaiser, entschloss sich zu einer Änderung, die das Prinzipat entscheidend prägte: Er ernannte seinen Nachfolger bereits zu Lebzeiten und ließ ihn durch den Senat legitimieren. Trajan (98–117) ging einen Schritt weiter und begründete das Dominat, eine zunehmend absolutistische Herrschaftsform des Princeps, der jetzt den Beinamen »Caesar« (Kaiser) trug. Das Prinzipat entwickelte sich mehr und mehr zu einer reinen Monarchie. Unter Hadrian (117–136) erreichte das Imperium Romanum nicht nur seine größte Ausdehnung, machte sich zugleich als großer Bauherr, Mäzen und Philhellene einen Namen. Sein Nachfolger Mark Aurel galt als der »Philosoph« unter den Kaisern, der seine Gedanken auch niederschrieb.

Bereits während der Blütezeit im 2. Jh. n. Chr. begannen sich Vorzeichen einer Krise abzuzeichnen. Das Militär gewann innenpolitisch zunehmend an Macht, und an den Grenzen kam es immer wieder zu Unruhen. Zudem erschütterte gegen Ende des 2. Jh.s n. Chr. eine Wirtschaftskrise das Römische Reich. Zwischen 193 und 211 konnte der ehemalige General Septimius Severus noch einmal die Ruhe wiederherstellen, die sich anbahnende Krise war jedoch nur vorübergehend in den Hintergrund gerückt.

Krise und Neuordnung

Das 3. Jh. n. Chr. ging als »Ära der Soldatenkaiser« in die Geschichte ein, denn nach Septimius Severus oblag es ausschließlich dem Militär, den Kaiser zu nominieren. Doch gerade die Generäle waren nicht in der Lage, die Wirtschaftskrise zu bewältigen; zudem wuchs die Angst vor Übergriffen durch aufrührerische Nachbarvölker. Als Folge entstand zwischen 270 und 275 die fast 19 km lange und mächtige Stadtmauer unter Kaiser Aurelian. »Ein Reich, ein Kaiser, ein Glaube« lautete die Devise, mit der ab 284 Diokletian eine umfassende Reichsreform durchsetzte. Doch erst Konstantin (306–337) ist es zu verdanken, dass es nach der Schlacht an der milvischen Brücke vor den Toren Roms 313 zu einer grundlegenden Neuordnung kam. Dieser Herrscher führte noch weitere einschneidende Maßnahmen durch: Er erhob das Christentum zur Staatsreligion und verlegte das politische Zentrum des Imperium Romanum 324 nach Konstantinopel (Byzanz). Damit war Roms Glanzzeit als *caput mundi* erst einmal zu Ende.

Spätantike

Obwohl Rom seinen einzigartigen Machtstatus verloren hatte, entwickelte es sich zum Zentrum der Westkirche. Wie das römische Staatswesen begann jedoch auch die christliche Kirche in einen Ost- und einen Westteil zu zerfallen. Im Jahr 395 wurde das, was sich seit Beginn des 4. Jh.s abgezeichnet hatte, rechtlich manifestiert: Das einst so mächtige Imperium Romanum bestand nun aus einem Ostreich mit Konstantinopel als Hauptstadt und einem Westreich mit Mailand und später Ravenna als politischem Zentrum. Den Untergang des römischen Westens leitete 410 der Westgoten-Einfall unter Alarich in Rom ein. In der Folge kam es immer wieder zu germanischen Übergriffen, und das Abdanken des letzten Kaisers Romulus Augustulus, 476, besiegelte das Ende des römischen Westimperiums.

Zeittafel der Könige und Kaiser

Legendäre Könige der Frühzeit

um 753–716 Romulus
um 716–672 Numa Pompilius
um 672–640 Tullus Hostilius
um 640–616 Ancus Marcius
um 616–578 Tarquinius Priscus
um 578–534 Servius Tullius
um 534–509 Tarquinius Superbus

Herrscher der Republik (Auswahl)

Zwischen 509 und 27 v. Chr. wurde die römische Republik in der Regel von zwei (zuweilen mehreren) Konsuln geführt, die jährlich gewählt wurden. In Krisenzeiten erhoben sich einzelne regulär gewählte Konsuln zu Alleinherrschern bzw. Diktatoren, oder sie schlossen sich zu Triumviraten zusammen.

82–79 Sulla (Diktatur)
60–53 sog. 1. Triumvirat: Pompeius, Crassus und Caesar
53–50 Pompeius und Caesar
49–44 Caesar (Diktatur)
43–32 2. Triumvirat: Lepidus (bis 36 v. Chr.), Marcus Antonius und Octavian (der spätere »Augustus«)
31–27 Octavian (monarchischer Alleinherrscher bis zum Ende der Republik)

Römische Kaiser

27–14	Augustus
14–37	Tiberius
37–41	Caligula
41–54	Claudius
54–68	Nero
68–69	Vierkaiserjahr: Galba, Otho, Vitellius, Vespasian
69–79	Vespasian
79–81	Titus
81–96	Domitian
96–98	Nerva
98–117	Trajan
117–138	Hadrian
138–161	Antoninus Pius
161–180	Mark Aurel und Lucius Verus (Mitkaiser 161–169); Gegenkaiser: Avidius Cassius (175)
180–192	Commodus
192–193	Pertinax
193	Didius Julianus; Gegenkaiser: Pescennius Niger (193–194)
193–211	Septimius Severus; Gegenkaiser: Albinus (193–197)
211–217	Caracalla und Geta (Mitkaiser bis 212)
217–218	Macrinus
218–222	Elagabal und Severus Alexander (Mitkaiser seit 221)
222–235	Severus Alexander
235–238	Maximinus Thrax
238	Vierkaiserjahr: Gordianus I., Gordianus II., Balbinus, Pupienus
238–244	Gordianus III.
244–249	Philippus Arabs und Philippus II. (Mitkaiser 247–249)
249–251	Decius
251	Herennius und Hostilianus

251–253	Trebonianus Gallus und Volusian (Mitkaiser)
253	Aemilianus
253–259	Valerianus und Gallienus (Mitkaiser seit 253)
259–268	Gallienus
268	Aureolus (Usurpator)
268–270	Claudius II. Gothicus
270	Quintillus
270–275	Aurelianus
275–276	Tacitus und Florian (Mitkaiser 276)
276–282	Probus
282–283	Carus
283–284	Numerianus (283–284), Carinus (Mitkaiser 283)
284–305	Diocletianus und Maximianus (Mitkaiser 286–305); Tetrarchie ab 293 mit Constantius I. Chlorus und Galerius
305–306	Galerius (305–311) und Constantius I. Chlorus (Mitkaiser 305–306); Tetrarchie mit Flavius Severus (305–307) und Maximinus Daia (305–313)
306–324	Galerius (bis 311), Severus (bis 307), Maximinus (bis 313), Konstantin I. (vom Heer als Hauptkaiser verehrt), Maxentius (307–312, illegaler Kaiser der Prätorianer), Licinius (308–324)
324–337	Konstantin I. »der Große«
337–340	Konstantin II. (Westreich), Constantius II. (Ostreich 337–353), Constans (Italien 337–340)
340–350	Constans
350–353	Magnentius (Westreich)
353–361	Constantius II.; Gegenkaiser: Julianus Apostata (seit 360)
361–363	Julianus Apostata
363–364	Jovianus
364–375	Valentinianus I. (Westreich) und Valens (Mitkaiser Ostreich 364–378)
375–383	Gratian (Westreich), Valentianus II. (Mitkaiser Italien 375–392), Theodosius I. (Mitkaiser Ostreich 379–395)

383–388 Theodosius I. und Maximus (Westreich)
392–394 Eugenius (Westreich)
394–395 Theodosius I. »der Große«

Weströmische Kaiser
(nach der endgültigen Trennung von West- und Ostreich)

395–423 Honorius und Constantius III. (Mitkaiser 421); Usurpatoren und Gegenkaiser: Konstantin III. (407–411), Priscus Attalus (409–410; 414–415), Jovinus (411–413)
423–425 Johannes
425–455 Valentinianus III.
455 Petronius Maximus
455–456 Avitus
457–461 Majorianus
461–465 Libius Severus (Severus III.)
465–467 Ricimer (suebischer Heerführer)
467–472 Anthemius
472 Olybrius
473–474 Glycerius
474–475 Julius Nepos
475–476 Romulus Augustulus

Die römische Kunst

Die Namen »Rom« und »römisch« haben sich als Begriffe für das ganze antike Imperium Romanum eingebürgert. So versteht man unter »römischer Geschichte« nicht ausschließlich die Stadtgeschichte, sondern den Werdegang des römischen Staates von seiner Entstehung bis zum Ende der

Kaiserzeit. Entsprechend bezieht sich »römische Kunst« nicht nur auf die Kunstwerke in der Hauptstadt, sondern auf alles, was im römischen Machtbereich geschaffen wurde. Dabei waren es nicht nur römische Künstler, Ingenieure oder Architekten, die im Mittelmeerraum tätig waren. Vielmehr übernahmen im 2. und 1. Jh. v. Chr. die Griechen die vormals führende Rolle der Etrusker in Sachen Kunstverständnis und -geschmack. Erst in der Kaiserzeit kam es zur Ausprägung einer eigenständigen römischen Kunst, eine Mischung aus römischen, griechischen und allgemein mediterranen Einflüssen.

So bescheiden Roms Anfänge waren, so beeindruckend war die Entwicklung vom 2. Jh. v. Chr. an, als die Stadt zu einer der mächtigsten und einflussreichsten Metropolen des Mittelmeergebiets wurde. Hier trafen sich Dichter und Philosophen, Künstler und Kunstmäzene. Die Ersten, die von dem aufkeimenden Kunstinteresse der römischen Oberschicht im 2. und 1. Jh. v. Chr. profitierten, waren griechische Künstler. Ihnen oblag es, im Auftrag reicher Römer Villen oder öffentliche Plätze, Bauten und Tempel, die nicht bereits durch Kunstwerke aus Kriegbeute aus dem hellenistischen Osten geschmückt waren, mit Kopien griechischer Meisterwerke zu verschönern.

Porträt und Relief

Mit der Einbeziehung von Hellas in die römische Machtsphäre im Laufe des 3. und besonders im 2. Jh. v. Chr. begann die Bildhauerkunst eine besondere Rolle zu spielen. Neben Reliefs, die besonders dem Schmuck öffentlicher Bauten dienten, erlebte die Porträtkunst eine frühe Blüte. Für die Griechen der klassischen Zeit war das Bildnis eines Menschen oder Gottes in erster Linie ein Idealbild, die Römer hingegen legten trotz aller Überhöhung des Dargestellten wesentlich mehr Wert auf eine realistische Wiedergabe.

Vor allem während der republikanischen Zeit, im 2. und 1. Jh. v. Chr., rückten daher vielfach individuelle, manchmal sogar drastisch realistische Züge in den Vordergrund. Erst in augusteischer Zeit trat ein Geschmackswandel ein: Die Porträts wurden mehr und mehr »graecisiert«, d. h. idealisiert. So zeigen Augustus-Porträts z. B. keine Alterszüge, individuelle Züge reduzieren sich auf die physiognomischen Merkmale. Zudem wird die Frisur zu einem wichtigen Unterscheidungsmerkmal, und das nicht alleine abhängig von der jeweiligen Zeitmode. Manche Porträts können allein durch »Lockenzählen« einem Herrscher zugewiesen werden. Während Kaiser Hadrian erneut eine Rückbesinnung auf griechische Vorbilder propagierte, wurden in der Spätantike die Porträts unter dem Einfluss des Christentums mehr und mehr stilisiert.

Typisch römisch ist das Genre des historischen Reliefs. Die Griechen kannten kaum präzise Darstellungen historischer Ereignisse, aktuelle Geschehnisse wurden vielmehr mythologisch überhöht. Anders die Römer: Sie legten großen Wert auf realistische, erzählende Darstellung. Ein frühes Beispiel für eine solche ist der Fries der Basilica Aemilia (Ende 1. Jh. v. Chr., Antiquarium Forense) mit seiner einmalig umfassenden Zurschaustellung der bis dato bekannten römischen Geschichte. Als Höhepunkte römischer Reliefkunst gelten die Ara Pacis Augustae, die Trajans- und die Mark-Aurel-Säule. Anliegen solcher historischer Reliefs war es, den Betrachter über vergangene Ereignisse zu unterrichten, freilich im Dienst der Propaganda für den jeweiligen Kaiser und der stolzen Eigendarstellung der Römer und ihrer Traditionen.

Römische Kopien

Drittes großes bildhauerisches Genre neben Relief und Porträt und zugleich einer der bedeutendsten und lukrativsten neuen Wirtschaftszweige waren römische Kopien griechischer Originale. Während rund 350 Jahre, zwischen der 2. Hälfte des 2. Jh.s v. Chr. und der Wende vom 2. zum 3. Jh. n. Chr., blühte in Rom das Kopistentum. Marmorfiguren, an öffentlichen Plätzen oder Bauten sowie in den Villen der Reichen aufgestellt – meist Kriegsbeute aus dem hellenistischen Osten –, hatten das Interesse wohlhabender und kunstbeflissener Römer geweckt, die ihre Häuser nun auch mit derartigen Plastiken schmücken wollten.

Beginnend mit Caesars umfangreichen Bauvorhaben, waren Bildhauer aus dem gesamten Imperium Romanum in die Hauptstadt gelangt und hatten im Laufe der Zeit eigene Werkstätten, zunächst zur Anfertigung von Bauplastik, gegründet. Einen ersten Höhepunkt erlebte das Kopistengewerbe in augusteischer Zeit. Kunden konnten in den Ateliers oder anhand von Musterbüchern Statuen auswählen oder nach ihren individuellen Wünschen plastischen Schmuck anfertigen lassen. Manche Statuentypen erfreuten sich größerer Beliebtheit als andere, z. B. waren polykletische Jünglingsfiguren aus dem 5. Jh. v. Chr., die sog. Herkulanerinnen oder bestimmte Aphrodite- und Apollontypen dauerhafte Favoriten.

Der Einfachheit halber arbeiteten die Bildhauer nach Abgüssen von Originalen statt mit ihnen selbst, zumal sich diese ja vielfach im Mutterland befanden. Mittels Punktierverfahren gelang es, rasch eine beliebige Zahl von Kopien herzustellen, doch Flexibilität war gefragt. Beinahe jeder Kaiser (und damit seine wohlhabende Familie) zog andere Gottheiten und Figurentypen vor als der jeweilige Vorgänger. War bei Caesar die Göttin Venus gefragt, erkor Augustus eher Apoll, und Hadrian erfreute sich am liebsten an Statuen seines vergöttlichten »Lieblingsknaben« Antinoos.

Darüber hinaus ließ man Porträtköpfe auf die Idealkörper der Gottheiten setzen. Sabina, die Gemahlin Hadrians, posierte z. B. gerne als Venus, allerdings stets züchtig bedeckt.

Auch der Aufstellungsort spielte eine Rolle, so erhielt Venus als Brunnenfigur beispielsweise eine Kanne als Attribut in die Hand. Für die Aufstellung in einem Theater eignete sich ein leierspielender Apollon oder der Musengott Dionysos am besten, während sich Athena ideal für eine Bibliothek oder ein Gerichtsgebäude empfahl. Allmählich bildete sich ein festes Ausstellungsprogramm heraus, das nicht nur ästhetisch-dekorative, sondern auch politisch-propagandistische Aspekte berücksichtigte. Caesar z. B. interpretierte die Liebesgöttin Venus als »Venus Genetrix«, als Ahnherrin seines julischen Geschlechts und zugleich als Stammmutter des römischen Volkes.

Die Kopien geben nicht nur Aufschluss über römischen Geschmack und Wohnkultur, sie geben auch Gelegenheit, die zumeist verloren gegangenen oder zerstörten griechischen Originale zu rekonstruieren. Innerhalb der Klassischen Archäologie hat sich deshalb ein eigener, sehr komplexer Wissenschaftszweig entwickelt, der sich ausschließlich mit römischen Nachbildungen und den ihnen zugrunde liegenden Originalen beschäftigt. Kopien werden dabei verglichen und nach dem Grad ihrer »Originaltreue« beurteilt. Sie geben Aufschluss über kaiserzeitliche Bildhauertechnik, Moden und Vorlieben, aber auch über Landschaftsstile, Künstlerhandschriften und Kopistenschulen, Zentren und Auftraggeber, Aufstellungsorte und Verbreitungsmuster.

Römische Malerei

Die Malerei der römischen Antike ist in erster Linie Wandmalerei und dient der Dekoration ganzer Räume, in öffentlichen wie privaten Bauten. Allerdings sind in Rom nur geringe Reste – wie die Fresken aus der Casa di Livia oder aus der Domus Aurea – erhalten. Aus diesem Grund spielt Pompeji, wo reichlich Wandgemälde erhalten und aus dem Kontext datierbar sind, eine zentrale Rolle für die kunstgeschichtliche und chronologische Einordnung der römischen Malerei. Schließlich ahmte man in der »Provinz« die in der Hauptstadt herrschenden Moden nach.

Anhand sicher nach Befund datierbarer Malereien und mit Hilfe stilistischer Vergleiche gelang es, vier »Pompejanische Malstile« zu unterscheiden:

- Der *erste Stil*, ein Inkrustationsstil, fällt in die sog. Tuffzeit (200–80 v. Chr.) und war stark griechisch beeinflusst. Quader wurden als plastische Wanddekoration in Stuck nachgeahmt, die Wand war klar in Zonen untergliedert und gelegentlich wurden Marmorplatten, Türen, Fenster oder Säulen imitiert.
- Während der Republik (ab etwa 80 v. Chr.) kam es zu einer Blüte der Wandmalerei. Der sog. *zweite Stil* ist charakterisiert durch starken Illusionismus. Beliebt sind gemalte perspektivische Scheinarchitektur bzw. ganze Architekturprospekte und Durchblicke sowie kräftige Farben.
- In augusteisch-claudischer Zeit bzw. ab 12. v. Chr. (Datierungshilfe ist die Cestius-Pyramide) setzten sich klassizistische Tendenzen durch: Im *dritten Stil* verfestigte sich die Wand zunehmend, wurden räumliche Illusion und Buntheit von neuen filigranen Ornamenten, transparenten Farben und eingefügten Tafelbildern mit meist mythischen Szenen abgelöst.
- Der *vierte Stil*, in neronischer und flavischer Zeit gepflegt (z. B. Domus Aurea), vereint Merkmale der vorausgegangenen Stile: Architekturprospekte (Scheinarchitektur) – jedoch weniger monumental-realistisch und perspektivisch als im zweiten Stil – werden mit (mythologischen) Figurengruppen, die wie auf einer Bühne agieren, mit Tieren und Putten kombiniert. Die Architektur erscheint unrealistisch und besteht aus dünnen leichten Streben, weswegen man auch von »Kandelaberstil« spricht.

Topographie und Architektur

Rom liegt zwischen 13 und 138 m über dem Meeresspiegel und war schon in der Antike wegen der legendären sieben Hügel bekannt: Palatin, Esquilin, Viminal, Quirinal, Kapitol, Caelius und Aventin. Zwei andere, der Gianicolo und der Pincio, zählten hingegen nie zu den klassischen Erhebungen; sie lagen zudem außerhalb des Stadtgebiets.

In seinem Tatenbericht, dem *Monumentum Ancyranum*, preist Augustus unermüdlich seine Verdienste als Bauherr: Er sei es gewesen, der Caesars Bemühungen fortgesetzt und aus Rom eine glänzende Metropole aus Marmor geschaffen hätte. Allerdings sieht die archäologische Realität etwas anders aus. Der Umwandlungsprozess zur Weltstadt hatte bereits viel früher begonnen. Ab dem 2. Jh. v. Chr. hatten philosophisch und künstlerisch interessierte Kreise der Oberschicht, z. B. die Familie der Scipionen, Interesse für die prächtigen Städte des östlichen Mittelmeeres entwickelt. Anregungen von dort fanden in ihren privaten Villen gleichermaßen Aufnahme, wie bei öffentlichen Bauprojekten und Plätzen. Neben diesen Neuerungen lebten einheimische Traditionen, Errungenschaften und Bautechniken natürlich fort, beispielsweise die urrömische Erfindung des *opus caementitium*, der Betonbauweise, die es ermöglichte, große Gebäude wie Amphitheater, Thermen oder Basiliken aufzuziehen, gewagte Gewölbe zu konstruieren und kilometerlange Aquädukte anzulegen. Auch im zunächst rein militärischen Zwecken dienenden Straßenbau waren die Römer wegweisend.

Die Ausgestaltung des Forum Romanum zum repräsentativen Zentrum der Weltstadt sowie die Errichtung des ersten sog. Kaiserforums gehen auf Caesar zurück. Augustus griff dessen Ideen auf und steigerte die Bauproduktion weiter. Die Zeitgenossen waren beeindruckt, und ein in der Praxis wenig bewährter Architekt, Vitruv, schuf ein theoretisches Werk, das über Jahrhunderte für Baumeister maßgebend wurde: die zehn Bücher *De Architectura* (»Von der Architektur«). Unter den Nachfolgern Augustus' ragten lediglich Trajan, der mit Hilfe des wohl bekanntesten Architekten der Antike, Apollodoros von Damaskus, bedeutende Bauten schuf (Trajansforum und -märkte), und Hadrian, der sich selbst als Architekt ansah und neben Pantheon und Engelsburg auch die gigantische Villa Adriana in Tivoli erbauen ließ, heraus. Die meisten anderen Kaiser waren vor allem mit Instandsetzungsarbeiten beschäftigt und hatten nur wenig Gelegenheit oder Bedürfnis, eigene Akzente zu setzen. Ausnahmen sind das Kolosseum Domitians oder die Caracalla-Thermen.

Abgesehen von architektonischen Standardtypen für öffentliche Bauaufgaben, wie Tempel, Basilika, Amphitheater, Thermen, Straßen oder Plätze – Bauten, die bald überall im römischen Reich das Stadtbild prägten –, leistete der Typus der römischen Villa einen wichtigen Beitrag zur Entwicklung der abendländischen Architektur. Ihre Bedeutung liegt vor allem in der einmaligen Symbiose von Architektur und Natur, Skulptur und Malerei. Es war Kaisern vorbehalten, einen ganzen Hügel, wie den Palatin, für ihre Privatzwecke zu nutzen und ihr Villen-»Projekt« ins Monumentale zu steigern. In der Regel gaben sich die Villen bescheidener und entstanden vor allem im Umland von Rom – z. B. Ciceros Haus bei Frascati – oder sogar weiter entfernt, wie am Golf von Neapel (Villa dei Misteri u. a.).

Vermisste man in republikanischer Zeit noch ein klares städtebauliches Konzept, ist es neben Caesar besonders Augustus zu verdanken, dass man ab dieser Zeit von einer gezielten Stadtentwicklung sprechen kann. Zuvor waren es Beamte gewesen, die notwendige öffentliche Bauten oder Verbesserungen der Infrastruktur auf eigene Kosten (bzw. aus Kriegsbeute) in die Wege geleitet hatten. Dabei folgten sie natürlich nicht allein sachlichen Notwendigkeiten, sondern mehrten gleichzeitig das Ansehen der Familie. Mit

Augustus begann ein Zeitalter, in dem ausschließlich der Herrscher die öffentliche Baupolitik bestimmte. Allerdings verfügte auch er noch über kein übergreifendes Konzept, der Ausbau Roms erfolgte in kleinen Schritten und oft abhängig von der Tagespolitik.

Wegweisend war um 12 v. Chr. die Einteilung der Weltstadt Rom in 14 Regionen, die während der ganzen Antike bestehen blieb. Sie erfolgte in erster Linie aus verwaltungstechnischen Gründen und umfasste den gesamten bebauten Bereich der ausufernden Stadt. Die augusteischen Regionen sind: (I) Porta Capena; (II) Caelimontium; (III) Isis et Serapis; (IV) Templum Pacis; (V) Esquiliae; (VI) Alta Semita; (VII) Via Lata; (VIII) Forum Romanum et magnum; (IX) Circus Flaminius; (X) Palatium; (XI) Circus Maximus; (XII) Piscina Publica; (XIII) Aventinus; (XIV) Trans Tiberim.

In engem Zusammenhang damit stand die Neuorganisation der *vigiles*, der Feuerwehr, sowie der Wasserver- und Abwasserentsorgung. Es galt, der wachsenden Bevölkerungszahl gerecht zu werden, und dazu mussten die vielfach im Verlauf der langen innenpolitischen Unruhen unbrauchbar gewordenen Wasserleitungen reaktiviert werden. Besonders Agrippa, dem engen Vertrauten des Augustus, ist die erfolgreiche Realisierung dieser Maßnahme zu verdanken.

Forma Urbis

In einem der dem Templum Pacis benachbarten Säle fand man Spuren, die zweifelsfrei belegen, dass sich hier der berühmte große Stadtplan Roms, eingemeißelt auf Marmorplatten, befand. Von dieser »Forma Urbis« fand man seit 1562 immer wieder Fragmente, und anhand des heute erhaltenen Zehntels konnte der Gesamtplan teilweise rekonstruiert werden. Die erhaltene Fassung datiert in severische Zeit, zwischen 203–211 n. Chr., und bestand aus 151 Marmorplatten, die in elf Reihen angeordnet waren. Die Länge betrug 18,1 m bei 13 m Höhe und einer Gesamtfläche von 235 qm; der Maßstab beträgt 1:246. Zweifellos lag dem Marmorplan ein Pergament-Vorbild zugrunde, das – wie die Genauigkeit andeutet – wiederum auf einer Art Katasterplan basierte. Trotz der geringen Überreste stellt dieser Plan ein wichtiges Dokument für die Kenntnis des antiken Rom dar, da er die Rekonstruktion von Stadtteilen ermöglicht, die längst überbaut oder zerstört worden sind. So kann nach den Angaben auf dem Plan und mittels Vergleich mit der archäologischen Evidenz heute ein recht umfassendes Bild vom antiken Rom gewonnen werden.

Leben im antiken Rom

Die zahlreich erhaltenen Quellentexte geben uns eine wertvolle Hilfe, da sie nicht nur von den örtlichen Gegebenheiten, sondern auch vom Alltagsleben der Menschen berichten. Eine Vorstellung vermittelt die dritte Satire des Juvenal, der mitten im dichtbesiedeltsten Wohnviertel Roms zu Hause war – in der Subura, zwischen Quirinal und Esquilin. Was der Dichter voller Sarkasmus schildert, erinnert an die Zustände in modernen Großstädten: laut, schmutzig, verkehrsumtost, gefährlich. Kriminalität, Brände, Unfälle und Hauseinstürze sowie beengte, hygienisch mangelhafte Verhältnisse gehörten zum Alltag im antiken Rom. Die meisten einfachen Leute, die den Großteil der Bevölkerung stellten, lebten in mehrstöckigen Mietshäusern. Wohlhabende Personen verwirklichten ihren Traum vom Häuschen am Stadtrand oder von der Villa in der Campagna. Das Leben spielte sich meist vor dem Haus oder in den zahllosen Garküchen und Kneipen ab. Auch der römische Dichter Martial liefert mit seinen Epigrammen interessante Einblicke in das Alltagsleben der Römer und gilt wie Juvenal diesbezüglich als eine der Hauptquellen. Daneben finden sich in zahlreichen anderen schriftlichen Überlieferungen Hinweise, wie es im antiken Rom so zuging, z. B. in den Werken des Cicero, Horaz, Livius, Ovid, Petron, Sallust, Sueton oder Tacitus.

Tagesablauf

Der Tag war im antiken Rom in zwölf Stunden unterteilt. Er begann zu Sonnenaufgang, abhängig von der Sommer- und Wintersonnenwende im Sommer wohl gegen 4.30, im Winter gegen 7.30 Uhr. Die erste Stunde des Tages begann gegen 5.45 bzw. 8.20 Uhr; um 12 Uhr brach die sechste Stunde an und die letzte und zwölfte Stunde des Tages gegen 19.30 bzw. 16.30 Uhr. Während man in der sechsten Stunde eine leichte Mahlzeit zu sich nahm, fand die Hauptmahlzeit (*cena*) recht früh, nämlich zur neunten Stunde (15.45 bzw. 14.15 Uhr) statt. In einem vornehmen Haus konnte dieses *convivium*, ein Essen mit anschließendem Gelage, bis tief in die Nacht hinein dauern.

Glaubt man Martials Epigramm (IV,8,3), war in Rom ein Sechs-Stunden-Arbeitstag üblich: »Sechs Stunden Arbeit genügen; die folgenden Stunden des Tages rufen mit deutlicher Schrift ›Lebe!‹ den Sterblichen zu.« In der Regel waren es Sonnenuhren, bevorzugt mit ägyptischen Obelisken als Zeiger, die im antiken Rom den täglichen Zeitrahmen vorgaben. Da die Sonnenuhren jedoch nur bei Tag und Sonnenschein »funktionierten«, standen ergänzend Wasseruhren zur Verfügung, die nach folgendem Prinzip verfuhren: Aus einem Behälter, der ständig nachgefüllt wurde, floss Wasser langsam in einen darunter befindlichen, der wiederum täglich bei Sonnenuntergang geleert wurde. Am unteren Behälter war eine Skala angebracht, die anzeigte, welcher Wasserpegel welcher Stunde entsprach.

Festtage

Eine wichtige Rolle im Alltagsleben eines Römers spielten die zahlreichen Festtage. Dabei unterschied man drei verschiedene Arten: die *feriae imperativae* (vom Kaiser oder einem Beamten einmalig angesetzte Feiertage, z. B. zur Feier eines Triumphes), die *feriae stativae* (alljährlich zu einem festen Zeitpunkt stattfindende Feiertage) und die *feriae conceptivae* (jährlich wiederkehrende Feste, deren genaues Datum zu Jahresanfang von Beamten oder Priestern festgelegt wurde). Die wichtigsten römischen Feste waren:

- Ludi Megalenses (4.–10. April): Fest der Magna Mater (Erdmutter), mit Theateraufführungen und Wagenrennen
- Ludi Ceriales (12.–19. April): Fest zu Ehren der Ceres (Getreidegöttin) mit *venationes* (Tierhatzen)
- Ludi Florales (28. April – 3. Mai): Fest zu Ehren der Blumengöttin Flora (Frühlingsfest) mit Theater, Gladiatorenkämpfen und Tierhatzen
- Ludi Apollinares (6.–13. Juli): Fest zu Ehren des Apollon, gefeiert mit Theater und Wagenrennen
- Ludi Victoriae Caesaris (20.–30. Juli): Fest in Erinnerung an Caesars entscheidenden Sieg im Bürgerkrieg bei Pharsalus, mit Theateraufführungen
- Ludi Romani (4.–19. September): Weihefest des römischen Staatsheiligtums auf dem Kapitol, des Tempels der Trias Jupiter, Juno und Minerva, mit Prozession und groß angelegten *ludi circenses* und *ludi scaenici* (Spiele im Circus bzw. im Theater)
- Ludi Victoriae Sullanae (26. Oktober – 1. November): Erinnerung an Sullas Erfolg im Bürgerkrieg 82 v. Chr., mit *ludi circenses*
- Ludi Plebeii (4.–17. November): entstanden als Gegenstück zu den Ludi Romani, mit Prozession, Theater und *ludi circenses*

- Saturnalia (17.–23. Dezember): Weihefest des Saturn-Tempels, gefeiert mit einem großem *convivium publicum* (öffentlichem Gelage), Geschenkverteilung unter Freunden und privatem Festmahl, bei dem die Herren die Sklaven bedienten.

ARCHÄOLOGISCHER RUNDGANG DURCH DAS ANTIKE ROM

Stadtmauern und Wasserleitungen

Die Servianische Stadtmauer

In der legendären Königszeit soll Rom seine erste Befestigung erhalten haben. Antike Schriftsteller, darunter Tacitus, berichten von dieser prähistorischen Mauer, die 1500 m lang und durch die Porta Romana zugänglich gewesen sein soll. Tacitus merkt zudem an, dass innerhalb des Mauerrings 8000 bis 10 000 Menschen gelebt haben sollen. Nach der Überlieferung war es der zweite Etruskerkönig Servius Tullius, der diese »Mura Serviane«, die Servianische Stadtmauer, in Auftrag gegeben hat.

Nach dem Einfall der Gallier wurden kurz nach 390 v. Chr. – Livius gibt das Jahr 378 v. Chr. an – die Censoren beauftragt, für die Errichtung einer neuen und mächtigeren Stadtmauer zu sorgen. Während dieser groß angelegten Sanierungsaktion entstand ein Bauwerk aus schweren Quadersteinen, das das gesamte Areal der sieben Hügel umfasste und scheinbar dem Verlauf der alten Mauer folgte. Dass teilweise altes Baumaterial weiterverwendet wurde, belegen die wenigen Überreste, bei denen sowohl Cappellaccio als auch Grotta Oscura als Baumaterial verwendet wurden. Letzteres Tuffgestein stand den Römern erst nach der Eroberung Vejis 396 v. Chr. zur Verfügung.

Der eindrucksvollste Rest der Servianischen Mauer befindet sich gleich an der Stazione Termini, dem Hauptbahnhof Roms. Neben dem Bahnhofsgebäude vermitteln einige mächtige Quaderblöcke einen guten Eindruck vom Aussehen der alten Stadtmauer. Weitere Spuren des Befestigungsrings sind beispielsweise im Wohnviertel hinter der Via XX. Settembre, um die Via Flavia (z. B. Vie Salandra / Carducci, nahe Ministero del Lavoro), im Südosten des Circo Massimo (Piazza di Porta Capena), hinter den Mercati Traianei (bei der Salita del Grillo), am Largo Magnanapoli (Quirinal) oder an der Viale Aventino (Aventin) auszumachen.

Die Mauer wurde im 4. Jh. v. Chr. in einheitlicher Technik errichtet: Große Tuffstein-Blöcke, zwei römische Fuß, d. h. etwa 50 cm hoch, wurden im Läufer-Binder-System (Wechsel von quer und längs gelegten Steinschichten) angeordnet. Die Mauer erreichte eine Gesamthöhe von bis zu 10 m und war stellenweise bis zu 4 m stark. Insgesamt erstreckte sich der Mauerring über eine Länge von fast 11 km und umschloss ein Areal von 426 ha. Obwohl sicher nicht die ganze Fläche besiedelt war, galt Rom zu jener Zeit als größte Stadt Altitaliens. Mit dem stetigen Machtzuwachs Roms, besonders vom 3. bis 1. Jh. v. Chr., schwand die Bedeutung der Mauer zunehmend. Zwar erfolgten bis in augusteische Zeit hinein immer wieder Ausbesserungen, doch breitete sich die Stadt über die Begrenzung mehr und mehr aus. Teile davon wurden abgerissen oder in private Grundstücke integriert, wie beispielsweise in die Gärten des Maecenas.

Die Aurelianische Stadtmauer

Es sollten Jahrhunderte vergehen, bis die Machthaber in Rom erneut den Bau einer Stadtmauer in Angriff nahmen. Wieder waren es in den Mittelmeerraum vordringende Nordvölker, die ein gesteigertes Sicherheitsbedürfnis in Rom hervorriefen. 268 n. Chr. konnten die Goten bis nach Umbrien vorstoßen, ehe Kaiser Aurelian sie besiegte. Dieser ließ drei Jahre danach die bis heute hervorragend erhaltene Aurelianische Mauer errichten; sie wurde schon wenig später, unter Kaiser Probus (276–282), fertiggestellt.

Bereits in der Antike galt die Mauer als bedeutendes Bauwerk, mit dem sich nur die Stadtmauer von Konstantinopel aus dem 5. Jh. messen konnte. Bei der Konstruktion wurde kaum Rücksicht auf bestehende Bauwerke genommen und vielfach bezog man existierende Gebäude einfach mit ein, beispielsweise die Bogen der Aqua Claudia, das Prätorianerlager im Nordwesten der Stadt, die Cestius-Pyramide im Südwesten oder das Amphitheatrum Castrense im Osten. Dennoch achtete man darauf, dass der Verlauf einer strategisch wohldurchdachten Linie folgte und alle Hügel, nicht nur die sieben klassischen, in das ausufernde Stadtgebiet miteinbezog. Der Mauerring erstreckte sich über 18,84 km und die in Ziegelbauweise errichtete Mauer war rund 6 m hoch und 3,5 m stark. Alle 100 römische Fuß (etwa 29,6 m) wurde ein Turm mit quadratischem Grundriss und Schießkammern im oberen Stockwerk errichtet – insgesamt waren es 383 –, 18 Tore gewährten Zutritt zur Stadt. Ausgehend von der durch Mauern umschlossenen Fläche geht man davon aus, dass Ende des 3. Jh.s rund eine Million Menschen in Rom lebten.

Die ungewöhnlich kurze Bauzeit hinterließ ihre Spuren. Wegen baulicher Mängel wurde die Stadtmauer unter Maxentius (306–312) erstmals mittels Schichten aus Ziegelsteinen und kleinen Tuffblöcken ausgebessert. Die wichtigsten und umfangreichsten Umbauten fanden jedoch erst unter Kaiser Honorius 401/402 statt. Damals erhöhte man die Mauer um fast das Doppelte, der vormals offene Wehrgang wurde durch einen geschlossenen ersetzt, darüber entstand ein offener Umgang mit Zinnen. Zugleich wurden die Türme erhöht und verstärkt, einige der Tore zugemauert und das Hadrians-Mausoleum (Engelsburg) jenseits des Tibers in den Mauerring integriert. Diese groß angelegten Maßnahmen konnten trotzdem die mehrmalige Eroberung und Plünderung Roms, z. B. 410 durch Alarich oder 455 und 472 durch die Vandalen, nicht verhindern.

Bis ins 19. Jh. hinein wurde am Mauerverlauf kaum mehr

etwas verändert, sieht man von der Bastione del Sangallo (Bastione Ardeatino) zwischen Porta S. Sebastiano und Porta S. Paolo ab, die 1534 unter Papst Paul III. durch Antonio da Sangallo d. J. errichtet wurde. Zwischen 1642 und 1644 war zudem der am rechten Tiberufer befindliche Mauerteil erneuert worden, um eine Verbindung der alten Stadtbefestigung mit der Vatikanischen Mauer herzustellen. Erst mit dem Vorstoß der Truppen unter König Vittorio Emanuele II. am 20. September 1870 verlor die Stadtmauer schließlich ihre Funktion als Verteidigungsbollwerk. Damals wurde nordwestlich der Porta Pia mit Artelleriegeschützen eine Bresche in die Mauer geschossen. Dennoch präsentiert sich die Stadtmauer bis heute in weitgehend gutem Zustand. Der Großteil der Türme und Tore – nachfolgend werden die wichtigsten aufgelistet – konnte vor Verfall und Abriss bewahrt werden und der Besucher erhält heute noch immer eine gute Vorstellung von ihrem Aussehen im 5. Jh.

Porta S. Sebastiano (Porta Appia). Die Porta Appia oder San Sebastiano – der Name leitet sich von der hier befindlichen Kirche S. Sebastiano ad Catacumbas ab – ist eines der besterhaltenen antiken Stadttore Roms. Ursprünglich bestand das Tor nur aus zwei Bogen mit beidseitig halbrunden Türmen und Attikageschoss. Anfang des 5. Jh.s n. Chr., unter Honorius, wurde der Bau erhöht, runde Türme um die alten herum konstruiert und das Sockelgeschoss durch quadratische Rampen ersetzt und teils mit Marmor verkleidet. Auch im Inneren fanden Veränderungen statt, und ein größeres Portal entstand. Im westlichen der zwei flankierenden Türme befindet sich das Museo delle Mure di Roma (Via Porta S. Sebastiano, 18). das anhand von Schautafeln, Plänen und Modellen einen instruktiven Einblick in Geschichte und Bauweise der Mauer gibt. Von einer Aussichtsterrasse öffnet sich ein weiter Blick über die Campagna Romana, und der mögliche Spaziergang auf der Brustwehr

Porta San Sebastiano

der Mauer führt vorbei an zehn Türmen, ehe er an der Via C. Colombo endet. Der sog. Drusus-Bogen vor der Porta, noch innerhalb der Stadt, ist kein eigentlicher Ehrenbogen, sondern Teil der 211–216 angelegten Wasserleitung Aqua Antoniniana; sie diente der Versorgung der Caracalla-Thermen.

Porta Latina. Das Tor liegt nur 350 m nördlich der Porta Appia. Von hier führte die Via Latina in Richtung Albaner Berge. Es wurde nicht, wie andere Tore, später umgebaut und hat damit seinen urspünglichen Charakter mit zwei den Durchgang flankierenden Türmen bewahrt. In nachantiker Zeit wurde es immer wieder gesperrt oder zugemauert, zuletzt 1808, und erst 1911 endgültig geöffnet und restauriert.

Porta Asinaria. Die Porta Asinaria liegt östlich der Lateranbasilika, unter dem heutigen Straßenniveau, und ist nicht zugänglich. Mehrmals wurde das um 401 umgebaute Tor zugemauert, ehe in den 1950er-Jahren die Freilegung erfolgte. Daneben wurde 1574 von Iacopo del Duca ein neues Tor erbaut, durch das heute der Verkehr tost: die Porta S. Giovanni, an der die Via Appia Nuova beginnt.

Porta Maggiore (Porta Praenestina und Porta Labicana). Bei diesem wohl bekanntesten Stadttor handelt es sich um kein eigens gebautes Tor, sondern um einen Durchgang unter zwei Wasserleitungen, der 38–53 n. Chr. unter Kaiser Claudius erbauten Aqua Claudia und des darüber liegenden Anio Novus. Im Laufe der Zeit besserte man Tor und Aquädukte immer wieder aus und integrierte sie schließlich Ende des 3. Jh.s in die Aurelianische Stadtmauer. Durch zwei große Durchlässe unter dem Doppelaquädukt passierte einst der Verkehr, und der war, wie tiefe Spurrillen in der antiken Pflasterung zeigen, an dieser Gabelung der beiden Ausfallstraßen Via Prenestina und Casilina bereits in der Antike rege. Am Tor befindet sich der (gegenwärtig verschlossene) Zugang zur Basilika di Porta Maggiore oder Basilica Sotterranea, ein unterirdischer Kultraum aus dem 1. Jh. mit gut erhaltenen Stuckaturen.

Porta Tiburtina. Auch dieses Stadttor steht in Verbindung mit einer älteren Wasserleitung. Bereits unter Augustus konstruierte man den Bogen unter der Aqua Marcia Tepula Julia. Mehrfach restauriert, wurde bei dem Stadtmauerumbau unter Honorius vor dem Aquädukt-Bogen ein von zwei Türmen flankiertes Tor errichtet.

Porta Pinciana. An der Porta Pinciana, umgeben von gut erhaltenen Teilen der Mura Aureliana, beginnt heute die berühmteste Flaniermeile Roms, die Via Veneto. Parallel zur Mauer verläuft der Corso d'Italia, eine der Hauptverkehrsachsen, zur Porta Pia, vorbei an der Stelle, wo einst die Porta Salaria stand, und an der Colonna della Vittoria – eine Gedenksäule für die italienische Truppe, die hier 1870 eine Bresche in die Mauer schlug und so die Einnahme Roms einleitete.

Porta Pia und Porta Salaria. Die östlich der Porta Pinciana gelegenen beiden Tore sind nicht mehr erhalten. Die Porta Pia wurde abgerissen und zwischen 1561 und 1564 durch ein von Michelangelo entworfenes Tor ersetzt. Auch die antike Porta Salaria wurde abgetragen. Heute zeichnen lediglich Markierungen auf dem Boden den Grundriss des Tores nach.

Porta Flaminia (Porta del Popolo). In der Antike hieß dieses Stadttor noch Porta Flaminia. Unter Papst Pius IV. wurde es im 16. Jh. durch einen Neubau ersetzt. Durch das Tor verliefen die beiden bedeutenden Fernstraßen aus dem Norden, Via Cassia und Flaminia, die sich vor der Milvischen Brücke vereinten, in die Stadt. Auch Goethe betrat bei seiner Ankunft 1786 in Rom die Stadt durch dieses Tor.

Porta Septimiana. Dieses Tor steht an jener Stelle, wo einst die antike Via Cornelia (heute Via Lungara) nach Norden führte. Im Kern wurde das Tor möglicherweise bereits unter Septimius Severus errichtet und später in die Aurelianische Mauer integriert. 1498 ließ Papst Alexander VI. das verfallene Monument wieder aufbauen, 1798 wurde es grundlegend restauriert.

Porta Aurelia (Porta S. Pancrazio). Die Porta Aurelia ist das westlichste der Stadttore und zugleich der höchstgelegene Punkt der Festung mit 82 m Höhe. Vom antiken Tor ist nur noch wenig erhalten, da es Mitte des 17. Jh.s durch einen Neubau ersetzt wurde.

Porta Portuensis (Porta Portese). Auch dieses antike Tor wurde im Zuge der umfassenden Renovierungsmaßnahmen unter Papst Urban VIII. Mitte des 17. Jh.s durch ein etwa 450 m nördlich gelegenes Tor ersetzt. Einst führte hier die Via Portuensis hinaus zu den Hafenanlagen Roms.

Porta Ostiensis (Porta S. Paolo). Der Name dieses gut erhaltenen Tors wird durch eine Inschrift von 357 n. Chr. überliefert. Beim Umbau um 401 wurden die beiden Durchgänge zu einem umgestaltet. In den ebenfalls damals angebauten Türmen befindet sich heute das Museo della Via Ostiense.

Wasserleitungen und Nymphäen

Die beachtlichen erhaltenen Reste antiker Wasserleitungen sowie das grundlegende Buch des Ingenieurs Frontinus, der 97 n. Chr. zum »Curator aquarum«, Aufseher über das Wasserleitungssystem Roms, ernannt wurde, geben noch heute einen hervorragenden Einblick in die Wasserversorgung Roms. Frontinus beschreibt nicht nur Lage und Ergiebigkeit der Reservoirs in den Albaner Bergen und den Apenninausläufern – z. B. am Oberlauf des Anio (Aniotal, 53 km von Rom entfernt) oder auch bei Tivoli –, sondern im Detail auch den Aufbau der Leitungen, die Organisation seines Amtes und der Wasserverteilung sowie die Geschichte der Wasserversorgung in Rom.

Unmengen von Wasser wurden mittels riesiger und völlig neuartiger technischer Konstruktionen in die Hauptstadt geleitet (Gesamtlänge rund 400 km, davon 64 km Aquädukte), die damit den Ruf als bestversorgte Stadt der Antike, vielleicht sogar überhaupt, erwarb. Zwischen 312 v. und 52 n. Chr. entstand nach und nach das ausgefeilte Wasserversorgungssystem des antiken Rom. Elf Aquädukte waren zeitweise zugleich in Betrieb. Der erste Aquädukt hieß

Aqua Appia und war von Konsul und Censor Appius Claudius Caecus 312 v. Chr. errichtet worden. Es folgte die Aqua Julia (33 v. Chr.) von Agrippa, der sich um die Wasserversorgung der Stadt besonders verdient gemacht und auch die ersten Thermen (am Pantheon) erbaut hatte.

Über gemauerte Bogenreihen gelangte das Wasser mit Hilfe des natürlichen Geländegefälles – anders als in Griechenland, wo schon viel früher Druckleitungen benutzt wurden – nach Rom, ins Haupt-Wasserreservoir, *piscina* oder *castella* genannt, mit (Sand-)Absetz- und Verteileranlagen. Von dort aus wurde es auf mehrere Becken verteilt und über Bleirohrleitungen strahlenförmig in die einzelnen Stadtviertel geleitet. Jeder Aquädukt versorgte jeweils unterschiedliche Stadtregionen, doch erst der Anio Novus war in der Lage, die 14 Regionen komplett zu versorgen. An manchen Streckenabschnitten, wie an der Porta Maggiore, führten kostensparend gleich mehrere Leitungen über ein und dieselbe Aquädukt-Bogenreihe. Hier trafen vier große Aquädukte zusammen: Aquae Appia, Marcia, Julia und Claudia. Nur letztgenannte war überirdisch und ist an einigen Stellen heute noch sichtbar, z. B. an der Porta Maggiore, in der Villa Wolkonsky, an der Piazza S. Giovanni oder bei der Via di S. Stefano Rotondo. Am höchsten Punkt des Esquilin liefen gleich acht der elf Aquädukte zusammen, um von hier aus das Wasser in die verschiedenen Stadtviertel zu verteilen.

Über neun der Wasserleitungen liefert Frontinus genaue Angaben. Danach flossen täglich über 990000 Kubikmeter Wasser über Aquädukte und Tunnelsysteme in die Stadt. Bei einer geschätzten Einwohnerzahl von etwa einer Million um 100 n. Chr. verfügte jeder Römer täglich über eine Wassermenge von fast 1000 l! In der Nachantike verrotteten die bewährten Wasserleitungen, und als im 15. und 16. Jh. die Zahl der Einwohner wieder stieg, war Wasser plötzlich knapp, Restaurierungen und Neubauten wurden erforderlich. Zugleich wurden solche Projekte als Mittel der Selbstdarstellung und Propaganda genutzt. Papst Sixtus V. ließ das Wasserleitungsende der Aqua Virgo (Acqua Vergine) von Nicola Salvi mit einer eindrucksvollen Schauwand (1732–62) versehen, der berühmten Fontana di Trevi – erster einer Reihe monumentaler Brunnen, die für das Stadtbild charakteristisch werden sollten. Dabei war diese Idee nicht neu: Schon in der Antike hatten Aquädukte in prächtig gestalteten Nymphäen geendet, beispielsweise jenes der Aqua Julia, von dem Reste an der Piazza Vittorio Emanuele II. erhalten sind.

Aqua Appia. Von dem Censor und Konsul des Jahres 312 v. Chr., Appius Claudius Caecus, stammt die älteste Wasserleitung Roms. Sie war über 16 km lang und verlief bis auf ein kleines Stück an der Porta Capena unterirdisch. Wo heute die Porta Maggiore liegt, am damaligen Spes-Tempel, erreichte die Leitung die Stadt und lief über den Caelius und Aventin zum Forum Boarium. Pro Tag gelangten so 73000 Kubikmeter Wasser in die Stadt.

Anio Vetus. Diese mehr als 63 km lange Wasserleitung, um 272 v. Chr. entstanden, leitete fast 176000 Kubikmeter Wasser vom Fluss Anio nach Rom. Sie endete in der Nähe der heutigen Stazione Termini.

Aqua Marcia. 144 v. Chr wurde die Aqua Marcia angelegt; sie spielt bis heute eine wichtige Rolle für die Wasserversorgung Roms. Die über 91 km lange Leitung erreichte ebenfalls beim alten Spes-Tempel die Stadt, führte von dort in Richtung Hauptbahnhof und verzweigte sich dann, um die verschiedenen Stadtviertel, u. a. das Kapitol, zu versorgen. Mit etwa 187600 Kubikmetern pro Tag war die Aqua Marcia die zweitgrößte Wasserleitung der Stadt.

Aqua Tepula. Diese Leitung von 125 v. Chr. bezog ihr Wasser aus den Albaner Bergen (Marino). Sie gehörte zu den kleineren Aquädukten (17800 Kubikmeter täglich) und erhielt ihren Namen wegen des lauen Wassers, das sie angeblich führte.

Aqua Julia. Agrippa zeichnet verantwortlich für diese um 33 v. Chr. entstandene Wasserleitung, die mit der Aqua Tepula zusammengelegt wurde. Sie maß rund 21 km und führtc täglich rund 48 000 Kubikmeter Wasser heran.

Aqua Virgo. Ebenfalls von Agrippa initiiert (19 v. Chr.), begann die Leitung in Salone, im Nordosten Latiums, und erreichte über den Pincio die Stadt. Bis dorthin lief sie unterirdisch, dann über Bogen (Reste in der Via del Nazareno und Via del Bufalo) bis in die Nähe des Pantheons, um dort schwerpunktmäßig die Thermen des Agrippa mit etwa 100 000 Kubikmeter Wasser zu versorgen.

Aqua Alsietina. Das Wasser, das aus den Seen Lago di Martignano und Lago di Bracciano seit Augustus (2 v. Chr.) nach Rom geführt wurde, soll, glaubt man Frontinus, kein Trinkwasser gewesen sein. Möglicherweise speiste es lediglich den künstlich angelegten See in Trastevere, auf dem Augustus Naumachien (inszenierte Schiffsschlachten) veranstalten ließ.

Aqua Claudia. Caligula gab diese Wasserleitung gleichzeitig mit dem Anio Novus ab 39 n. Chr. in Auftrag, sie wurde jedoch erst unter Claudius, 52 n. Chr., nach dem sie benannt ist, vollendet. 68 km entfernt, bei Arsoli-Agosta, wurde das Wasser abgezweigt und auf noch heute beeindruckenden Arkadenreihen nach Rom geführt. Wer in die römische Campagna fährt, kann die letzten 10 km dieses Aquädukts nicht übersehen. Zur Leitung gehört die Porta Maggiore, wo Inschriften an den Bauherrn Claudius und zwei Renovierungen unter Vespasian (71 n. Chr.) und Titus (82 n. Chr.) erinnern. Ein Ableger führte einst zum Palast des

Nero, später fügte Domitian einen weiteren Abzweiger zum Palatin hinzu. Pro Tag gelangten durch die Leitung etwa 184 000 Kubikmeter Wasser in die Hauptstadt.

Anio Novus. In einem Zuge mit der Aqua Claudia gebaut, verlief diese Leitung fast auf der gleich Trasse. Sie war gut 86 km lang und übertraf mit einer Kapazität von fast 200 000 Kubikmeter Wasser pro Tag alle anderen Wasserleitungen Roms.

Aqua Traiana. Da diese Konstruktion erst in der Zeit nach Frontinus, 109 n. Chr., entstand, ist nur wenig über sie bekannt. Sie diente in erster Linie der Versorgung des Stadtteils Trastevere und führte Wasser aus der Nähe des Lago di Bracciano über 32,5 km nach Rom. 1912 fand man in der Via Angelo Masina einen Abschnitt dieser Wasserleitung.

Aqua Alexandrina. 226 n. Chr. unter Alexander Severus erbaut, bezog dieser letzte römische Aquädukt sein Wasser aus einer Quelle nahe dem Ort Colonna in Pantano Borghese. An der Porta Maggiore erreichte die Leitung das Stadtgebiet und speiste vor allem die Thermen des Alexander Severus, die an Stelle der Nero-Thermen auf dem Marsfeld entstanden waren.

Brücken und Tiberinsel

Die Tiberinsel ist aus zweierlei Gründen wichtig für Rom: Einerseits befand sich hier die bequemste Furt über den Tiber, andererseits fungierte die Insel seit dem Jahr 292 v. Chr. als Heiligtum des Heilgottes Äskulap. Damals soll eine heilige Schlange, die die Römer aus dem griechischen Asklepios-Heiligtum in Epidauros geschenkt bekommen hatten, von einem Frachtschiff entkommen und auf die Insel geschwommen sein. Seither wird dort die Tradition der Heilkunst hochgehalten.

Pons Aemilius. Vor der Südspitze der Tiberinsel liegt die älteste Steinbrücke Roms, 179 v. Chr. unter den Censoren M. Aemilius Lepidus und M. Fulvius Nobilior erbaut; der erhaltene Brückenbogen wird heute als »Ponte Rotto« bezeichnet. Zunächst gab es nur Stein-Pfeiler mit Holzauflage, erst 142 v. Chr. wurden auch die Bogen in Stein konstruiert. Immer wieder durch Hochwasser geschädigt, wurde sie häufig ausgebessert, doch erst als 1598 die gesamte östliche Hälfte weggeschwemmt wurde, gab man die Brücke komplett auf. 1885 wurde dann die Verbindung zum rechten Tiberufer abgerissen.

Pons Fabricius und Pons Cestius. Diese beiden Brücken verbinden die Tiberinsel mit dem »Festland«. Seit der Erbauung 62 v. Chr. blieb die Pons Fabricius, die man aufgrund der vierköpfigen Hermen, die als Stützen des antiken Bronzegeländers dienten, auch »Ponte dei Quattro Capi« nannte, fast unverändert. Das steinerne Geländer wurde im 17. Jh. hinzugefügt. Der Pons Cestius, zwischen 67 und 27 v. Chr. erbaut, wurde mehrfach repariert und musste 1889 der geplanten Erweiterung des rechten Tiberarms weichen. Beim Bau der neuen Brücke verwendete man für den Mittelbogen das alte Material.

Pons Aelius. Heute ist diese Brücke unter dem Namen »Ponte S. Angelo«, als Engelsbrücke, bekannt, auf der die von Bernini und seiner Werkstatt zwischen 1668 und 1671 gefertigten berühmten zehn Engelsfiguren aufgestellt wurden. Die antike Brücke wurde mit dem Bau des Hadrian-Mausoleums angelegt und 134 n. Chr. eingeweiht. Erhalten sind davon heute nur noch die drei Mittelbogen.

Pons Milvius. Berühmt wurde der Pons Milvius, im Volksmund auch »Ponte Molle« genannt, durch die Schlacht im Jahr 312 n. Chr., in der Konstantin seinen Rivalen Maxentius besiegt hatte. Vor der Brücke liefen die beiden wichtigen Nord-Fernstraßen, Via Flaminia und Via Cassia, zusammen und dann auf einer Route in die Stadt hinein. Seit der Spätantike war die Brücke das wichtigste Einfallstor in die Stadt; auf ihr zogen alle Kaiser des christlichen Europa in die Ewige Stadt ein. Heute sind nur noch die mittleren vier Bogen von der antiken Anlage erhalten.

Das Zentrum

Das Kapitol

Das Kapitol fungierte in der Antike einerseits als politisches und religiöses Zentrum, andererseits als Symbol des Imperium Romanum. Obgleich der kleinste der sieben legendären Hügel von Rom, war er der bedeutendste. Erst im Mittelalter, mit dem Aufstieg des Papstes zum neuen weltlichen Herrscher, verlor das Kapitol an Bedeutung. Erst das bürgerliche Rom machte den Hügel zum Sitz ihres Rathauses und der Stadtverwaltung. Die monumentale Ausgestaltung des Platzes ist Papst Paul III. zu verdanken: Sie entstand nach Plänen Michelangelos ab 1538.

Das Kapitol ist ein Hügel mit zwei Kuppen, die allerdings heute kaum mehr zu unterscheiden sind. Auf der nördlichen Kuppe, der Arx, steht die Mitte des 14. Jh.s erbaute Kirche S. Maria in Aracoeli (hinter dem Palazzo Nuovo), erreichbar über 124 Marmorstufen. In der Antike befand sich an Stelle der Kirche der Tempel der Juno Moneta, zugleich Münzprägestätte, und die alte Festung. Auf der südlichen Kuppe erhob sich der Tempel des Jupiter Optimus Maximus Capitolinus, von dem heute Reste im Tabularium zu sehen sind. Zwischen beiden Erhebungen erstreckte sich in der Antike dort, wo sich heute die Piazza del

Kapitol. Stich nach Michelangelo, 1569

Campidoglio ausbreitet, das Asylum, nach antiker Überlieferung Zufluchtsort für Fremde. Im Osten schließlich liegt das Tabularium, das 78 v. Chr. unter Konsul Q. Lutatius Catulus erbaute Staatsarchiv.

Auf dem Kapitol soll nach antiker Überlieferung die Wiege Roms stehen. In der Tat belegen bronzezeitliche Keramikfunde im Bereich der Kirche S. Omobono am Südwestabhang des Kapitols aus dem 14./13. Jh. v. Chr. – die derzeit ältesten Funde aus Rom überhaupt – diese These. Ab etruskischer Zeit entwickelte sich die Siedlung zum politischen und religiösen Zentrum, es wurde konstant ausgebaut, terrassiert und befestigt, bis die alten Tempel und Anlagen 83 v. Chr. einem Großbrand zum Opfer fielen. Die Neubauarbeiten zogen sich bis 69 v. Chr. hin, wie ein Inschriftenfund belegt. Während der Unruhen nach Neros Tod 68 n. Chr. ging das Kapitol erneut in Flammen auf, elf

Jahre später zerstörte ein weiterer Brand die eben erst restaurierten Gebäude. In der Spätantike verfiel das einstige *caput mundi*, das Zentrum der römischen Welt – religiöse und politische Schaltzentrale, Burg, Asyl, heilige Stätte und Ort politischer Kundgebungen in einem. Konstantinopel übernahm die Rolle Roms, und der Kirchenvater Hieronymus schrieb Anfang des 5. Jh.s: »Das goldene Kapitolium starrt in Schmutz. Alle Tempel Roms sind mit Ruß und Spinnweben überzogen.«

Nach dem verheerenden Sacco di Roma 1527 leitete Papst Paul III. Farnese mit der Renovierung des Kapitols den Wiederaufstieg der Stadt ein. Kein Geringerer als Michelangelo erhielt den Auftrag, und er entschied sich für eine trapezoide Platzanlage mit sternförmig zum Reiterstandbild in der Mitte angeordnetem Pflaster, dreiseitig von Gebäuden umgeben. Der Baubeginn erfolgte 1546, fertiggestellt wurde dieser erste nach einheitlichem Konzept gestaltete Platz Roms jedoch erst nach Michelangelos Tod, durch Architekten wie della Porta, Rainaldi oder Longhi. Auf der Südostseite des Platzes erhebt sich, gegenüber der prächtigen Haupttreppe, der Coronata, der Palazzo Senatorio (1547–1605), auf den Substruktionen des antiken Tabulariums errichteter Sitz des römischen Magistrats und des Bürgermeisters. Seitlich flankiert wird er von den äußerlich identischen Bauten der Palazzi dei Conservatori und Nuovo nach Michelangelo-Entwürfen. Beide Gebäude beherbergen Museen, der Palazzo dei Conservatori dient zudem als Standesamt.

Da das Mark-Aurel-Reiterstandbild, von dem seit 1997 eine Kopie auf der Platzmitte steht, irrtümlich für eine Darstellung des ersten christlichen Kaisers Konstantin gehalten wurde, war es in der Spätantike nicht zerstört worden und stand ab 782 n. Chr. vor dem Lateranpalast. Erst 1475 identifizierte es ein Bibliothekar des Vatikans als Bild des Kaisers Mark Aurel, und Papst Paul III. ließ die Statue 1538 auf das Kapitol überführen. Nach aufwendiger, wegweisender

Reiterstandbild des Mark Aurel

Renovierung wird das Original heute im Palazzo Nuovo der Kapitolinischen Museen ausgestellt.

Viel Antikes ist vom Kapitol nicht mehr erhalten, gerade der Umbau Michelangelos hat große Teile unwiderruflich vernichtet. Unter dem Konservatorenpalast fanden sich Tuffquader vom Fundament des bedeutendsten Baus auf dem Hügel: dem Tempel der kapitolinischen Trias. Aus diesen und anderen Funden im Umkreis lässt sich ein Tempelpodium von etwa 53 m Breite und 63 m Länge rekonstruieren. Vom aufgehenden Mauerwerk ist nichts mehr erhalten, doch analog zu anderen etruskischen Tempeln gelingt es, eine Vorstellung von den immensen Ausmaßen des Baus zu vermitteln. Vor dem Tempel, der nach seiner Zerstörung 83 v. Chr. von griechischen Künstlern in Marmor wieder aufgebaut worden war, lag ein großer Freiplatz, die Area Capitolina, von deren Bebauung mit Ausnahme weniger Fundamentreste nichts mehr erhalten ist.

Auch auf der zweiten Kuppe des Kapitols sind die antiken Überreste spärlich. Fundamentblöcke im Garten der Ara Coeli glaubt man mit dem Tempel der Juno Moneta in Zusammenhang bringen zu können, der sich ab 343 v. Chr. hier befunden haben soll. Neben der Münzstätte lag zudem das Auguraculum, der »Arbeitsplatz« der Auguren, des Kollegiums der Weissager des antiken Rom. In der Spätantike siedelten sich darüber hinaus zahlreiche orientalische Kulte an, nach Überlieferungen wurde z. B. die Verehrung der Isis schon ab 58 v. Chr. hier gepflegt; von den Tempelbauten selbst gibt es jedoch keine Spuren. Besonders auffällig und gut erhalten sind die Reste eines mehrstöckigen Wohnhauses (*insula*) unterhalb der Treppe zur Kirche S. Maria in Aracoeli. Drei Stockwerke sind klar erkennbar, der Bau war jedoch wohl höher. Im Erdgeschoss des im 2. Jh. n. Chr. erbauten Hauses – ein gutes Beispiel für den römischen Wohnbau der Kaiserzeit, wie zahlreich in Ostia zu finden – befanden sich Läden.

Der besterhaltene Bau des Kapitols ist das 78 v. Chr. erbaute Tabularium, das Staatsarchiv der Republik. Inschriftenfunde überliefern den Architekten Lucius Cornelius und als Auftraggeber den Konsul Lutatius Catulus. Der erhaltene Unterbau, über dem sich heute das Rathaus erhebt, gibt eine gute Vorstellung von der Massigkeit des rund 74 m langen Gebäudes. Vergleiche mit anderen republikanischen Bauten zwischen dem 2. und 1. Jh. v. Chr. in Italien – z. B.

dem Fortuna-Heiligtum in Palestrina – vermitteln eine Vorstellung von der originalen Erscheinung.

Neben dem Tabularium, unter S. Giuseppe dei Falegnami, einem Kirchenbau aus dem späten 16. Jh., befand sich der mamertinische Kerker, das römische Staatsgefängnis. Hier wurden neben zwielichtigen Gestalten auch bekannte historische Personen gefangen gehalten: Jugurtha, Vercingetorix, die Komplizen des Umstürzlers Catilina, den Cicero entlarven konnte, aber auch die beiden Apostel Petrus und Paulus. Petrus war auch der Grund, dass hier im 16. Jh. die Kapelle San Pietro in Carcere entstand. Das Staatsgefängnis wurde um 300 v. Chr. eingerichtet und bestand aus dem eigentlichen Gefängnis im Obergeschoss und einer darunter liegenden Hinrichtungsstätte mit Verbindung zur Cloaca Maxima, dem Abwasserkanal. Gegenüber liegt SS. Luca e Martina, unter der die Reste des Secretarium Senatus, Ort geheimer Senatssitzungen, entdeckt wurden.

Das Forum Romanum

In der Frühzeit befanden sich die Siedlungen Roms auf den Hügeln, denn zwischen Quirinal und Viminal im Norden, Palatin im Süden und Kapitol im Westen erstreckte sich einst eine breite Senke, ein von Bächen durchzogenes Sumpfland. Über die damaligen Gegebenheiten berichten übereinstimmend antike Autoren, wie beispielsweise Livius: unwirtlich, feucht und insektenreich sei das Tal gewesen, und man hätte es lediglich als Begräbnisstätte genutzt. Da jedoch die Via Sacra – als Fortsetzung der hier vorbeilaufenden Fernstraße – durch die Senke in die Stadt führte, entwickelte sich diese allmählich zum Kommunikationszentrum.

Nach der Stadtwerdung Roms, d. h. nach dem Zusammenschluss der einzelnen Siedlungen zu einer Gemeinde, begann man gegen Ende des 7. Jh.s v. Chr. mit der Trockenlegung des Tales durch die Anlage einer Cloaca. Reste dieses ersten Abwasserkanals sowie Spuren einer Pflasterung können in die Zeit um 600 v. Chr. datiert werden. Die eigentliche Erschließung des Areals fällt mit der überlieferten Machtübernahme der etruskischen Tarquinier (frühes 6. Jh. v. Chr.) zusammen. Von deren ersten König Tarquinius Priscus wird erzählt, dass er als Erster öffentliche Bauten und Kanäle auf dem Forumsgrund in Auftrag gegeben haben soll.

Die ältesten gesicherten Besiedlungsspuren lassen sich allerdings nur bis um 500 v. Chr., die Zeit der Vertreibung der Etrusker und Begründung der Republik, zurückverfolgen. Damals wurden die Tempel für Saturn sowie die Regia (Königsresidenz) auf den Resten von Vorgängerbauten neu errichtet. Beim Tempel der Dioskuren handelte es sich dagegen um einen Neubau, da sich der Kult erst gegen Ende des 6. Jh.s v. Chr. von Großgriechenland nach Rom ausbreitete (Inschrift). Die folgenden Jahrzehnte in der Entwicklung des Platzes liegen bis heute im Dunkeln. Die nächste nennenswerte Bautätigkeit lässt sich erst nach dem Gallier-Einfall um 390 v. Chr. feststellen. Um 376 v. Chr. wurde im Auftrag des Gallier-Bezwingers Camillus der Concordia-Tempel erbaut, und damit war die Ausdehnung des Platzes abgesteckt.

Im Laufe der Geschichte entstanden in Rom eine ganze Reihe ähnlicher Plätze, die einerseits als Versammlungsorte, andererseits als Marktplätze dienten: das Forum Boarium, der Rindermarkt, das Forum Holitorium, der Kraut- bzw. Gemüsemarkt, das Piscarium, der Fischmarkt, das Forum Cuppedinis, der Naschmarkt, oder das Vinarium, der Weinmarkt. Das Forum Romanum hingegen blieb über die Jahrhunderte etwas Besonderes, nämlich politisches und kultisches Zentrum, Ort der Rechtsprechung, profaner Marktplatz und internationale Finanz- und Handelsbörse.

Das politische Zentrum lag auf dem Forum nahe der Curia Julia, dem Sitzungsgebäude des Senats, an der Nordwestecke des Platzes. Das rund angelegte Comitium diente während der Republik als Versammlungsort der Bürger und als Gerichtsort, später entstand daneben die Curia als Treffpunkt des Senats und der Beamten sowie die Rednertribünen für die Bürger und die Graecostasis für Abgesandte fremder Staaten. Auf dem unbebauten Areal siedelten sich Händler an und boten ihre Waren an Ständen oder in Tabernae (Verkaufsbuden) feil. Der Einzelhandel wurde im Laufe der Zeit mehr und mehr von den oben erwähnten Foren übernommen, auf dem Forum Romanum wurden eher die Luxusartikel gehandelt. Als Rom im Laufe des 2. Jh.s v. Chr. zum Zentrum des Mittelmeerraums aufstieg, änderten sich auch die Bedürfnisse und Aufgaben. So entstanden vier Basiliken, Basilica Porcia, Fulvia (später Aemilia), Sempronia (dem Vorgängerbau der Basilica Julia) und Opimia – große hallenartige Gebäude, die als Banken, Börsen oder Handelsplätze, aber auch als Gerichtsorte dienten und wo außenpolitische Angelegenheiten besprochen wurden.

Es ist in erster Linie Caesar und seinem Nachfolger Augustus zu verdanken, dass der wichtigste Platz im Imperium Romanum nach griechischen Vorbildern repräsentativ geordnet und einer Weltstadt würdig umgestaltet wurde – in der Folgezeit blieb das Forum bis auf wenige Hinzufügungen und notwendige Renovierungen im Großen und Ganzen unverändert. Caesar realisierte jedoch noch andere Pläne: Der Bau seines neuen »Forum Caesaris« im Norden des Forums sollte als erstes der sog. Kaiserforen das zu klein gewordene Forum Romanum entlasten und sich überdies als wegweisend erweisen.

Nach Augustus verlor das Forum zusehends an politischer Bedeutung und wurde im Laufe der Kaiserzeit mehr und mehr zu Repräsentations- und Propagandazwecken benutzt. Gelegentlich wurden bestehende Bauten prunkvoll restauriert oder Triumphbogen oder Ehrenmäler und -statuen neu aufgestellt. Im Jahr 608 n. Chr. wurde mit der Phokas-Säule nicht nur die letzte bauliche Veränderung vorgenommen, sie beschließt zugleich die Baugeschichte des Forums. Der Platz verlor für Rom fortan seine Bedeutung, im Mittelalter und während der Renaissance kam es zu systematischen Plünderungen. Der Verfall schritt fort und im 17. und 18. Jh. sprach man nur mehr vom »Campo Vaccino«, der Viehweide.

Zur Grabungsgeschichte

Das Interesse, das man in der Renaissance dem Forum Romanum entgegenbrachte, beschränkte sich auf die zeichnerische Darstellung und die Ausbeutung. Die rege Bautätigkeit, die nach der Rückkehr des Papstes aus dem Exil, Anfang des 15. Jh.s, einsetzte, erforderte Unmengen an Baumaterial, weshalb das Forum als gigantischer Steinbruch genutzt wurde. Glücklicherweise hatte sich im Laufe der Jahrhunderte eine dicke Erdschicht über das antike Niveau gelegt, so dass zumindest Reste der Bauten, Inschriften und Statuen der Nachwelt erhalten blieben. Umfangreiche Skizzen verschiedener Renaissance-Künstler, die die antiken Bauten vor ihrem Abriss studierten, vermitteln ein eindrucksvolles Bild vom damaligen Aussehen des Forums. Erst im 17. Jh., nachdem die meisten brauchbaren Bauteile entweder in Kalköfen zerstört oder an Renaissancebauten wiederverwendet worden waren, kehrte wieder Ruhe auf dem Ruinenfeld ein.

Die erste wissenschaftlich-fundierte Grabung fand um 1788 statt. Der Schwede Carl Frederik Fredenheim untersuchte einen Teil der Basilica Julia. Zu Beginn des 19. Jh.s forschten Carlo Fea, dann Antonio Nibby weiter, doch die fruchtbarste Grabungstätigkeit setzte erst zwischen 1871 und 1905 ein; damals wurde fast das ganze Forumsgelände freigelegt. Eine zweite wichtige Grabungsperiode datiert in die Zeit bis etwa 1922, wohingegen man sich nach dem Zweiten Weltkrieg auf punktuelle Nachgrabungen und vor allem Sicherungsarbeiten beschränkte.

Erst in den letzten Jahrzehnten hat man sich an die Erforschung neuer Areale gemacht. In vielen Bereichen fanden und finden zudem gründliche Nachgrabungen durch internationale Fachleute statt. Die ständig anwachsenden Besuchermassen führten vor einigen Jahren zu erheblichen Einschränkungen. Konnte man zuvor die meisten Areale und Bauten des Forums frei betreten und genau erkunden, ist heute nur mehr ein Rundgang auf genau abgegrenzten Wegen möglich. Viele Bereiche wurden komplett gesperrt und die meisten Denkmäler, wie das Vestalinnen-Heiligtum, können nur noch von fern betrachtet werden.

Überblick über die bauliche Entwicklung des Forums

- Republik: Tabularium, Saturn-Tempel (erbaut 5. Jh. v. Chr., restauriert 42 v. Chr.), Castor-Tempel (5. Jh. v. / 6 n. Chr.), Concordia-Tempel (367 v. / 10 n. Chr.), Lapis Niger, Volcanal (Altar des Vulkan), Comitium (Mitte 5. Jh. v. Chr., unter Sulla und Caesar erneuert), Lacus Curtius, Rostra, Curia, Basilica Fulvia (178 v. Chr., Vorgänger der Basilica Aemilia), Basilica Sempronia (170 v. Chr., Vorgängerbau der Basilica Julia), Regia (Königshaus des 6. Jh.s v. Chr., Neubau 36 v. Chr.), Vestalinnen-Heiligtum (ab Ende 1. Jh. v. Chr., mehrere Umbauten)
- Caesar: Curia Julia, Basilica Julia
- Augustus: Divus-Julius-Tempel (29 v. Chr.), Umbau Basilica Aemilia, Weiterbau Basilica Julia, Rostra, Augustus-Bogen (29 v. Chr.), Bogen für Lucius und Gaius Caesar, Porticus Julia
- Tiberius: Neubauten des Castor- und des Concordia-Tempels, Tiberius-Bogen
- Titus: Titus-Bogen (nach 81 n. Chr.)
- Spätere Hinzufügungen: Septimius-Severus-Bogen (203 n. Chr.), Antoninus-Faustina-Tempel (141 n. Chr.), Vespasian-Titus-Tempel

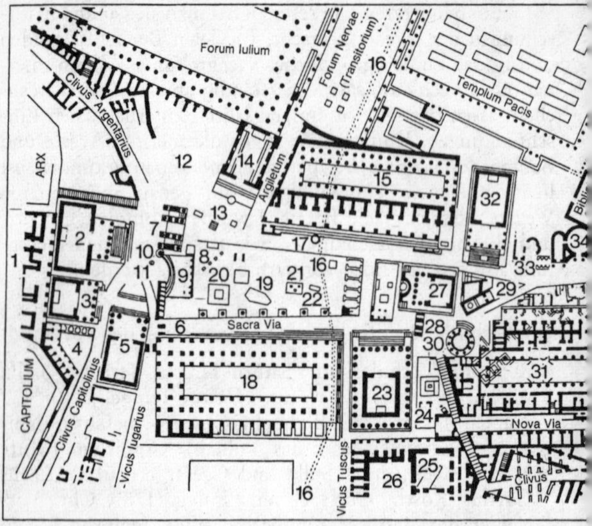

Forum Romanum, Übersichtsplan

1 Tabularium
2 Concordia-Tempel
3 Tempel des Vespasian und Titus
4 Porticus der Dei Consentes
5 Saturn-Tempel
6 Bogen des Tiberius
7 Ehrenbogen des Septimius Severus
8 Dezennalienbasis Diokletians
9 Rostra
10 Umbilicus Urbis
11 Altar des Vulcanus
12 Comitium
13 Lapis Niger
14 Curia Julia
15 Basilica Aemilia
16 Cloaca Maxima
17 Altar der Venus Cloacina
18 Basilica Julia
19 Lacus Curtius
20 Phokas-Säule
21 Reiterstandbild des Domitian

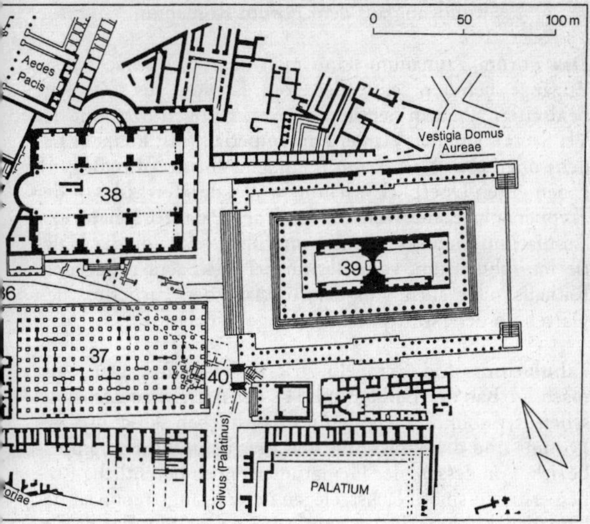

22 Reiterstandbild des Konstantin
23 Tempel des Castor und Pollux
24 Lacus Juturnae
25 Gebäudekomplex des Domitian (S. Maria Antiqua)
26 Horrea Agrippiana
27 Tempel des Divus Julius
28 Augustus-Bogen
29 Regia
30 Rundtempel der Vesta
31 Haus der Vestalinnen
32 Antonius-Faustina-Tempel
33 Necropoli Arcaica
34 Tempel des Divus Romulus
35 SS. Cosma e Damiano
36 Bacchus-Heiligtum
37 Horrea Vespasiani
38 Maxentius- oder Konstantinsbasilika
39 Venus-Roma-Tempel
40 Titus-Bogen

Rundgang auf dem Forum Romanum

Das Forum Romanum kann man über vier verschiedene Zugänge betreten: entweder vom Kapitol aus (Zugänge beidseitig, vor dem Septimius-Severus-Bogen bzw. auf der Via Sacra), von der Via dei Fori Imperiali (mit kleinem Laden) oder vom Kolosseum kommend (beim Titus-Bogen). Einen guten Überblick erhält man von der Terrasse vor der Treppenanlage, die rechter Hand des Palazzo Senatorio / Tabularium hinunter zum Forum führt, oder von der Galerie im Tabularium, vom Beginn der Via Sacra neben dem Rathaus oder auch von der Terrasse der Farnesinischen Gärten an der Nordspitze des Hügels (Palatin).

Tabularium und Tempelbezirk des Forums. Der einst mächtige Bau des Tabulariums [1], der Archivbau der römischen Republik, bildete den nordwestlichen Abschluss des Forums und die Kulisse für den hier befindlichen Tempelbezirk, von dessen vier Heiligtümern noch beachtliche Ruinen erhalten sind. Nächstgelegen der Zugangstreppe ist der Concordia-Tempel [2]; er wurde 367 v. Chr. von Furius Camillus aus Dankbarkeit für die Einigung zwischen Plebejern und Patriziern errichtet. In der Republik diente der Bau zeitweise als Sitz des Senats, und Tiberius soll darin – nach Plinius d. Ä. – ein Kunstmuseum eingerichtet haben. Der Kaiser war zugleich für den letzten einschneidenden Umbau verantwortlich: Er verlieh der Cella ihre endgültige Form (45 m breit, 24 m tief) mit einer vorgelagerten sechssäuligen Vorhalle. Erhalten sind das Podium und einige Architekturteile.

Neben dem Concordia-Tempel liegt der Tempel des Vespasian und Titus [3]. Ursprünglich wurde der Bau, wie eine heute noch lesbare Inschrift auf dem Architrav belegt, vom Senat dem vergöttlichten Vespasian gestiftet. Nach anderen Quellen war er zudem dem Titus geweiht und wurde zur Regierungszeit des Septimius Severus ausgebessert. Der 33 m lange und 22 m breite Tempel bestand aus einer breiten Cella mit ursprünglich sechssäuligem Portikus, von dem drei korinthische Säulen mit Architravblock erhalten sind.

Die Portikus der Dei Consentes [4] oder Deorum Consentium, zwischen Vespasian- und Saturn-Tempel gelegen, wurde, glaubt man Varro, bereits in republikanischer Zeit errichtet. Die erhaltenen Reste gehen jedoch auf eine umfassende Restaurierung im Jahr 367 n. Chr. zurück (Architrav-Inschrift). Zwischen den Säulen der Halle standen Statuen der wichtigsten zwölf Staatsgötter, der Dei Consentes – die römische Version des griechischen Dodekatheon, der zwölf Olympischen Götter – Apollon, Ceres, Diana, Juno, Jupiter, Mars, Merkur, Minerva, Neptun, Venus, Vesta, Vulkan.

Den Abschluss des Tempelbezirks bildet der Saturn-Tempel [5]. Vom prächtigen ionischen Bau sind noch acht Säulen mit Architrav und Giebel erhalten. Es handelt sich um einen der ältesten Kultplätze auf dem Forum. Zunächst befand sich hier nur ein Altar, um 500 v. Chr. wurde dann ein Bau geweiht – der zweitälteste republikanische Tempel nach dem des Jupiter Capitolinus (Optimus Maximus) auf dem Kapitol. 42 v. Chr. wurde der Saturn-Tempel prunkvoll neu gestaltet, dann wieder nach einem Brand 283 n. Chr. Aus dieser Zeit stammen die erkennbaren Reste. Der Saturn-Tempel galt nicht nur als eines der traditionsreichsten Heiligtümer der Römer, in einem Vorraum vor dem Podium befand sich zugleich die Staatskasse. Zudem wurden, wie Löcher in der Wand belegen, an der Ostseite des Podiums öffentliche Bekanntmachungen ausgehängt.

Am Tempel endete auch die Via Sacra. Sie stößt auf den Vicus Iugarius und führt als Clivus Capitolinus (Teilstück erkennbar) um den Tempel herum auf das Kapitol. Über dem Vicus Iugarius, zwischen Tempelpodium und Basilica Julia, erhob sich einst der Bogen des Tiberius [6], von dem heute nur noch zwei Pfeiler erhalten sind.

Blick über das Forum Romanum

Triumphbogen des Septimius Severus. Augenfälligstes Monument auf der Nordwestseite des Forums ist der Ehrenbogen des Septimius Severus [7]. Er wurde 203 n. Chr. zum zehnjährigen Amtsjubiläum des Kaisers errichtet, gestiftet von Senat und römischem Volk, wie auf der Inschrift zu lesen steht. Der Umstand, dass der Bogen im Mittelalter in andere Gebäude integriert worden war, bewahrte ihn vor der Zerstörung – zumindest so lange, bis er freigelegt und der neuzeitlichen Luftverschmutzung ausgesetzt wurde. Diese Schäden behob man vor einigen Jahren mit einer langwierigen und kostspieligen Restaurierung, doch wie lange der neugewonnene Glanz hält, bleibt abzuwarten. Mit 21 m Höhe und 23 m Breite handelt es sich um einen der größten Triumphbogen überhaupt, der noch dazu durch seine hohe künstlerische Qualität besticht. Eine Inschrift feiert den Kaiser und seine beiden Söhne, Caracalla und Geta (Name später eradiert) als siegreiche Feldherrn über Parther, Araber und Assyrer, und der üppige Bildschmuck illustriert diese Ereignisse. So führen auf den Sockelreliefs römische Legionäre parthische Gefangene ab. In den Zwickeln über dem Mittelbogen (Forumseite) sind Viktorien dargestellt, darunter der Genius des Sommers (links) und des Herbstes (rechts). Zum Kapitol hin befinden sich die Verkörperungen von Frühjahr und Winter; auf der Volute im Scheitel des Bogens sieht man Mars. Über den Seitenbogen sind die Heerzüge des Kaisers gegen Parther und Araber festgehalten. Die Quadriga mit dem Kaiser und seinen beiden Söhnen sowie Begleittross, die über der mit Inschrift geschmückten Attika stand, ist nicht mehr erhalten.

Vor dem Bogen liegt die Dezennalienbasis Diokletians [8], der Rest eines Fünf-Säulen-Denkmals, das zur 10-Jahresfeier der Tetrarchie, 303 n. Chr., errichtet wurde. Neben dem Triumphbogen erkennt man die Reste der einstigen Rostra [9], eine große öffentliche Rednertribüne, die zum Comitium gehörte. Sie wurde 44 v. Chr. im Auftrag Caesars hier neu errichtet, doch erst unter Augustus 29 v. Chr. eingeweiht. Der Name geht auf die als Zierde angebrachten, bei Seeschlachten eroberten Schiffsschnäbel (*rostra*) feindlicher Kriegschiffe zurück. Zwischen Bogen und Rostra fällt ein zylindrisch geformter kleiner Ziegelbau ins Auge, der Umbilicus Urbis [10], den »Nabel der Stadt«. Er sollte den Mittelpunkt Roms und damit der Welt markieren. Außerdem finden sich hier die Fundamente eines Altars des Vulcanus [11]. Das uralte Heiligtum soll dem Schmiedegott angeblich schon vom Sabinerkönig Titus Tatius im 9. Jh. v. Chr. geweiht worden sein. Dem Umbilicus entsprach auf der südlichen Seite der Rostra das Milliarium Aureum, eine um 20 v. Chr. von Augustus errichtete Säule, die den Schnittpunkt aller wichtigen Straßen des Imperiums kennzeichnete und auf der die Entfernungen zu den wichtigsten Städten angegeben waren. Unmittelbar daneben befinden sich die Fundamentreste des 16 n. Chr. hier errichteten Tiberius-Bogens [6], ein Erinnerungsmal an die Varus-Schlacht im Teutoburger Wald.

Curia und Umgebung. Das Comitium [12], das in Resten vor der Curia Julia erhalten ist, war das politische Zentrum Roms. Die Anlage, ursprünglich bestehend aus einem kreisrunden Platz mit Rednertribüne (*graecostasis*), auf der auswärtige Botschafter ihre Anliegen vorbrachten, der Curia Hostilia – dem alten Senatssitz – und der Basilica Porcia (184 v. Chr.) wurde durch Caesars Curia-Neubau teilweise zerstört. Mitten auf dem Platz liegt ein Geviert aus schwarzem Marmor, der Lapis Niger [13], nach römischer Überlieferung das Grab des Romulus. Es handelt sich um einen alten republikanischen Kultplatz, ein Heroon, dessen Name auf die schwarze Pflasterung zurückgeht, die das unterirdische Heiligtum markiert.

Mächtig überragt die Curia Julia [14] den alten Versammlungsplatz. Sie geht in ihrer heutigen Form zwar auf das frühe 4. Jh. n. Chr. (Wiederaufbau nach einem Brand unter Diokletian, 303) zurück, soll jedoch relativ getreu den Neubau Caesars wiedergeben. Geweiht wurde der Bau, wie so viele unter Caesar begonnenen Projekte, 29 v. Chr. durch Augustus. Das Gebäude ist deshalb in solch gutem Zustand, weil es im 7. Jh. in eine Kirche (S. Adriano) umgewandelt worden war und so in den 30er-Jahren des 20. Jh.s wieder in den alten Zustand zurückversetzt werden konnte. Das Sitzungsgebäude des Senats war innen einst mit Stuck verkleidet und wies einen bunten Marmorfußboden auf, den man anhand gefundener Reste stellenweise rekonstruierte. An den Langseiten im Inneren der 27 × 18 m messenden, 21 m hohen Halle befinden sich jeweils drei Stufen. Hier standen einst die Stühle für die etwa 300 Senatoren. An der Nordseite saßen die Magistrate, dort fanden sich auch die Reste der Basis einer Victoriastatue. Die Curia stand ursprünglich nicht isoliert, sondern grenzte mit ihrer Rückseite unmittelbar an die Portikus des Caesar-Forums an. Die in der Curia aufgestellten zwei großen Marmorreliefs, die sog. Plutei oder Anaglypha Traiani, wurden in der Mitte des Forums gefunden und stammen wohl von der Balustrade um den Ficus Ruminalis, den heiligen Feigenbaum, unter dem Romulus und Remus von der Wölfin gesäugt worden sein sollen. Dargestellt sind Szenen aus der Regierungszeit des Trajan, die Einsetzung der Alimenta (günstige Darlehen für Bauern), die Verbrennung der Steuerakten (Zeichen des Schuldenerlasses) und Opferszenen (Suovetaurilia – Opferung von Schwein, Widder und Stier).

Basilica Aemilia. Nordöstlich der Curia verläuft das Argiletum, die wichtige Verbindungsstraße vom Forum zu den Kaiserforen und in die Subura. Direkt an der Straße erhebt sich mit der Basilica Aemilia einer der wichtigsten öffentlichen Forumsbauten. Ursprünglich hat der altgriechische Name »Basilika« nichts mit Kirche zu tun, sondern meint eine »Königshalle« bzw. einen »königlichen Verwaltungsbau«. Die Bedeutung der Basilica Aemilia [15] wurde bislang stets unterschätzt, sie war als Sitz der Zentralbank und der Börse von elementarer Bedeutung für die Stadt. Zudem stellt sie ein schönes Beispiel dafür dar, wie sich Familien der römischen Oberschicht – später von den Kaisern nachgeahmt – als öffentliche Bauherren profilierten und dabei weder Mittel noch Mühe scheuten.

Die erste Basilica Aemilia war 179 v. Chr. durch die Censoren Marcus Aemilius Lepidus und Marcus Fulvius Nobilior auf einem alten Vorgängerbau, der Basilica Fulvia, erbaut worden, doch erst zur 100-Jahr-Feier folgte durch Marcus Aemilius Paulus die prunkvolle farbige Ausstattung mit den teuersten und seltensten Marmorsorten aus aller Welt und dem berühmten, nur noch in Fragmenten erhaltenen Fries (Kopien an der Nordwestwand, Originale im Antiquarium) mit wichtigen Szenen aus der Frühgeschichte Roms. In der zweiten Hälfte des 1. Jh.s v. Chr. erlebte der Bau zwei weitere, noch aufwendigere Umbauten, der Fries wurde dabei jedoch weiterverwendet. Damals entstand eine zweigeschossige dreischiffige Anlage, mit einem Hauptsaal von rund 70 × 29 m und einer erstmals zum Forum hin ausgerichteten Fassade mit vorgelagerter Portikus von etwa 100 m Länge. Die Basilika muss derart prächtig gewesen sein, dass sogar Plinius d. Ä. davon schwärmte und sie zu den herausragendsten Bauten Roms zählte. Der Fries in einem Büro der Soprindendenza im Antiquarium Forense ist nur auf Anfrage zu sehen; er stellt eines der wichtigsten Dokumente für römisches Geschichtsverständnis und politische Propaganda dar. Er entstand in einer Umbruchphase an einem Ort, an dem Gästen aus aller Welt die Bedeutung der Metropole und ihrer Traditionen vor Augen geführt werden sollten.

Cloaca Maxima. Unter der Basilika hindurch verläuft die berühmte Cloaca Maxima [16], der Hauptabwasserkanal der Stadt. An manchen Stellen ist der Kanal so groß, dass man ihn mit einem Boot befahren kann. Der Altar der Venus Cloacina (oder Cluacina) [17] vor der Basilica Aemilia, ursprünglich zwei Göttinnen, zunächst der Cloacina, dann der mit ihr gleichgesetzten Venus, geweiht, ist ein kleines Heiligtum von rundem Grundriss, das oberirdisch den Abwasserkanal markiert.

Basilica Julia. Die Basilica Julia [18] ist das Gegenstück zur Basilica Aemilia, wurde jedoch hauptsächlich als Gerichtsort genutzt. Dort hatte u. a. das für Zivilsachen zuständige Geschworenengericht der Centumviri seinen Sitz. Caesar ließ sie anstelle der alten Basilica Sempronia von 170 v. Chr. ab 54 v. Chr. erbauen. Nach einem Brand, 12 v. Chr., erneuerte sie Augustus aufwendig, im Laufe der Antike wurde der Bau immer wieder ausgebessert und nach einem Brand 283 n. Chr. von Grund auf restauriert. Im 8. Jh. diente die Basilica Julia kurzzeitig sogar als Marienkirche. Die fünfschiffige Halle, 49 × 101 m groß, war anders als die Basilica

Aemilia nicht mit farbigem, sondern mit weißem Marmor ausgekleidet. Ein interessantes Detail findet man auf den Stufen des Gebäudes, die sog. Tabulae Lusoriae, in Stein eingeritzte Spielfelder. Sie dienten den Römern nach getätigten Geschäften zum entspannenden Spiel.

Zentraler Forumsplatz. Nach der Trockenlegung des Tals durch einen Abwasserkanal folgte die Pflasterung des Forums, wobei man während der Republik den Belag immer wieder erneuerte. Grabungen belegen, dass unter Caesar, vor allem aber in augusteischer Zeit unter Praetor L. Naevius Surdinius die Pflasterung aufwendig ersetzt wurde.

Der Platz diente bis ins Zeitalter des Augustus nicht nur als Versammlungs-, Handels- oder Kultplatz, sondern war zugleich Ort von Veranstaltungen wie Gladiatorenspielen. Man fand Spuren in der Pflasterung, die darauf hinweisen, dass hier Tribünen aufgebaut werden konnten. Daraus rekonstruierte man eine Arena, die bei Bedarf aufgebaut wurde und das gesamte Areal zwischen Comitium, Basilica Aemilia, Basilica Sempronia (Vorläufer der Basilica Julia) und dem Castor-Pollux-Tempel einnahm. Erst nachdem um 29 v. Chr. das Amphitheater des Statilius Taurus und um 9 v. Chr. die Saepta Julia auf dem Marsfeld entstanden waren, gab es auf dem Forumsplatz keine derartigen temporären Umbauten mehr.

Im Zentrum des Geländes befindet sich der heilige Bezirk des Lacus Curtius [19]. Nach einer Sage, die in drei Versionen vorliegt, soll es sich entweder um ein Dankesmonument von Mettius Curtius nach seiner Errettung aus dem Sumpf handeln, um ein Denkmal, das an den Freitod des besten Römers, Marcus Curtius, im Kampf zur Rettung Roms erinnern soll oder aber um ein Heiligtum, das Konsul Curtius Philo 445 v. Chr. errichten ließ. Gefunden wurde hier ein Relief (heute im Museo Nuovo Capitolino), das einen berittenen Soldaten zeigt, der als Marcus oder Mettius Curtius gedeutet wird.

Auf dem Platz wurden zudem über die Zeiten hinweg Denkmäler aufgestellt, so die westlich des Lacus Curtius befindliche Phokas-Säule [20], die 608 n. Chr. für den gleichnamigen byzantinischen Kaiser erbaut wurde, oder das östlich befindliche Reiterstandbild des Dominitan (Equus Domitiani) [21], das 91 n. Chr. aufgestellt, doch schon 96 n. Chr. wieder entfernt wurde. Daneben erinnern Fundamente an ein weiteres Reiterstandbild, das wohl Konstantin [22] darstellte.

Dioskuren-Tempel und sein Umfeld. Die vor der Basilica Julia verlaufende Via Sacra stößt an der Nordostecke auf den Vicus Tuscus. An ihm entstand 484 v. Chr. der Tempel der Castor und Pollux [23], im Laufe der Zeit mehrmals erneuert und restauriert. 499 v. Chr. sollen hier die Dioskuren Castor und Pollux erschienen sein und die Kunde vom Sieg des römischen Heers gegen die etruskischen Truppen der Tarquinier am See Regillus den Bürgern überbracht haben. Bei den Römern waren die aus dem griechischen Sparta stammenden Halbgötter als Schutzpatrone der Reiter und der Frauen verehrt worden. Die heute erhaltenen Reste des Tempelpodiums und des korinthischen Peripteros (drei 12 m hohe Säulen und Gebälkreste) stammen von dem Neubau, den Tiberius 6 n. Chr. weihte. In der Antike befand sich im Inneren das Eichamt; ab und zu wurden Senatssitzungen abgehalten und davor lag eine der Rednertribünen des Forums.

Östlich des Tempels befand sich der Lacus Juturnae [24], eine heilige Quelle, die, wie der Tempel, an die Dioskuren Castor und Pollux erinnert. Der Legende nach sollen die beiden hier ihre Pferde getränkt haben, nachdem sie die freudige Siegesbotschaft übermittelt hatten. Hinter dem Lacus Iuturnae führte der Vicus Tuscus hinunter zum Tiber. An diesem Weg reihten sich die Läden etruskischer Händler auf; hier befand sich auch ein von Domitian in Auftrag gegebener Gebäudekomplex [25], von dem ein Saal im 6. Jh. in die Kirche S. Maria Antiqua umgewandelt wurde. Man deutete ihn zunächst als Tempel, später als Empfangshalle des sich auf dem Palatin anschließenden Palasts des Tiberius, den Domitian für sich ausgebaut hatte. Nach jüngsten Tiefengrabungen, die ein großes Atrium im Zentrum des Komplexes hervorbrachten, vermutet man hier das Athenaeum, später Sitz einer von Hadrian gegründeten Hochschule. Außerdem liegen hier die Horrea Agrippiana [26], ein großer Getreidespeicher.

Tempel des Caesar. Das Zentrum des Forum Romanum wird im Osten vom Tempel des Divus Julius [27] begrenzt. Von dem 29 v. Chr. von Augustus für den vergöttlichten Caesar errichteten Bau haben sich nur Teile des Podiums erhalten. Der Tempel stellte einen Präzedenzfall dar, wurde doch erstmals ein Privatkult zu einem Staatszeremoniell erhöht und Caesar auf offiziellen Senatsbeschluss hin zum Gott erhoben. Nach der Ermordung Caesars wurde sein Leichnam hierher gebracht und unter großer Anteilnahme der Römer verbrannt. Dem Bau vorgelagert war eine Rednertribüne, Triumphbogen und Portiken stellten geschickt die Verbindung zu umliegenden Bauten her: Porticus Julia und Porticus Gai[us] et Luci[us] Caesar stellten die Verbindung zur Basilica Aemilia her; der Augustus-Bogen [28], dessen Fundamente (und die eines Vorgängers) seitlich vor dem Dioskuren-Tempel stehen, wurde nach einer Inschrift 29. v. Chr., nach dem Sieg bei Actium, geweiht. An den Durchgängen waren außerdem Marmorplatten mit den Konsul- und Triumphator-Listen angebracht.

Regia, Tempel der Vesta und Vestalinnenheiligtum. Im Mittelpunkt der östlichen Region des Forums befindet sich das Zentrum des Staatskults: Die Regia [29], das sagenhafte Königshaus des Numa Pompilius. Sie war seit dem 6. Jh. v. Chr. Sitz des Pontifex Maximus, des Oberpriesters, und wurde 36 v. Chr. mit einem ungewöhnlichen dreieckigen

Hof neu erbaut. Der Bau diente nicht als Wohnort des Oberpriesters, sondern nur als dessen Amtssitz und zugleich als Archiv. Außer kultischen Utensilien und alten Beutestücken wurden hier Kalender und Annalen der Stadt aufbewahrt.

Nicht nur in optischem, sondern auch inhaltlichem Zusammenhang zur Regia steht das Atrium Vestae – der Rundtempel der Vesta [30], das anschließende Heiligtum mit dem Wohnkomplex der Vestalinnen. Der kleine korinthische Peripteros ist ein architektonisches und künstlerisches Juwel und geht in seinem heutigen Zustand auf einen Neubau unter Septimius Severus zurück. Im Inneren des Rundtempels wurde das Ewige Feuer aufbewahrt. Priesterinnen der Vesta bewachten nicht nur dieses, sondern waren zugleich für die Penus Vesta, eine Reliquien-Sammlung, von der angeblich das Wohlergehen Roms abhing, verantwortlich. 394 n. Chr. wurde das Heiligtum aufgrund eines Erlasses von Kaiser Theodosius geschlossen – es passte nicht mehr zur christlichen Staatsreligion.

Die Priesterinnen lebten im benachbarten Haus der Vestalinnen [31]. Zunächst waren es vier, dann sechs Frauen, die sehr einflussreich waren und ein sexuell enthaltsames Leben führen mussten. Nach 30 Jahren im Dienst des heiligen Kults setzten sie sich hochgeehrt zur Ruhe; missachteten sie jedoch die strengen Regeln, wurden sie zur Strafe bei lebendigem Leib eingegraben. Der Komplex entstand in drei großen Bauphasen, die sichtbaren Reste stammen von einer Renovierung aus dem späten 2. Jh. n. Chr. Der Beginn für den groß angelegten Ausbau erfolgte in der späten Republik, um 50/60 n. Chr. änderte man die Ausrichtung des Baus. Im Osten befanden sich Kult- und Repräsentationsräume, im Südosten Wirtschaftsräume, im Süden der Wohntrakt und im Westen rituelle Gemächer mit Wasserbecken. Vorgelagert war eine Portikus mit Läden und im Zentrum befand sich ein hübscher, mit Rosen bepflanzter Hof um ein Wasserbecken, gerahmt von den Statuen der Oberpriesterinnen (Orginale im Museo Nazionale Romano). Nachdem man vor kurzem unter dem Haus der Vestalinnen Spuren einer frührepublikanischen Straße gefunden hat, wird jetzt das vormals wenig beachtete Areal zwischen Atrium Vestae und Via Sacra verstärkt nach frührömischen Bauspuren untersucht.

Tempel des Antoninus Pius und der Faustina. Unübersehbar überragt der Antoninus-Faustina-Tempel [32] die Ruinen im Ostteil des Forums. 141 n. Chr. von Antoninus für seine Frau errichtet und nach seinem Tod zusätzlich ihm selbst geweiht, sind vom Gebäude Teile des Podiums und die Säulenfront des Pronaos (Vorhalle) mit sechs bzw. je zwei korinthischen Säulen (17 m hoch) gut erhalten. Das liegt daran, dass der Tempel im Mittelalter in die Kirche San Lorenzo in Miranda umgewidmet wurde (erstmalige Erwähnung 1150). Neben dem Tempel, direkt an der Via Sacra, liegen die Necropoli Arcaica [33], Gräber aus dem 9.–6. Jh. v. Chr. (Funde im Antiquarium). Es handelt sich um die Reste des großen Gräberfeldes, das sich in frührömischer Zeit nördlich der Via Sacra im Tal ausbreitete. Das Pflaster der Via Sacra stammt an dieser Stelle aus der frühen Kaiserzeit. Nach dem Brand von Rom, 64 n. Chr., wurde die Straße zwar begradigt und erneuert, bei Grabungsarbeiten im 19. Jh. allerdings größtenteils zerstört, so dass nur mehr der alte Verlauf teilweise erkennbar ist. Auf der Straße, die über das Forum auf das Kapitol führte, zogen kultische Prozessionen vorbei an einigen wichtigen Heiligtümern.

Tempel des Romulus und Umfeld. Der sog. Tempel des Divus Romulus [34] stammt aus dem frühen 4. Jh. n. Chr. Der Rundbau, mit originaler Bronzetür, ist gut erhalten, da auch hier eine Kirche eingerichtet wurde. In dem direkt hinter dem Tempel liegenden Bau, in dem vielleicht die ehemalige Bibliothek des Forum Pacis untergebracht war, befindet sich noch heute die Kirche SS. Cosma e Damiano

[35]. Unklar ist die Benennung des Baus: Nach einer mittelalterlichen Quelle befand sich in der Gegend ein Romulus-Tempel. Wahrscheinlicher ist hingegen die Benennung als Tempel des Jupiter Stator, der unter Konstantin erbaut und im »Regionen-Katalog« aus dem 4. Jh. n. Chr. aufgelistet ist. Neben Jupiter Stator wurden hier auch die Penaten verehrt, nachdem deren Tempel dem Bau der Maxentius-Basilika weichen musste. Neu restauriert, soll der Tempel des Romulus demnächst Besuchern zugänglich gemacht werden.

Gegenüber befand sich einst ein kleines Bacchus-Heiligtum [36]. Schon Martial erwähnt das Heiligtum, von dem neben Fundamenten auch Teile eines gebogenen Architravs erhalten sind. Auf der hier erhaltenen Inschrift ist eine Ausbesserung der Anlage unter Antoninus Pius erwähnt. Hinter dem Heiligtum erhoben sich einst die Horrea Vespasiani, ein großer Fischmarkt (Funde von Wasserleitungen und -becken), die seit Hadrian aber auch als Verwaltungssitz genutzt wurden.

Haus des Marcus Aemilius Scaurus und republikanisches Wohnviertel. Auf dem Areal um den Titus-Bogen und die Horrea Vespasiani [37] erstreckte sich einst ein spätrepublikanisches Wohnviertel, Wohnsitz einer Reihe angesehener Bürger, darunter Cicero. Von diesen Häusern, die sich bis in die frühe Kaiserzeit auch den Palatin hinaufzogen und erst dann imperialen Bauten und Palästen weichen mussten, sind nur Reste des Hauses von Marcus Aemilius Scaurus bekannt. Es wurde zwischen 74 und 58 v. Chr. erbaut, stetig vergrößert und soll reich ausgestattet gewesen sein. Es wird auch berichtet, dass der Besitzer das Haus um 54 v. Chr. für die Summe von 15 Millionen Sesterzen an Publius Clodius verkauft hat. Die berühmte Villa, von der nur Unterbauten gefunden wurden, war später in den gigantischen Palast des Nero integriert worden.

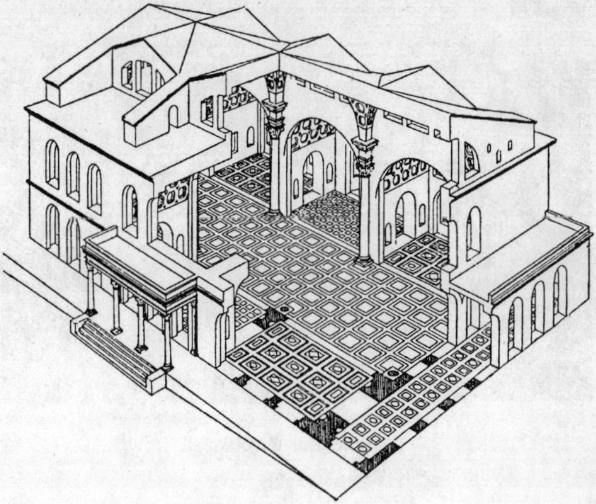

Forum Romanum, Maxentius- bzw. Konstantinsbasilika, Rekonstruktion

Maxentius-Basilika. Zu den beeindruckendsten Bauten des Forums zählt die Maxentius- oder Konstantinsbasilika [38]. 306 n. Chr. gab Kaiser Maxentius den Bau in Auftrag, 312 wurde er unter Konstantin, mit um 90 Grad gedrehter Hauptachse, vollendet. In der Apsis stand ein riesiges Standbild Konstantins, dessen Reste (u. a. der 2,6 m große Kopf) im Hof des Konservatorenpalasts ausgestellt sind. Mit ihrer Größe von 100 × 65 m – innen 80 × 60 m –, einem Mittelschiffgewölbe mit 20 m Spannweite und 35 m Scheitelhöhe sowie einer Fläche von etwa 6500 qm, stellte die Halle einen Höhepunkt der römischen Baukunst dar und beeindruckte besonders die Architekten der Renaissance.

Maxentius-Basilika

Eine der gigantischen korinthischen Säulen, die vor den Zwischenpfeilern der Joche standen, befindet sich seit 1613 vor S. Maria Maggiore. Die Basilika entstand auf den Fundamenten der Horrea Piperataria, einem Magazinbau, der sein Pendant gegenüber der Horrea Margaritaria hatte. Die Funktion der Basilika entsprach den beiden anderen auf dem Forum, die Bauform folgte jedoch neuen Vorbildern, den riesigen Thermenanlagen des Caracalla oder Diokletian.

Venus-Roma-Tempel. Neben der Basilika befindet sich die Kirche S. Francesca Romana. Sie steht an der Stelle der Vorhalle des Venus-Roma-Tempels [39], die zunächst in ein christliches Oratorium umgewandelt worden war. Die Kirche stammt aus dem 13. Jh., wurde aber im 17. Jh. komplett umgebaut (Zugang: Via dei Fori Imperiali). Der Venus-Roma-Tempel wurde 135/136 n. Chr. fertiggestellt; Kaiser

Hadrian selbst hat wohl die Pläne dafür erstellt. Apollodoros (siehe Trajansmärkte/-forum), der berühmteste Architekt seiner Zeit, soll diese heftig kritisiert haben. Mit 110 × 53 m (Podium 145 × 100 m) handelte es sich um den größten Tempel Roms, um einen korinthischen Peripteros mit 150 (!) Säulen. Während die Cella des Venus-Tempels (zum Kolosseum hin) zerstört ist, ist jene der Roma im Klosterbau von S. Francesca erhalten. Dort befindet sich heute das Antiquarium Forense.

Titus-Bogen. Der Titus-Bogen [40] markiert das Ostende des Forums. Auf der Velia, dem Sattel zwischen Palatin und Esquilin, errichtet, bildet er das Gegenstück zum Septimius-Severus-Bogen vor dem Tabularium. Der Titus-Bogen wurde, wie die Dedikationsinschrift (»Divus Titus«) belegt, nach 81 n. Chr. in der Regierungszeit des Domitian errichtet. Bei diesem ältesten erhaltenen Ehrenbogen Roms handelt es sich um ein architektonisches Meisterwerk (13,5 m breit, 4,75 m tief, 15,4 m hoch), das von Giuseppe Valadier 1821 gründlich restauriert wurde (ausgebesserte Teile aus Travertin). Wie der Severus-Bogen ist er gut erhalten, weil er in eine mittelalterliche Befestigung eingebaut worden war. Das Bildprogramm bezieht sich auf die Eroberung Jerusalems im Jahr 71 n. Chr. Eines der beiden berühmten Siegesreliefs, die im Durchgang angebracht sind, zeigt den kaiserlichen Triumphzug mit Beute, u. a. dem berühmten siebenarmigen Leuchter. An der Nordseite ist Titus selbst abgebildet, der als Triumphator von der Siegesgöttin Victoria gekrönt wird. Nicht mehr erhalten ist die Quadriga mit Titus, die einst auf dem Bogen stand.

Auf dem Palatin

Der heutige Zustand des Palatins – ein Ruinenfeld, das zunehmend von der Natur zurückerobert wird – vermittelt kaum eine Idee von der einstigen Bedeutung für das antike Rom. Es handelte sich um einen der wichtigsten der sieben Hügel Roms: Hier residierten die römischen Kaiser in prachtvollen Palästen. Wie das Kapitol bestand auch der Palatin ursprünglich aus zwei Kuppen, dem östlichen Palatin und dem westlichen Germalus; Letzterer fällt stufenweise zum Forum Boarium und zum Tiber hin ab. Die zentrale Lage im Vergleich zu den anderen Hügeln, die Nähe zum Tiber und die 51 m Höhe haben den Palatin zum idealen Siedlungsort gemacht. Hier fanden sich außerhalb des Kapitols (Keramik des 14.–13. Jh. v. Chr.) die ältesten Siedlungsspuren Roms aus dem 10. Jh. v. Chr. Nach antiker Überlieferung hatte Romulus auf dem Palatin die Gründung Roms eingeleitet. Im 3. Jh. v. Chr. waren hier zwei wichtige Tempel erbaut worden, für Victoria und Magna Mater. In republikanischer Zeit wurde der Hügel und das Areal bis hinunter zum Titus-Bogen auf dem Forum Romanum mehr und mehr zur bevorzugten Adresse der römischen Oberschicht.

Augustus wurde auf dem Palatin geboren und wohnte auch später hier. Zunächst war er in das ehemalige Haus des berühmten Redners Hortensius eingezogen, das er allmählich durch weitere Ankäufe vergrößerte und umgestaltete. Dem Imperator ist es zu verdanken, dass sich das Aussehen des Palatins nach und nach veränderte. Neben seinem Wohnhaus ließ er den berühmten Apollon-Tempel errichten, der als Kunstsammlung und Bibliothek großen Ruhm erlangte.

Tiberius, der Nachfolger des Augustus, ließ sich einen völlig neuen Palast im Nordwestteil des Palatins bauen. Zu noch einschneidenderen Veränderungen kam es unter Nero, der nach dem Brand von Rom, 64 n. Chr., fast den ganzen Palatin seiner Domus Aurea zuschlagen wollte. Domitian ging noch weiter: Er ignorierte alles Dagewesene, ließ alte Gebäudeteile rigoros überbauen, die Niederungen zwischen den beiden Kuppen ausgleichen und den Hügel durch mächtige Substruktionen erweitern. Diese Maßnahmen schufen eine Plattform, auf der ein mächtiger Palast entstehen konnte. Auch wenn einige Kaiser, wie Trajan oder Hadrian, den Palatin als Wohnort mieden, wurde der Komplex über die Jahre instand gehalten. Während der Regierungszeit des Septimius Severus standen dann wieder größere Renovierungsarbeiten an, so dass sich am Ende der Kaiserzeit auf dem Hügel ein gewaltiger Gebäudekomplex erhob. Der Name des Hügels wurde fortan sogar in übertragenem Sinne verwendet: Von ihm leitet sich der Begriff »Palast« ab.

Im Laufe der Spätantike verfiel dann der Palast immer mehr; Erdbeben trugen das ihre dazu bei, so dass sich ab dem 11. Jh. ein trauriges Bild bot. Während der Renaissance entdeckte der römische Adel dann den Hügel als Erholungsareal und Parkidyll. Es entstanden beispielsweise zwischen 1542 und 1565 auf den Ruinen des Tiberiuspalastes die Farnesinischen Gärten. Ebenfalls schon seit der Renaissance kamen immer wieder antike Reste zum Vorschein,

---

Palatin, Übersichtsplan (s. S. 88/89)

1 Farnesinische Gärten	11 Aula Regia
2 Uccelliera	12 »Lararium«
3 Domus Tiberiana	13 Domus Transitoria
4 Tempel der Kybele oder Magna Mater	14 Domus Augustana
5 Haus des Romulus	15 »Paedagogium«
6 »Haus der Livia«	16 »Stadion« des Domitian
7 Wohnhaus des Augustus	17 Domus Severiana
8 Apollon-Tempel	18 Thermen des Septimius Severus
9–12 Domus Flavia	19 Septizonium
9 Peristyl	20 Vignola-Portal
10 Basilika	21 Aqua Claudia

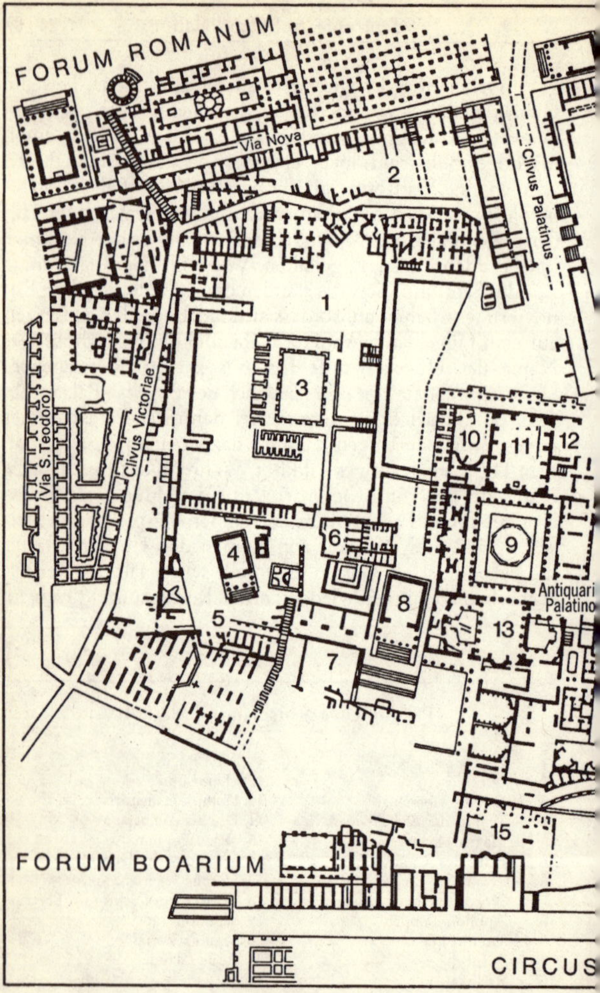
FORUM ROMANUM
Via Nova
Clivus Palatinus
Clivus Victoriae
(Via S. Teodoro)
1
2
3
4
5
6
7
8
9
10
11
12
13
15
Antiquari
Palatino
FORUM BOARIUM
CIRCUS

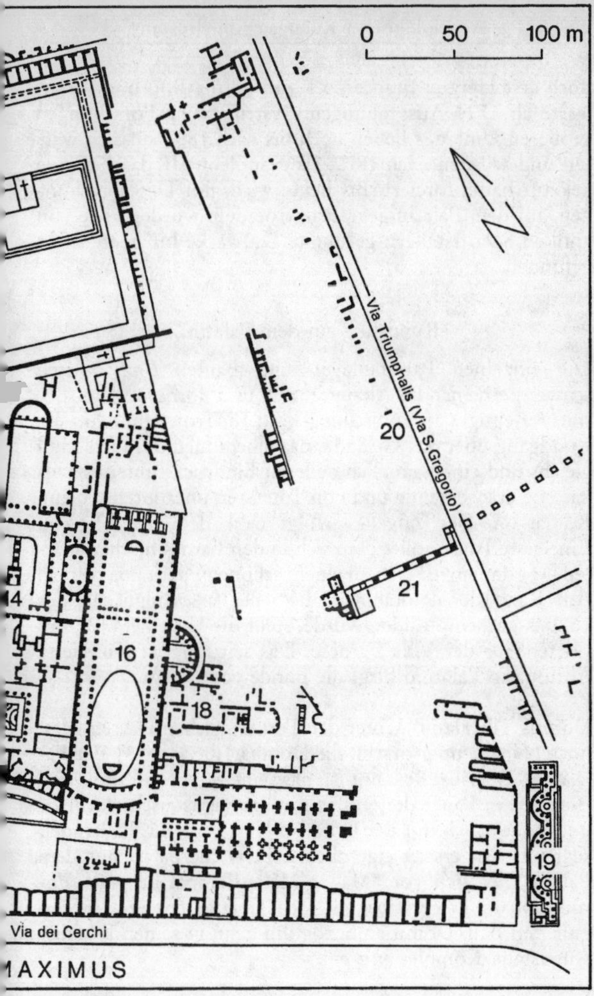

0 50 100 m
Via Triumphalis (Via S.Gregorio)
20
21
14
16
18
17
19
Via dei Cerchi
MAXIMUS

doch erst Herzog Francesco I. von Parma-Bourbon veranlasste ab 1724 Ausgrabungen. Systematische Forschungen größeren Umfangs ließen noch bis nach 1860 auf sich warten und wurden nach 1870, als Napoleon III. das Gelände gekauft hatte, forciert. Bis heute wird, mit Unterbrechungen, auf dem Palatin gegraben; trotzdem wurden viele von antiken Schriftstellern gerühmte Bauwerke bis heute nicht gefunden.

Rundgang auf dem Palatin

Die einzelnen Palastanlagen und Bauten sind optisch schwer voneinander abzugrenzen und fordern dem Betrachter einiges an Vorstellungskraft ab. Trotzdem lohnt ein Rundgang über das Gelände, das einem mediterranen Idyll gleicht und einen gänzlich anderen Eindruck hinterlässt als das eng erscheinende und von Touristen überflutete Forum Romanum. Der Zugang erfolgt nahe dem Titus-Bogen. Eine erste Pause sollte man sich in den Farnesinischen Gärten [1] gönnen, die sich zu einem schönen Panorama öffnen. Am Rand der Parkanlage, die jener ursprünglichen des 16. Jh.s nachempfunden wurde, steht die Uccelliera [2], das Gartenhaus der Villa Farnese. Das seit kurzem renovierte Antiquario Palatino birgt die Funde vom Palatin.

Domus Tiberiana. Unter den Farnesinischen Gärten liegt, noch beinahe unerforscht, die Domus Tiberiana [3], der Palast des Tiberius. Bekannt ist, dass eine Kryptoportikus von rund 130 m Länge diesen Bau mit der augusteischen Anlage und später auch mit der Domus Flavia verband. Es handelt sich um den ersten eigentlichen Herrscherpalast auf dem Palatin, der sich vom Magna-Mater-Tempel bis zum Forumsabhang hin erstreckte. Nach Tiberius erweiterte Caligula den Bau, Domitian bezog ihn dann in seinen Domus-Augustana-Komplex mit ein.

Spuren der ersten Besiedelung. An der Westecke des Palatin, korrekt auf dem Germalus, befindet sich der Tempel der Kybele oder Magna Mater [4], nach 204 v. Chr. erbaut. Nur das Podium des Baus ist erhalten, das auf einen Neubau unter Augustus um 3 n. Chr. zurückgeht. Vor der Tempelfront hat man bei Grabungen Fundamente dreier Hütten entdeckt, die aufgrund der Begleitfunde in die Mitte des 9. Jh.s v. Chr. datiert werden konnten. Die etwa 4,9 × 3,6 m großen, rechteckig bis fast ovalen Bauten, die anhand von Pfostenlöchern rekonstruiert werden konnten (Modelle im Antiquario Palatino), möchte man mit dem hier in Quellen überlieferten Haus des Romulus [5] verbinden. Neben Resten republikanischer Bebauung und der Stadtmauer wurden zwei Zisternen aus dem 6. Jh. v. Chr. entdeckt.

Augusteischer Wohnkomplex. Südlich an die ältesten Palatin-Funde schließt sich der augusteische Wohnkomplex an, der aus dem sog. Haus der Livia [6] und dem Wohnhaus des Augustus [7] besteht. Im Vergleich zu den folgenden Kaiserpalästen nimmt sich das Anwesen des Augustus eher bescheiden aus. 36 v. Chr. hatte er das Gelände erworben und nach seinen Vorstellungen um- und ausbauen lassen. Die Dekorationen des nicht zugänglichen Wohnkomplexes sind wichtige Dokumente für die Entwicklung der Wandmalerei und werden der Spätphase des sog. 2. Pompejanischen Stils zugerechnet und um 30 v. Chr. datiert.

Gerade das Haus der Livia gilt als Prototyp eines vornehmen Wohnhauses, obwohl nur noch das Atrium und vier daran anschließende Räume erhalten sind. Die Fresken mit für den 2. Pompejanischen Stil typischen illusionistischen, auf Tiefenwirkung angelegten Architekturdarstellungen dienen als Datierungshilfe für die Funde in Pompeji. Die Wandmalereien stellen einen Meilenstein in der römischen Dekorationskunst dar. Gemalte Ausblicke auf idyllische Landschaften ersetzen fehlende Fenster und schaffen zugleich Weite in den an sich engen Räumen. Ergebnis war eine bunte, fantastische Traumwelt, die trotz ihrer Anlehnung an die Realität ganz im Irrealen verbleibt.

Neuere Ausgrabungen brachten die gesamte Ausdehnung des augusteischen Wohnkomplexes zum Vorschein. Südwestlich des Hauses der Livia wurden Grundmauern und Substruktionen entdeckte, die sich über 50 m Breite und auf zwei Terrassen, die sich zum Circus Maximus hin öffnen, erstrecken. Die Benennung als »Haus des Augustus« geht auf Sueton zurück, dem zufolge die Wohnung neben dem Apollon-Tempel lag. Die obere Terrasse ist stark zerstört, unter ihr fanden sich jedoch Stuckdekorationen an gewölbten Decken, Fußbodenmosaiken, Marmorböden und Wanddekorationen. Auffällig sind zwei kleine Räume an der Westecke, deren Fresken stilistisch jenen im Haus der Livia entsprechen. Einer davon wird wegen seiner an Bühnendekoration erinnernden Architekturmalerei und den zahlreichen dargestellten Masken als »Ambiente delle Maschere« (Maskenzimmer) bezeichnet. Im anderen Zimmer bestimmen vegetabile, zwischen zierlichen Pilastern aufgehängte Girlanden den Wandschmuck. Die Fresken beider Räume gehören zu den Musterbeispielen des sog. zweiten Stils.

Apollon-Tempel. Südöstlich an den Wohnkomplex schließt sich der 28 v. Chr. von Augustus geweihte Apollon-Tempel [8] an. Von dem in der Antike viel gerühmten Bau, in dem sich bekannte griechische Kunstwerke, u. a. Werke des Myron, die Kultstatuen des Apollon, der Diana und deren Mutter Latona (Leto) von Skopas, Kephisodot und Timotheos befanden und die Sibyllinischen Bücher in der Basis der Apollon-Statue aufbewahrt wurden, sind nur noch das 44 × 25 m große Podium und Teile der Freitreppe erhalten. Reste des Bildschmucks und Statuenfunde bestätigten jedoch die Benennung. Zugehörig war einst auch eine zweiteilige Bibliothek mit griechischen und lateinischen Werken, die zugleich als Versammlungsort des Senats diente.

Reste davon, allerdings von einem domitianischen Nachfolgerbau, der nach dem Brand 64 n. Chr. entstanden war, fand man hinter dem Triclinium der Domus Flavia.

Palastkomplex des Domitian. Die beiden sich an das augusteische Wohnhaus und den Apollon-Tempel anschließenden Paläste, Domus Flavia und Domus Augustana, bilden zusammen den domitianischen Palast, der Ende des 1. Jh.s n. Chr. den gesamten mittleren Teil des Palatins einnahm. Zu ihm gehört außerdem noch das sich im Osten anschließende sog. Stadion. Schon Zeitgenossen waren von dem Bauwerk beeindruckt, und so schrieb beispielsweise Martial, dass der Palast in seiner Überdimensioniertheit die Sterne berühren und dem Himmel gleichkommen würde. Wie eindrucksvoll und vollkommen der Komplex war, belegt auch die Tatsache, dass er nie ersetzt, sondern lediglich in Stand gehalten und punktuell erweitert wurde. Rabirius, ein bedeutender Architekt der Kaiserzeit, hatte im Auftrag Kaiser Domitians hier zwischen 81 und 92 n. Chr. einen Bautypus geschaffen, der in dieser Form lange Zeit bestimmend bleiben sollte: den des Herrscherpalastes.

Die Domus Flavia [9–12] folgt trotz ihrer Ausmaße im Prinzip noch dem Schema des römischen Atriumhauses. In diesem westlichen Teil des Palastkomplexes, gruppiert um ein zentrales Peristyl [9] mit aufwendiger Brunnenanlage und Garten, befanden sich in erster Linie die Repräsentationsräume. Im Nordosten waren es drei riesige Säle, deren genaue Bestimmung unklar ist. Im westlichen, der sog. Basilika [10], möchte man den Saal des Staatsrates erkennen, in der Mitte eine Empfangshalle (von den ersten Ausgräbern im 18. Jh. als »Aula Regia« [11] bezeichnet), etwa 30 × 30 m groß und 30 m hoch, und im Osten das sog. Lararium [12], möglicherweise der Raum der Wachmannschaft, die den hier befindlichen Hauptzugang zum Palast sicherte. Ebenfalls problematisch ist die Benennung der Räume im Nordwesten, darunter ein zentraler achteckiger Saal, beidseitig gerahmt von zwei Raumgruppen mit ungewöhnlichem Grundriss. Eine Treppe in der Nordecke führt hinab in die oben erwähnte Kryptoportikus. Im Südwesten befand sich schließlich ein großes Triclinium, flankiert von elliptischen Fontänen.

Unter den Räumen der Domus Flavia fanden sich Hinweise auf frühere Bauten. Unter dem Fußboden des Tricliniums deuteten z. B. Marmorfußbodenreste auf einen Vorgängerbau hin, den Forscher als Portikus der Domus Transitoria [13], einer der ersten Palastbauten des Nero, interpretiert haben. Dazu gehörten wohl auch ein Nymphäum, ein Sommer-Triclinium und andere Nebenräume, teilweise mit Resten hervorragender Wandmalerei. Unter dem sog. Lararium, einem Schrein, fand man die Reste eines republikanischen Hauses, der sog. Casa dei Grifi, zwischen 110 und 80 v. Chr. erbaut und um 50 v. Chr. umgebaut und neu ausgemalt. Benannt wurde das Haus nach einem Wandbild, auf dem zwei Greifen mit Akanthusbüscheln zu sehen sind. Stilistisch gehört die Wandmalerei in die Übergangsphase zwischen erstem und zweitem Stil. Die besten Teile der Malerei wurden abgenommen und befinden sich heute im Antiquarium Palatino. Auch unterhalb der sog. Basilika fanden sich Spuren von Vorgängerbauten: Eine Treppe führt hinunter in einen rechteckigen Saal, mit runder Apsis an der Schmalseite, die Aula Isiaca. Berühmt wurde der Raum wegen seiner ägyptisierenden Malereien aus frühaugusteischer Zeit. Zu welchem Bau dieser Saal gehörte, bleibt unklar; er wurde vom neronischen Palast durchschnitten und später mit Bauschutt aufgefüllt.

Direkt östlich an die Domus Flavia schließt die Domus Augustana [14] an, die bis ins Zeitalter der Severer (um 200 n. Chr.) kontinuierlich ausgebaut und erweitert wurde. Noch Kaiser Maxentius wohnte im 4. Jh. n. Chr. hier und selbst im Mittelalter benutzte man Teile der Anlage weiter. Heute sind nur noch die oberirdischen Teile der mehrstöckigen Komplexe zugänglich, aber immer wieder eröffnen sich Durchblicke auf Substruktionen und Teile der Vorgängerbauten. In diesem zentralen Teil des Palasts – in der Antike verwendete man den Namen »Domus Augustana« für den ganzen Komplex und nicht nur für den zentralen Bereich der Anlage – befanden sich in erster Linie die Wohn- und Privatgemächer. Sie gruppierten sich, unterbrochen von Verbindungsräumen und Durchgängen, um zwei prächtige Innenhöfe. Der eine liegt dabei auf dem höchsten Punkt des Palatin, der andere etwa 12 m tiefer. In vielen Sälen sind Nymphäen und Brunnen zu finden. Sie waren beliebt, da sie das Leben hier oben im Sommer erträglich machten. In einigen Räumen um den oberen Hof war im 9. Jh. n. Chr. ein Oratorium, S. Cesareo in Palazzo, eingebaut worden, das später in die Villa Mattei integriert wurde. Von dieser Villa ist heute nur eine Loggia erhalten. Im oberen Hof der Domus Augustana befand sich ein Wasserbecken, in dessen Mitte ein Tempietto auf einer kleinen Insel stand, den man über eine schmale Brücke erreichen konnte. Über ein groß proportioniertes, dreigeteiltes Treppenhaus gelangte man einst zum tiefer gelegenen zweiten Innenhof, gerahmt von einer zweistöckigen Portikus und mit einem statuengeschmückten Brunnen in der Hofmitte. An der Südwestseite dieses Peristyls befand sich ein quadratischer Saal, flankiert von zwei achteckigen Räumen mit offenen Halbkuppeln.

Vor der Domus Augustana, etwa auf halber Höhe des Südwestabhangs des Palatins, liegt ein weiteres dominitianisches Gebäude, das aufgrund seiner Wand-Graffiti als »Paedagogium« [15] bezeichnet wird. Es handelte sich wohl um eine Ausbildungsanstalt für kaiserliche Pagen.

Das sog. Stadion des Domitian [16] oder Hippodrom war nach neuerer Forschungen keine Sportarena, sondern eine ausgedehnte Gartenanlage mit Reitbahn (Circus). Der hier vorliegende Typus des Hippodrom-Gartens hat sich in der römischen Architektur bis in die Zeit des Klassizismus erhalten. Der Baukörper liegt östlich der Domus Aurea und

Palatin. »Stadion« Domitians

erstreckt sich über rund 90 m. Im Nordosten wurde das »Stadion« von einer Reihe von Sälen abgeschlossen, im Südwesten von einer halbrunden Mauer. Eine Portikus umgab die Anlage, an der Ostseite befand sich eine unter Septimius Severus ausgebesserte Exedra mit Halbkuppel. Sie diente wohl als kaiserliche Loge.

Domus Severiana [17]. Das sich an das Stadion des Domintian anschließende Areal im Süden des Palatin wurde um 200 n. Chr. von Septimius Severus für seinen Palast erschlossen. Von dem einst mächtigen und prunkvollen Baukomplex sind nur noch kolossale Unterbauten aus Ziegelmauerwerk erhalten, die sich am eindrucksvollsten vom Circus Maximus aus zu erkennen geben. Auch die Reste eines drei Stockwerke hohen Treppenhauses im Südosten hinter dem Stadion des Domitian können die Ausmaße des Bauwerks lediglich andeuten. Bis an die Ostflanke des Palatin verlief eine von Ziegelarkaden gestützte Terrasse, von der man einen spektakulären Ausblick auf die Stadt bis zu den Albaner Bergen hatte. Neben dem Wohntrakt befanden sich nahe der Stadion-Exedra große Thermen [18], die bereits unter Domitian errichtet wurden, und am Ostende der erwähnten Terrasse das unter Septimius Severus erbaute Septizonium [19]. Von dieser monumentalen, mit Statuen geschmückten und mit Marmor verkleideten Brunnen-Schaufassade sind leider nur die Substruktionen erhalten; im 16. Jh. war die Ruine als Steinbruch ausgeschlachtet worden. Ganz im Osten des Palatin, nahe dem Vignola-Portal [20] an der Via S. Gregorio, erkennt man schließlich Reste der Aqua Claudia [21], der für die Wasserversorgung des Palatin zuständigen Wasserleitung.

Kaiserforen (Fori Imperiali) und Mercati Traianei

Die Fori Imperiali – große, öffentliche Platzanlagen mit Heiligtum im Zentrum und öffentlichen Bauten ringsum – entstanden auf vormals dicht besiedeltem Gebiet. Errichtet wurden sie nicht allein aufgrund der repräsentativen Bedürfnisse der Bauherren, sondern in erster Linie wegen des notorischen Platzmangels auf dem Forum Romanum. Trotz der Entlastung durch andere Fora, die speziellen Handelszwecken – als Vieh-, Fisch- oder Rindermarkt – dienten, war es für Staatsgeschäfte und Gerichtsbarkeit auf dem Forum Romanum schon in der späten Republik eng geworden. Im Unterschied zu dem über die Jahrhunderte gewachsenen Forum Romanum handelt es sich bei den Kaiserforen um wohldurchdachte und exakt geplante Anlagen von einheitlicher, nach außen abgeschlossener Gestalt.

Caesar machte nach 54 v. Chr. in nächster Nähe zum Forum Romanum den Anfang, es folgte das Forum des Augustus. Begonnen unter Domitian und beendet von Nerva, schloss sich südöstlich an dieses das Forum Transitorium bzw. Nervae an, den Abschluss nach Osten bildete das Templum Pacis, das von Vespasian in Auftrag gegeben worden war. Den End- und Höhepunkt, gleichermaßen zeitlich wie in architektonischer und künstlerischer Hinsicht, stellte schließlich das Trajansforum westlich der augusteischen Platzanlage dar.

Im Laufe des Mittelalters kam es über den Ruinen zu dichter Bebauung. Erst in der Renaissance erkannte man die ungewöhnliche Qualität der Überreste und begann die Fora für die päpstlichen Neubauten auszuschlachten. In den 1930ern ließ Mussolini die Via dei Fori Imperiali als Prachtallee genau durch das Areal legen. Die zuvor übereilt und unsystematisch ausgeführten Grabungen brachten kaum brauchbare Ergebnisse, wenig wurde publiziert, vieles rigoros eingeebnet, Funde »verschwanden« und Zusammenhänge wurden zerstört.

Seit Jahren diskutiert man in Rom eine grundlegende Neugestaltung des Forumareals. Verkehrsberuhigung und Umwandlung des Bereichs zwischen Kapitol und Kolosseum in einen archäologischen Park kommen immer wieder ins Gespräch. 1995 begann man in den Grünanlagen der Via dei Fori Imperiali mit Grabungen, die andauern. Sie sollen dazu beitragen, einerseits unklare Bauzusammenhänge zwischen den Kaiserforen zu klären und andererseits endlich die Fora in ihren Gesamtausmaßen aufzudecken; bislang ist nicht einmal ein Viertel davon sichtbar. Ein Gräberfund aus dem 11. Jh. v. Chr., der unter dem Caesar-Forum zu Tage kam, macht das Gelände auch im Hinblick auf die Frühgeschichte Roms interessant. Im Frühjahr 2001 folgte ein überraschender Schritt der Stadtverwaltung: Mit einer vorübergehenden Sperrung der sonst stark befahrenen Via dei Fori Imperiali für den Sommer 2001 soll getestet werden, ob der von Umweltschützern und Archäologen geforderte Parco Archeologico dei Fori Imperiali zwischen Kolosseum, Kaiserforen, Kapitol, Forum Romanum und Palatin nicht doch realisierbar wäre.

Nachdem das Gelände früher nur mit Sondergenehmigung zu besichtigen war, sollen mehr und mehr Areale öffentlich zugänglich gemacht werden. Der beste Überblick über die Kaiserforen bietet sich nach wie vor vom Straßenniveau der Via Alessandrina; nicht weit davon liegt auch das Informationszentrum: »FORUM« – Centro Informativo dei Fori Imperiali (Via dei Fori Imperiali, gegenüber der Maxentius-Basilika). Von dort starten regelmäßig archäologische Führungen durch die laufenden Ausgrabungen in den Fori Imperiali.

Überblick über die bauliche Entwicklung der Fori Imperiali

- Forum Julium (Caesar-Forum)
  46 v. Chr. eingeweiht
- Forum Augusti (Augustus-Forum)
  2 v. Chr. eingeweiht
- Templum Pacis (Vespasiansforum)
  71–75 n. Chr.
- Forum Nervae / Forum Transitorium (Nerva-Forum)
  97 n. Chr. eingeweiht
- Forum Traiani (Trajansforum)
  112 n. Chr. eingeweiht

Forum Julium [1]. Cicero berichtet im Jahr 54 v. Chr. in einem Brief an seinen Freund Atticus über Caesars Pläne, ein neues Forum zu erbauen. Über 60 Mio. Sesterzen, schreibt Cicero (andere Quellen nennen sogar 100 Mio.), die Caesar sich als Verwalter von Gallien verdient hatte, koste allein das Grundstück, das damals bis hin zum Forum Romanum noch dicht bebaut war. Gelobt hatte Caesar den Bau eines Tempels vor der Schlacht gegen Pompeius bei Pharsalus 48 v. Chr., und zwei Jahre später konnte er den Tempel der Venus Genetrix [2], die von ihm zur Stammmutter der julischen Familie erhoben worden war, und damit die ganze Anlage, einweihen. Die Bauarbeiten zogen sich allerdings

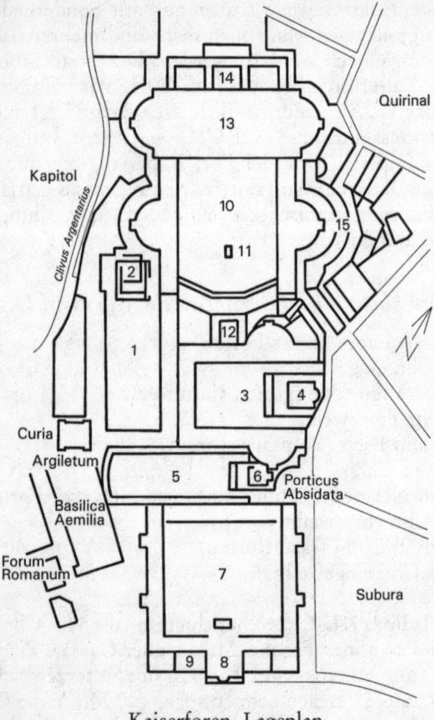

Kaiserforen, Lageplan

1 Forum Iulium
2 Tempel der Venus Genetrix
3 Forum Augusti
4 Tempel für Mars Ultor
5 Forum Nervae (Transitorium)
6 Tempel der Minerva
7 Templum Pacis
8 Tempel
9 Forma Urbis
10 Forum Traiani
11 Equus Traiani
12 Trajanstempel
13 Basilica Ulpia
14 Trajanssäule
15 Trajansmärkte

noch bis in augusteische Zeit hin und im Laufe der Kaiserzeit kam es zu mehreren Restaurierungen. So wurde der Venus-Tempel unter Domitian durch einen Neubau ersetzt, den jedoch erst Trajan 113 n. Chr. weihte. Nach einem Brand 183 n. Chr. war es schließlich Diokletian, der das Forum umfassend erneuern ließ.

Bislang ist nur etwa die Hälfte der rund 160 × 75 m großen Anlage ausgegraben, etwa ein Drittel davon ist einsehbar. Es handelt sich um ein langgestrecktes Rechteck, das auf drei Seiten von einer doppelten Portikus eingefasst wurde und dessen Zugang sich auf der Südostseite, am Argiletum, befand. Der Tempel selbst stand am Westende des Platzes. Das Forum Julium war die erste moderne Platzanlage in Rom, sie vereinte römisch-italische und hellenistische Bauprinzipien. Der Grundtypus – ein von Säulenhallen umgebener Platz mit Tempel an einer Schmalseite – war in Griechenland erfunden worden. In den römischen Koloniestädten in Unteritalien hatte man das Konzept weiterentwickelt und um eigene Ideen bereichert. Caesar wollte mit seinem eigenen Forum neue architektonische Akzente setzen, doch das war nur ein Teil seines groß angelegten Bauprogramms. Gleichzeitig nahm er eine Umgestaltung des Forum Romanum in Angriff, ließ die Curia Julia, Basilica Aemilia und Basilica Julia neu bauen. Aus der unübersichtlichen Anlage des Forum Romanum wollte er einen Platz »mit Gesicht« schaffen.

Vom Caesar-Forum, dessen in Resten erhaltene Säulenhallen auf drei Seiten in der Antike wohl Nobelläden beherbergten, sind auch Reste des Venus-Genetrix-Tempels erhalten: das Podium, drei Säulen und Teile des Gebälks vom späteren Neubau unter Domitian bzw. Trajan. Der der Stammmutter des julisch-claudischen Geschlechts geweihte Tempel war mit einem berühmten Standbild des griechischen Künstlers Arkesilaos geschmückt, über dessen Aussehen man sich bis heute uneinig ist. Er stellte eines der frühesten Beispiele eines Tempels mit Apsis dar – ein Bautyp, der in der Kaiserzeit dann weite Verbreitung fand. Im Zentrum des Platzes stand überdies ein Reiterstandbild Caesars; die Westgrenze bildete die unter Trajan errichtete Basilica Argentaria, die »Halle der Münzwechsler«. Mit dem Caesar-Forum war ein Bautyp entstanden, der für die folgenden Kaiserforen prägend und erst mit dem Trajansforum neu definiert werden sollte.

Forum Augusti [3]. An der modernen Via Alessandrina sind östlich von Trajansforum und -märkten die Reste des Augustus-Forums zu erkennen. Octavian, der spätere Augustus, hatte 42 v. Chr. nach der Schlacht bei Philippi, in der das Heer der Caesarmörder Brutus und Cassius geschlagen worden war, gelobt, aus Dankbarkeit einen Tempel für Mars Ultor [4], den »rächenden Kriegsgott«, zu errichten. Bezahlt hat er ihn, gemäß seinem eigenen Tatenbericht, aus der Kriegsbeute (*ex manubiis*). Die Bauarbeiten zogen sich hin, erst am 1. August des Jahres 2 v. Chr. wurde die Anlage – wenngleich immer noch nicht ganz fertig – geweiht. Sie sorgte aufgrund ihres reichen Statuenschmucks und ihrer Architektur für einiges Aufsehen: So befanden sich in den Exedren der Portiken Statuen der Summi Viri (der berühmten Männer der Antike) und der Mitglieder der julisch-claudischen Familie, die somit eine Art Ahnengalerie Roms bildeten. In den Räumen der erhöht gelegenen Casa dei Cavalieri di Rhodi, dem ehemaligen Johanniter-Ordenssitz, werden heute jene berühmten Karyatiden aufbewahrt, die nach dem Vorbild des Athener Erechtheions im Obergeschoss der Portiken als Stützfiguren fungierten. In dem kleinen Museum (Museo del Foro d'Augusto, Besichtigung auf Anmeldung) befinden sich weitere Architekturteile vom Augustus-Forum sowie ein Modell der Anlage.

Wie beim Caesar-Forum dominiert auch hier ein mächtiger Podiumstempel den rechteckigen Platz, dieses Mal an die nordöstliche Schmalseite gerückt. Umgeben von mehrstöckigen Portiken, an deren Längsseiten sich jeweils eine

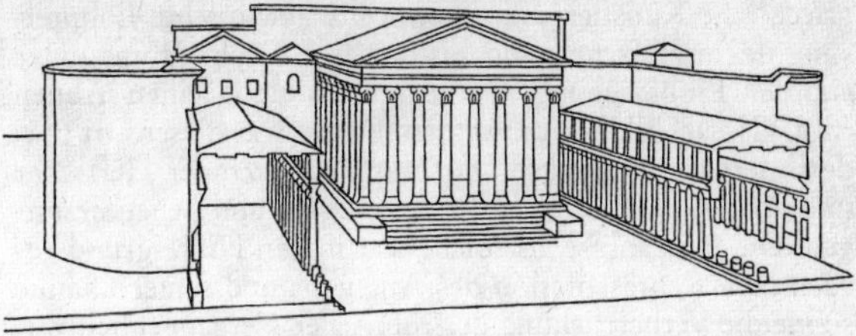

Augustus-Forum, Rekonstruktion

Exedra befand, schloss eine hohe Peperin-Mauer als wirksamer Brandschutz den Baukomplex nach außen ab. Große Umbauarbeiten fanden nach Augustus nicht mehr statt, lediglich Tiberius ließ je einen Ehrenbogen für Drusus Minor und Germanicus aufstellen. Zudem wurden in hadrianischer Zeit einige Ausbesserungen nötig. Schon im 9. Jh. zogen Mönche in die Ruinen ein und errichteten ein Kloster. Um 1200 folgten die Johanniterritter (die späteren Rhodeser und Malteser), die später die Casa dei Cavalieri di Rhodi errichteten.

Grabungen und Vermessungen lassen auf eine 125 × 118 m große Platzanlage schließen, in deren Zentrum eine Quadriga mit dem triumphierenden Augustus stand. Der Herrscher ließ für den Komplex nicht nur das teuerste und beste Material heranschaffen, sondern sorgte zugleich dafür, dass der Bau als Meisterwerk politischer Propaganda in die Geschichte einging. Im Vergleich zum Vorgängerbau, dem Caesar-Forum, ist das des Augustus mit seiner 33 m hohen Umfassungsmauer stärker von der umgebenden dichtbesiedelten Subura abgeschlossen und wirkt einheitlicher.

Doch nicht nur die durchdachte, klar strukturierte Architektur, sondern vor allem der außergewöhnliche Bauschmuck zeichnet das Forum aus. Hier erlebte der sog. augusteische Klassizismus eine Blüte. Vielfach waren es griechische Künstler, die gekonnt die gewünschte Lobpreisung der mythischen und historischen Größe Roms unter subtiler Einbeziehung von Augustus und seinen Ahnen (u. a. Caesar) bildlich umsetzten. Damit war dieser Ort prädestiniert für Staatsakte und Empfänge fremder Herrscher und Abgesandte, ebenso für Staatsopfer und Senatssitzungen. Die Platzanlage als solche war in den Hintergrund gerückt, die Repräsentation des Augustus und seiner Familie sowie die Verherrlichung der römischen Vergangenheit waren nun weit wichtiger.

Von den umgebenden Portiken sind zwar nur wenige Reste in situ erhalten, doch aus der Vielzahl der Architekturteile konnte der Aufbau anschaulich rekonstruiert werden. Lediglich der Zugangsbereich des Forums ist, da er unter der modernen Straße liegt, noch weitgehend unerforscht. Über dem Säulengang erhob sich ein Attikageschoss, geschmückt von den Kopien der berühmten Erechtheion-Koren von der Athener Akropolis. Zwischen diesen befanden sich Schilde mit den Bildnissen des Jupiter Ammon und anderer Gottheiten. Halbsäulen aus Cipollino, darüber ein Architrav aus weißem Marmor, standen an der Rückwand der Portiken. In den Nischen der Exedren waren Statuen berühmter Römer und historischer bzw. mythischer Figuren aufgestellt, z. B. Aeneas oder Romulus. Sie können nach Schriftquellen oder Fragmenten benannt werden.

Vom Tempel des Mars Ultor sind neben dem mächtigen Podium die große Freitreppe sowie drei vollständige Carrara-Marmor-Säulen und Gebälkreste erhalten; sie vermitteln eine gute Vorstellung von der Größe des Tempels. Ursprünglich befanden sich an den drei Seiten des Peripteros jeweils acht korinthische, 153 m hohe Säulen. In der Rundnische der Cella standen die Statuen von Mars und Venus, die neben Aeneas, Roma und Tiber sowie Fortuna, Romulus und Palatin auch auf dem Giebel dargestellt waren. Als Vorlage für das Aussehen der Tempelfront diente das Relief von einem claudischen Altar, der sog. Ara Pietatis Augustae

(Rom, Villa Medici); den auf eine Lanze gestützten bärtigen Mars gibt eine großplastische Kopie in den Kapitolinischen Museen wieder.

Forum Nervae (Forum Transitorium) [5]. Das unter Vespasian begonnene Forum Transitorium wurde 97 n. Chr. von Kaiser Nerva geweiht. Der Name »Durchgangsforum« rührt wohl von seiner eingezwängten Lage zwischen Templum Pacis und Augustus-Forum. Genau hier verlief während der Antike eine wichtige Verbindungsstraße, das Argiletum; sie verband Forum Romanum und Subura, das Wohnviertel auf dem Esquilin, miteinander. Unter dem Bodenniveau querte die Cloaca Maxima, der Hauptabwasserkanal, das Forumsareal. Die Platzanlage, 120 × 45 m, war dennoch mehr als ein erweiterter Durchgang: Martial berichtet beispielsweise, dass hier Buchhändler Läden unterhielten. An der nordöstlichen Schmalseite stand ein Tempel der Minerva [6], der 1606 unter Papst Paul V. abgerissen wurde, um Baumaterial für die Aqua Paola zu liefern. Die von der rechten Umfassungsmauer erhaltenen Säulen- und Gebälkfragmente sowie Friesteile geben eine Vorstellung von der künstlerisch hochklassigen Ausgestaltung der Anlage. Seit einigen Jahren wird das Areal zwischen Forum und Basilica Aemilia neu untersucht und man erhofft sich vor allem Aufschlüsse über diesen Übergangsbereich. Zur Subura hin öffnete sich hinter dem Minerva-Tempel, an eine Säulenreihe anschließend, eine Exedra (*porticus absidata*), die eine monumentale Schaufassade bildete.

Templum Pacis [7]. Das Templum Pacis, erst ab der Spätantike so benannt, war von Kaiser Vespasian nach der Wiederherstellung des Friedens nach den bürgerkriegsähnlichen Zuständen 69 n. Chr. (Neros Ermordung) und nach Ende des jüdischen Kriegs (71–75 n. Chr.) in Auftrag gegeben worden. Es handelt sich um eine fast quadratische Anlage von rund 135 × 110 m, ringsum von Säulenhallen umgeben und wahrscheinlich üppig begrünt und mit Blumenrabatten geschmückt. Der Tempel (Templum Pacis [8]) an der Südwestseite bestand nur aus einem einfachen Saal mit Apsis, zur Portikus hin offen. Überliefert ist, dass Vespasian im Templum viele bedeutende Kunstwerke aufstellen ließ, die aus Neros Domus Aurea stammten, darunter Werke des Phidias und des Polyklet. Da der Tempel an der Stelle des einstigen Macellum (Lebensmittelmarkt) stand, glaubt man, dass z. B. dessen Ausdehnung übernommen und einige der Grundmauern, die nach dem Brand in Rom 64 n. Chr. übrig geblieben waren, weiterverwendet wurden. 192 n. Chr. wurde der Tempel durch ein Feuer zerstört, unter Septimius Severus neu gebaut und nach einer neuerlichen Zerstörung im 5. Jh. aufgegeben.

Insgesamt weiß man vom Aufbau des Komplexes wenig, lediglich auf der Südseite der Via dei Fori Imperiali kamen Reste, in SS. Cosma e Damiano verbaut, zum Vorschein. Die Kirche, mit schönem Innenhof, war im 6. Jh. in den Räumen der Bibliothek des Templum Pacis entstanden und 1632 umgestaltet worden. In ihrer Apsis befinden sich noch Mosaiken aus der frühchristlichen Ursprungszeit. In dem in die Kirche integrierten Teil des Templum Pacis soll sich, in einem Raum direkt neben dem Tempel, die Forma Urbis [9], der älteste antike Stadtplan in Marmor befunden haben. Fragmente dieses auf einen Vorgänger beruhenden Marmorplans (Teile davon u. a. in den Kapitolinischen Museen), der von Septimius Severus um 210 n. Chr. hier angebracht worden war, helfen heute bei der Klärung unklarer Grabungssituationen, und auch die Kenntnisse über den Templum Pacis beruhen größtenteils hierauf. In den letzten Jahren fanden im westlichen Bereich des Vespasiansforums Grabungen statt. Sie bestätigten die Vermutung, dass sich im Zentrum der Anlage ein großer Garten mit Blumenrabatten befand.

Forum Traiani [10]. Teilweise unter bzw. östlich der Via dei Fori Imperiali liegt das Trajansforum – zugänglich neben der Säule oder durch die Märkte (s. unten). Zeitlich bildet es den Endpunkt der Kaiserforen, geografisch schließt es sich nördlich an Forum Julium und Forum Augusti an. Ab 107 n. Chr. wurde der Komplex im Auftrag Trajans von dem berühmten Architekten Apollodor von Damaskus erbaut und 112 n. Chr. offiziell geweiht; die Trajanssäule war 113, der Tempel erst 121, unter Hadrian, fertiggestellt. Der Bau übertraf alle vorher entstandenen Kaiserforen allein durch seine Ausmaße (300 × 185 m), die Pracht der Ausstattung – u. a. Ehrenstatuen verdienter Militärs, Politiker und Künstler in den Portiken – und den künstlerischen Entwurf. Apollodor hatte hier wie auch mit den anschließenden Trajansmärkten und -thermen einen Höhepunkt in der römischen Architektur geschaffen. Kostbarste Materialien und große architektonische Raffinesse zeichneten den Komplex aus; davon bietet sich heute leider nur noch ein schwacher Abglanz. Im 6. Jh. war das Forum noch erhalten, danach wurde es mehr und mehr überbaut bzw. teilweise in die mittelalterliche Festung integriert. Erste Grabungen fanden nach 1812 statt, doch erst mit Mussolinis Prachtstraße wurden große Areale freigelegt, jedoch kaum dokumentiert. Deshalb wird seit einigen Jahren das Fundmaterial neu gesichtet. Nachgrabungen brachten überraschende neue Erkenntisse.

1997 veröffentlichte der amerikanische Forscher James E. Parker eine umfassende Publikation, die sog. Getty Documentation, über das Trajansforum. Erstmals liegen nun wissenschaftlich fundierte Rekonstruktionen und Pläne vor, die die Ungewöhnlichkeit des Komplexes bestätigen. So basiert die Anlage auf einem geometrischen Grundkonzept, der Aufbau erfolgte nach einheitlichen Grundmodulen. Neben architektonischen Zitaten anderer Bauten waren es die Polychromie der Baumaterialien und die visuellen Effekte (Licht- und Schatten, Durchblicke und bewusste Blicksperren, der Wechsel zwischen Vertikalen und Rundungen), die den Reiz der Architektur ausmachten und das Trajansforum zum einzigartigen Symbol für die Rolle Roms als Weltmacht werden ließen. Parkers grundlegende Dokumentation wurde mittlerweile um neue Erkenntnisse ergänzt: Ausgrabungen von 1998 unter R. Meneghini deckten auf, dass der Tempel nicht, wie bisher angenommen, an der Nord-, sondern an der Südseite stand.

Das Forum gliedert sich in mehrere Teile, die ursprünglich auf Terrassen von Süden nach Norden leicht anstiegen: Im Zentrum der Anlage befand sich ein großer Freiplatz, von mehrstöckigen Säulenhallen gerahmt, noch ganz in der Tradition des Caesar- und Augustus-Forums. An den Längsseiten waren, wie beim Augustus-Forum, große Exedren angebaut, und in den Portiken setzten Statuen verdienter Römer die dortige Ahnengalerie fort. Im Attikageschoss standen keine Karyatiden, sondern Statuen gefangener Daker, dazwischen wieder Rundschilde mit Götterbüsten. Im Mittelpunkt der 118 × 89 m großen Platzanlage stand ein bronzenes Reiterstandbild des Kaisers (Equus Traiani [11]).

Den Abschluss des Platzes bildete, wie beim Augustus-Forum, ein Tempel, der Trajanstempel [12]. Dieser stand allerdings, wie Grabungen unlängst ergaben, hier im Randbereich zwischen Trajan- und Augustus-Forum und nicht, wie früher angenommen, im Norden. Hinter einer geschwungenen Säulenhalle erhob sich an der Südseite des Forums, wo man früher einen Triumphbogen rekonstruieren wollte, ein rechteckiger Tempel. Damit ist auch die Annahme, dass erst Trajans Nachfolger Hadrian diesen Tempel zu Ehren des vergöttlichten Trajan und seiner Frau Plotina hinzufügte, widerlegt. Der Bau muss, wie bei seinen Vorgängern, von Anfang an zur Gesamtkonzeption der Anlage gehört haben. Er war hier lediglich ganz an den Rand der Anlage gerückt, statt dominant im Zentrum zu stehen.

Blick auf das Trajansforum

Die quer gelagerte Basilica Ulpia [13], eine mächtige Halle von 170 m Länge (ohne Apsiden 120 m) bei knapp 60 m Breite, schließt den Platz nach Norden ab und zeugt von einer völlig neuen, vormals unbekannten Bauidee. Von der fünfschiffigen Basilika sind einige Säulen und Fußbodenplatten erhalten. Ihr Aufbau entspricht dem einer Emporenbasilika, mit hohem Mittelschiff und niedrigeren Seitenschiffen. Das Attikageschoss war mit Reliefs verziert, 96 Porphyrsäulen korinthischer Ordnung umgaben das Mittelschiff; ein weiterer Säulenkranz sorgte für die Teilung in jeweils zwei Seitenschiffe. Die Schmalseiten endeten in Apsiden, die in den Maßen den Exedren der Platzanlage entsprachen.

Hinter der Basilika befand sich ein kleiner Platz, in dessen Mitte die berühmte Trajanssäule [14], jüngst renoviertes Wahrzeichen des Areals, mit der Grabkammer stand. Beiderseits schlossen sich zwei Bibliotheken, eine für griechische, die andere für lateinische Literatur, an. Sie galten einst als die wichtigsten in Rom und enthielten zudem das kaiserliche Archiv.

Dort, wo man einst den Tempel vermutete und sich heute die Kirchen S. Maria di Loreto und SS. Nome di Maria (1736–38) sowie der Palazzo Valentini (Präfektur) erheben, fand man bei Nachgrabungen keinerlei Hinweise auf einen Tempel, sondern vielmehr Spuren dichter Insula-Bebauung und damit ein Indiz, dass hier das Forumsgelände endete. Ein vor der Trajanssäule gefundenes und früher als Teil der Tempeltreppe gedeutetes Fragment legt nun eine andere Vermutung nahe: Eine Eingangshalle hat den kleinen Platz mit der Trajanssäule nach Norden hin abgeschlossen und diente zugleich als Zugang vom hier beginnenden Marsfeld.

Das Forum erfüllte zahlreiche Funktionen: Gesetze wurden verkündet, der Kaiser gewährte Geldspenden an das Volk (*congiaria*), die Exedren dienten als Unterrichtsräume und die Basilika als Gerichts- und Handelsort. Neu bei diesem Forum war das zur Schau getragene Selbstbewusstsein des Herrschers: Stand bei anderen Foren an der Schmalseite des Platzes ein Tempel für eine bestimmte Gottheit, stellt sich hier der Kaiser mit einem Reiterstandbild selbst in den Mittelpunkt und auch der Tempel war nun ihm selbst geweiht.

Die Sonderstellung der trajanischen Anlage gegenüber anderen Kaiserforen ergibt sich auch aus der Bauform. Forscher haben herausgefunden, dass sich die Konzeption mit einer Basilika als Platzabschluss eng an die Bauweise der Kommandozentrale eines römischer Feldlagers anlehnt. Auch dort schloss eine Basilika die Principia (Zentralplatz im Militärlager) ab, hinter der sich die Heeresarchive anschlossen. Wo auf dem Forum die Trajanssäule steht, befanden sich im Militärlager die Feldzeichen. Den militärisch-strengen Aufbau mit klaren Achsen und Raumfolgen milderten beim Forum allerdings gerundete Formen (Eingangswand), Exedren und Apsiden ab.

Die Anlehnung an ein Militärlager erklärt sich nicht nur dadurch, dass Trajan sich als Feldherr verdient gemacht hatte, sondern auch durch die Bauzeit: Der Komplex wurde 107 n. Chr., nach den erfolgreichen Dakerkriegen, vom Kaiser gelobt. An dieses ruhmreiche Ereignis erinnert das gesamte Bildprogramm, vor allem aber die Trajanssäule (113 n. Chr.). Sie stellt nicht nur ein Paradestück antiker Bildhauerkunst, sondern zugleich ein erfreuliches Zeugnis moderner Restaurierungstätigkeit dar. Da heute niemand mehr das Glück hat, sie wie Goethe zu besteigen, bieten sich die Abgüsse im Museo della Civiltà Romana zum Detailstudium an. Die Säule misst mit Sockel etwa 40 m (Säulenschaft: 29,78 m, entspricht 100 römische Fuß), besteht aus 18 Marmortrommeln (Dm. 3,5 m) und enthält im Inneren eine Wendeltreppe mit 185 Stufen. 43 schmale, nach außen kaum sichtbare Schlitze beleuchten diese Treppe. Die einst den oberen Abschluss bildende Trajansstatue verschwand wohl erst im Mittelalter und wurde 1587 durch eine Petrusfigur ersetzt.

Trajanssäule

Das spiralig umlaufende Friesband, ein absolutes Novum und einer Buchrolle vergleichbar, erzählt die Geschichte der beiden Dakerkriege. Der Fries ist rund 200 m lang und 1 m hoch und war ursprünglich bemalt. Die Ereignisse der Dakerkriege unter Kaiser Trajan (101–102, 105–106 n. Chr.) werden anhand von rund 2500 Figuren dargestellt. Allein der Kaiser Trajan ist in den insgesamt 155 Szenen 60 Mal zu sehen, allerdings nie im Kampf, sondern immer als Feldherr, der die römischen Werte der *virtus*, *clementia*, *iustitia* und *pietas* verkörpert und den Gegner achtet. Trajan soll selbst einen Kommentar zu den Dakerkriegen verfasst haben, vergleichbar mit Caesars *Bellum Gallicum*, von dem jedoch nur ein einziger Satz überliefert ist. Möglicherweise waren die Bildmotive der Säule zur Illustration seines Buches gedacht, das wiederum die Bildhauer als Grundlage für ihre Arbeit nahmen. Die beiden Kriegszüge werden auf dem Relief durch eine Siegesgöttin, die auf ihr Schild schreibt, voneinander getrennt. In ihr will man eine Rechtfertigung für die Eroberungspolitik Trajans erkennen: Die Römer bringen den Barbaren Frieden und Kultur. Aufgrund der realistischen Darstellungen und der Anschaulichkeit gilt der Fries als eine kulturhistorische Quelle ersten Ranges.

Nach alter Tradition waren Ehrensäulen für siegreiche Feldherrn durchaus üblich, allerdings nicht in derartigen Ausmaßen. Zwar diente die Trajanssäule in erster Linie als Erinnerungsmal an seinen Triumph, sie stellte den Princeps in den Vordergrund und lobte seine enge Verbindung zum Heer wie seine Funktion als Hüter altrömischer Tugenden. Gleichzeitig ging aber von der Säule eine subtile Propaganda aus: Trajan plante die Anlage bereits zu Lebzeiten als sein »Heroon«, die Säulenbasis als Aufbewahrungort seiner Urne.

Mercati Traianei. Eine Einheit mit dem Forum bilden die Trajansmärkte [15], die schon in der Antike als »Weltwunder« galten und ebenfalls von Apollodoros von Damaskus, dem Hofarchitekten Trajans, entworfen wurden. Die Marktanlage schmiegt sich an den Hang des Quirinal an und stützt den Hügel dort ab, wo er für die Anlage des Trajansforums abgetragen werden musste. Die Mercati dienten nicht nur als Umschlagplatz für den Großhandel und als Ort der staatlichen Lebensmittelverteilung, sie boten zudem für über 150 einzelne Läden Platz.

In dem zwischen 100 und 110 n. Chr. entstandenen »Einkaufszentrum« gab es nahezu alles – Öl, Wein, Gewürze,

Trajansmärkte

frische Fische (Läden mit Wasserbecken), Parfümöle, Stoffe und vieles mehr. Läden und Werkstätten, Bars und Tavernen erstreckten sich über insgesamt vier Ebenen, die durch verwinkelte Aufgänge miteinander verbunden waren. Es existierten aber auch Lager-, Verwaltungs- und Büroräume, eine große zentrale Markt- und eine Börsenhalle (Zugang über die Via IV. Novembre; auch Wechselausstellungen) sowie Serviceräume aller Art.

Anders als bei vielen anderen antiken Bauten ist hier der Großteil der Bausubstanz original erhalten, so Fußböden, Gewölbe, Fassaden und Travertinverkleidungen. Auch die Via Biberatica, die sich durch die Anlage schlängelt, und die Tuffmauer, die dem Brandschutz zum Trajansforum hin diente, entsprechen dem ursprünglichen Zustand. Ein Spaziergang auf dem originalen Pflaster der Via Biberatica, beidseitig gerahmt von Ladenpassagen, vermittelt einen weitgehend unverfälschten Eindruck von der antiken Anlage.

Architektonische Parallelen zwischen Trajansforum und -märkten legen den Schluss nahe, dass es sich um ein und denselben Baumeister gehandelt haben muss, auch wenn dieser für letztere nicht explizit überliefert ist. Anders als das streng axial angelegte Forum fügen sich die Märkte allerdings harmonisch in die natürlichen Gegebenheiten ein. Sie gelten als eine der grandiosesten Schöpfungen der römischen Nutzarchitektur, die in der Folge auch auf die Baumeister der Wohnviertel in Rom und Ostia Vorbildfunktion ausübten.

Kolosseum, Ludus Magnus und Konstantinsbogen

Auch wenn das Kolosseum zu den Wahrzeichen Roms gehört – es ist auch auf der neuen Fünf-Cent-Münze abgebildet –, besucht man es mit gemischten Gefühlen. So sehr die Architektur beeindruckt, so sehr beunruhigt der Gedanke an Tierhetzen, Hinrichtungen und Gladiatorenkämpfe. Zum Negativ-Image trug auch die Mitte 18. Jh. fälschlich in Umlauf gesetzte Theorie bei, dass das Kolosseum das Zentrum der Christenverfolgung gewesen sein soll.

Der geläufige Name »Colosseo« stammt aus dem Mittelalter und geht auf den berühmten »Colossus Neronis« zurück. Diese 35 m hohe Statue des Kaisers Nero, eines der wenigen Überbleibsel seines legendären »Goldenen Hauses«, wurde anlässlich des Baus des Venus- und Roma-Tempels unter Kaiser Hadrian an die Westseite des Kolosseums versetzt. Die Statue, die nach Neros Tod in eine Helios-Darstellung umgearbeitet worden war, muss nach Münzbildern mit Basis einmal fast so hoch wie das Kolosseum gewesen sein. Antike Quellen sprechen dagegen vom »Amphitheatrum Flavium«, da das mächtige Stadion um 72 n. Chr. von Kaiser Vespasian im Parkareal um die Domus Aurea begonnen wurde. Vespasians Nachfolger Titus ließ den Bau um ein Stockwerk erhöhen und weihte ihn, noch

Kolosseum

vor seiner baulichen Vollendung, 80 n. Chr. mit aufwendigen, 100 Tage dauernden Festspielen ein, bei denen rund 5000 wilde Tiere zu Tode gekommen sein sollen.

Wegen seiner Größe und der intensiven und speziellen Nutzung musste das Kolosseum laufend ausgebessert und umgebaut werden. Zum einen förderte der hölzerne Arena-Boden die Ausbreitung von Bränden – z. B. 217 und 250 n. Chr. –, und 320 n. Chr. sorgte ein Blitzschlag für erhebliche Zerstörungen (Inschrift). Außerdem erschütterten Erdbeben das Gebäude mehrmals, so 429 und 443 n. Chr.

Das letzte Spektakel – schon 404 n. Chr. unter Honorius waren Gladiatorenkämpfe untersagt worden, und es fanden nur noch Tierhetzen statt – ist für das Jahr 523 n. Chr. überliefert. Im 11. Jh. wurde sowohl das Kolosseum als auch der Konstantinsbogen in die Festung der Frangipani integriert. Schwere Schäden, die noch heute auf der Ost- und Südseite zu erkennen sind, verursachten zwei weitere schwere Erdbeben 1231 und 1349. Bis zum Anfang des 19. Jh.s wurde der Bau als Steinbruch ausgebeutet, Reste finden sich in römischen Stadtpalästen verbaut, z. B. den Palazzi Venezia, Farnese oder Cancelleria. Papst Pius VII. ließ als Erster 1805, 1811 und 1814 Sicherungsmaßnahmen durchführen und initiierte Ausgrabungen; weitere Kampagnen folgten 1874/75 und 1939/40.

Obwohl es sich in erster Linie um einen bis ins letzte Detail ausgeklügelten Zweckbau handelte, achtete man durchaus auf architektonische Form und Ästhetik. 80 Arkaden wurden in drei Stockwerken übereinander gereiht. Die Bogen, von Halbsäulen getragen, waren nach der klassischen Säulenordnung angeordnet: dorische Kapitelle unten, gefolgt von ionischen und korinthischen. Den oberen Abschluss bildete ein kompaktes Geschoss aus gelblichem Travertin, gegliedert durch korinthische Pilaster und wechselweise rechteckige Fenster und massive Wandteile, an denen einst Bronzeschilde hingen.

In dem elliptisch geformten Amphitheater, dessen Achsen längs 188, quer 156 m messen, dessen Umfang 527 m beträgt, das 57 m hoch ist und mit einem 13 m breiten und 4 m hohen Fundamentsockel von der Arena abgetrennt ist, fanden in der Antike bis zu 55 000 Besucher Platz (etwa 45 000 Sitzplätze) – nach anderen Berechnungen sogar bis zu 73 000. Der dreigeschossige Umgang barg ein ausgeklügeltes Verteilersystem: Die 80 Rundbogen des Erdgeschosses bildeten dabei die nummerierten Einzelzugänge, in der tonnenüberwölbten Arkadenhalle wurden die Zuschauer dann nach fünf Rängen getrennt. Rang und Stand entschie-

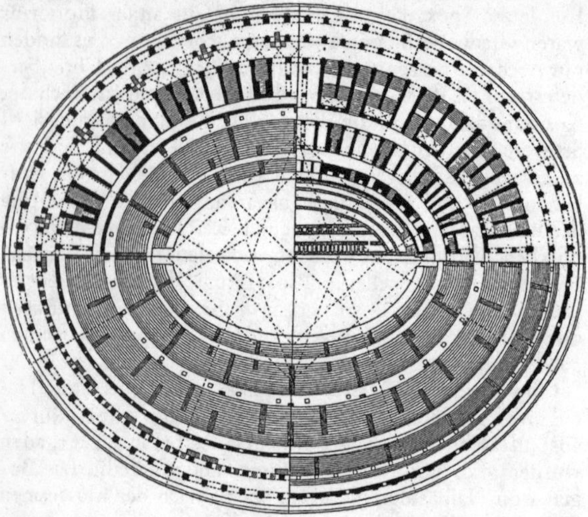

Kolosseum, Grundriss

den über die Nähe des Sitzplatzes zur kaiserlichen Loge. Gänge führten zu den unteren Sitzreihen und zum Podium, während 16 Treppen in die Obergeschosse führten. Ganz oben befanden sich die Stehplätze und der Aufenthaltsbereich der Spezialeinheit von Misenum (s. unten).

Der Bautyp des Amphitheaters ist typisch römisch und bildete sich aus der Verschmelzung der griechischen Bauformen Stadion und Theater bereits in republikanischer Zeit heraus. Im Zentrum der Anlage stand das Oval als eigentlicher Schauplatz – ursprünglich mit Holzbohlen belegt –, darum herum bauten sich die Zuschauerränge auf, die allen Besuchern bestmögliche Sicht auf das Geschehen gewähren sollen – eine Idee, die in heutigen Sportstadien fortlebt. Da die antiken Veranstaltungen den ganzen Tag dauerten, war ein Sonnenschutz aus riesigen Sonnensegeln nötig, die am oberen Bauabschluss mittels 240 Stangen aufgespannt wurden. Für das Aufziehen der Segel und deren Instandhaltung war die eigens dafür ausgebildete Marine-Einheit der Matrosen von Misenum zuständig.

Für Gladiatorenkämpfe jeder Art, Tierhetzen und ähnliches hatte man unter der Bühne eine eigene unterirdische »Stadt« mit Versorgungsleitungen, Winden und Aufzügen (bei neuen Untersuchungen fanden sich Reste solcher Vorrichtungen), Käfigen und sonstigen hoch entwickelten technischen Einrichtungen konstruiert; sie gewährten einen reibungslosen Ablauf der Vorführungen. Es war sogar möglich, die 86 × 54 m große Arena komplett zu fluten, um die beliebten Seeschlachten zu inszenieren.

Heute sind von den unterirdischen Konstruktionen nur noch die Grundmauern erhalten. Von einem Steg aus kann der Besucher seit dem Jahr 2000 diese Unterbauten betrachten. Zwischen Arena und Zuschauerrängen befand sich ein schmaler Graben, zusätzlich wurde ein schweres Netz gespannt. Sollte einmal ein Tier das Netz überspringen, landete es im Graben und wurde von den bereitstehenden Bogenschützen sofort getötet. Im Westen der Arena befindet sich die Triumphpforte, durch die die Kämpfer hereinkamen, im Osten die Porta Libitinaria, durch die die Toten aus der Arena getragen wurden.

Ludus Magnus. Ursprünglich schloss sich der Ludus Magnus im Osten direkt an die Arena an. Reste der Bauten dieser größten römischen Gladiatorenschule und -kaserne sind zwischen Via Labicana und Via S. Giovanni in Laterano zu sehen. Zwischen 1937 und 1961 hatten Ausgrabungen die Ruinen einer »Trainingsarena« und mehrstöckiger, rechteckiger Kasernenbauten zu Tage gebracht. Von der Kaserne führte ein Gang direkt zu den unterirdischen Räumen des Kolosseums und damit mitten in die Arena. Südlich des

Ludus Magnus wurden Reste einer weiteren Kaserne gefunden, möglicherweise der Ludus Matutinus, wo die *bestiarii* (Kämpfer gegen wilde Tiere) untergebracht waren. Quellen erwähnen außerdem Ludus Dacius und Ludus Gallicus als andere, bisher nicht gefundene Kasernen in der Nähe. Zum Komplex des Amphitheaters gehörten schließlich auch noch Castra Misenatium (Kaserne der für den Sonnenschutz zuständigen Matrosen), Spoliarium (zur Entkleidung der toten Gladiatoren), Sanitarium (Krankenhaus), Armamentarium (Waffenlager) und Summum Choragium (Bau und Lager der Bühnenmaschinen).

Meta Sudans. Vor der Westseite des Kolosseums wurde in den 1980er-Jahren die Meta Sudans, ein gigantischer Brunnen, erbaut um 80 n. Chr, wieder ausgegraben. Seine Überreste waren 1937 beim Bau der Via dei Fori Imperiali teils zerstört, teils verschüttet worden. Wie Darstellungen auf zeitgenössischen Münzen belegen, befand sich in der Mitte des mit Marmor verkleideten runden Beckens ein 9 m hoher und 5 m dicker konischer Stumpf, aus dem das Wasser als zarter Schleier herausfloss. Dieser Stumpf markierte einst den Schnittpunkt der vier hier aufeinander treffenden augusteischen Stadtregionen: II, III, IV und X.

Konstantinsbogen. Neben dem nicht mehr existenten Brunnen erhebt sich der Konstantinsbogen, den der römische Senat 312 n. Chr. als Ehrerbietung für Kaiser Konstantin nach seinem Sieg an der Milvischen Brücke errichten ließ. Zum zehnjährigen Regierungsjubiläum Konstantins, 315 n. Chr., wurde er in einem Festakt übergeben. Im Mittelalter war er zunächst Teil des Klosters S. Gregorio Magno, dann der Festung der Frangipani. Papst Paul III. ließ den Bogen 1536 zu Ehren des Rombesuchs Kaiser Karls V. wieder freilegen, 1804 wurde er in seinen Originalzustand zurückversetzt.

Heute handelt es sich um den besterhaltenen antiken

Konstantinsbogen

Triumphbogen. In der Form eines dreitorigen Ehrenmonuments mit dominantem Mitteltor ist er 21 m hoch, 25,7 m breit und 7,4 m tief und war einst bekrönt von einer vergoldeten Bronzestatue Konstantins im Triumphwagen. Die meisten Architekturteile, die konstantinischen Reliefs, die die kaiserlichen Taten verherrlichen, sowie die Sockelreliefs bestehen aus weißem Marmor. Auffällig ist bei letzteren die stilistische Andersartigkeit, ihre Typisierung und Vereinfachung. Sie stammen von älteren Bauten und stehen damit repräsentativ für ein Charakteristikum des Bogens: Trajanische Schöpfungen (Reliefs, Dakerfiguren) aus phrygischem Marmor, hadrianische Arbeiten oder Reliefs aus der Zeit Mark Aurels bzw. des Commodus wurden zusammengetragen und mit konstantinischen Neuschöpfungen kombiniert. Teils wurden die älteren Stücke in die passende Form geschnitten, teils umgearbeitet, so z. B. die kaiserlichen Porträts. Trotz dieser ungewöhnlichen Arbeitsweise und der Kombination verschiedener Stile und Materialien entstand ein harmonisches Ganzes, das auf die Kunst der Renaissance und des Barocks Vorbildfunktion ausübte.

Das eigentlich Besondere ist jedoch das abwechslungsreiche Bildprogramm, auch stilistisch geprägt von der Wiederverwendung älterer Symbole, die auf Konstantin übertragen wurden. So befinden sich in den Zwickeln der Hauptansichtsseiten im Norden und Süden Viktorien (Siegesgöttinnen), darunter Personifikationen der vier Jahreszeiten (Winter und Frühling im Norden, Sommer und Herbst im Süden). Die Zwickel der kleineren Seitenbogen schmücken Flussgötter, darüber sind schmale Friese angebracht, gefolgt von jeweils zwei hadrianischen Reliefmedaillons und schließlich je zwei hochrechteckigen Attikareliefs, gerahmt von Pilastern mit Darstellungen gefangener Daker aus trajanischer Zeit. Im Sockelbereich verherrlichen Viktorien, römische Soldaten und gefangene Germanen Konstantins Macht.

Im Norden erkennt man auf dem Fries über dem rechten Bogen Kaiser Konstantin, der Geldgeschenke auf dem Caesar-Forum verteilt. Die zwei hadrianischen Medaillons darüber stellen einmal den Kaiser auf Löwenjagd und zum anderen bei der Opfergabe an Herakles dar, während auf den beiden hochrechteckigen Attikareliefs Mark Aurel nach seinem Triumph 176 n. Chr. Geschenke verteilt bzw. im Feldlager einen unterwürfigen germanischen Fürsten empfängt. Auf dem linken Bogen stellt der Fries Rostra, Basilica Julia und den Septimius-Severus-Bogen, die Medaillons eine Wildschweinjagd sowie ein Opfer an Apollo und die Attikareliefs Mark Aurel bei der Abreise von sowie der Rückkehr nach Rom dar.

Auf der Südseite steht die Schlacht an der Milvischen Brücke im Mittelpunkt des Frieses über dem rechten Bogen. Eine Bärenjagd und ein Opfer an Diana ist Thema auf den Medaillons, und auf den Attikareliefs ist Mark Aurels Ansprache an die Soldaten sowie sein Opfer nach dem Triumph 176 n. Chr. dargestellt. Über dem linker Bogen zeigt ein Fries die Belagerung Veronas 312 n. Chr. durch Konstantins Truppen, auf den Medaillons sind Jagdszenen zu sehen sowie ein Opfer an Silvanus und auf den Attikareliefs Abbildungen Mark Aurels mit einem Barbarenführer sowie Mark Aurel vor Gefangenen.

Auf der westlichen Schmalseite befinden sich ein Fries mit dem aus Mailand 312 n. Chr. abziehenden Heer des Konstantin, ein Medaillon mit der Darstellung der Mondgöttin und ein Attikarelief im Stile der Trajanssäule, das die Taten des Trajan verherrlicht. Konstantins Einzug in Rom ist das Thema des Frieses auf der östlichen Schmalseite, auf dem Medaillon erkennt man den Sonnengott; das Attikarelief entspricht in Stil und Thematik demjenigen der Westseite.

Einzelne Stadtviertel

Das Areal zwischen Kapitol, Kaiserforen, Forum Romanum, Palatin und Kolosseum bildet den Kern des antiken Rom. Doch auch in anderen Regionen sind Überreste der ruhmreichen Vergangenheit ans Tageslicht gekommen. Die Palette reicht von hervorragend erhaltenen Bauten, wie dem Pantheon, über kaum erforschte Grundmauern antiker Gebäude, z. B. dem Auditorium des Maecenas, und dem brillanten Bildschmuck der Ara Pacis bis hin zu Thermenanlagen, Grabbauten und antiken Straßen – wie der Via Appia.

Esquilin

Mit seinen Ausläufern Cispius (S. Maria Maggiore), Fagutal (Subura, nördlich des Kolosseums) und Oppius (Domus Aurea, Trajansthermen) gehört der Esquilin zu den sieben klassischen Hügeln Roms. Er erstreckt sich nördlich des Kolosseums in Richtung Stazione Termini. Schon in der Antike wählten die Wohlhabenden und Adligen die abseits des Trubels im Zentrum gelegenen Regionen des Esquilin als Wohnort; so befanden sich hier die Villen von Maecenas, Horaz oder Vergil. In Fortsetzung dieser Tradition entstand um 1900 das Bahnhofsviertel mit damals noblen Mietshäusern und Villen. Viel ist davon nicht übrig geblieben, denn heute glaubt man sich hier eher in die antike Subura versetzt, in jenes Wohnviertel der Plebs, das westlich der modernen Via Cavour am Westrand des Esquilin lag.

Domus Aurea. Zu den legendärsten Bauten des antiken Rom gehörte die Domus Aurea, der Palast des Nero, der seit kurzem teilweise wieder öffentlich zugänglich ist (Zugang Viale della Domus Aurea). Nach dem Brand von Rom, 64 n. Chr., während dem auch die Domus Transitoria auf dem Palatin in Mitleidenschaft gezogen worden war, hatte sich Nero seinen neuen Wohnsitz errichten lassen. Der Komplex war allerdings derart überdimensioniert, dass er nie fertiggestellt wurde. Nach der Ermordung des Kaisers wurden große Teile davon in öffentliche Zweckbauten umgewandelt. An der Stelle des Parks mit künstlichem See entstand z. B. das Kolosseum. Als um 104 n. Chr. die Reste der Domus Aurea durch ein Feuer dem Erdboden gleichgemacht worden waren, ließ Trajan seine Thermen darüber erbauen.

In der Renaissance entdeckte man die Substruktionen und Erdgeschossräume des Palastes, ausgestattet mit Kunstwerken und qualitätvollen Wandmalereien, die Künstler wie Raffael oder Michelangelo stark beeinflussten. In einem der Räume wurde in Anwesenheit Michelangelos die berühmte Laokoon-Gruppe (Vatikanische Museen) gefunden. Systematische Grabungen fanden jedoch erst zwischen 1811 und 1814 statt. Die Reste des berühmtesten Kaiserpalastes überlagert heute ein idyllischer Park – der Parco Oppio – und seit einigen Jahren sind wieder Grabungen und Renovierungsarbeiten im Gange. Forciert wurden sie v. a. durch den spektakulären Neufund eines Freskos, das eine römische Großstadt, bisher noch nicht definitiv benannt, mit Mauern und gekonnt perspektivisch dargestellten Gebäuden, Theater, Heiligtümern und Hallen zeigt.

Geschmückt war der Palast mit vergoldeten Palastdecken, von denen wohl der Name »Domus Aurea« herrührt, sowie mit üppigen Stuckaturen und außergewöhnlichen Malereien im 3. und 4. pompejanischen Stil. Der antike Schriftsteller Sueton berichtet in seinen *Kaiserviten* ausführlich über den Palast: »Die größten Summen jedoch verschlang seine [Neros] Bauwut. Er errichtete einen Palast vom Palatin bis zum Esquilin, den er zuerst Domus Transitoria und später, als er durch einen Brand zerstört und dann wieder aufgebaut worden war, Domus Aurea nannte [...]. Das Vestibül war so groß, dass darin eine Kolossalstatue Neros von 35,5 m Höhe Platz hatte. Der ganze Bau war so ausgedehnt, dass eine Halle mit 3,5 km langen Säulenreihen und einem künstlichen See ihn schmückte [...], umgeben von Häusern, so groß wie Städte. Dazu kamen Villen mit Feldern, Weinbergen und Weiden, Wäldern voller [...] Tiere [...]« (*Nero* 31,1 f.). Als Nero dieses Prachtgebäude einweihte, soll er gesagt haben: »Jetzt fange ich doch endlich an, wie ein Mensch zu wohnen!«. Die Gerüchte aber, dass Nero selbst den Brand von Rom, 64 n. Chr., gelegt hätte, um Platz für die Neuanlage zu schaffen, wollten nicht verstummen. Allerdings brachen Feuer gerade in der nahen Subura, dem Viertel der einfachen Leute, recht häufig aus.

Von dem gigantischen Bau, über dessen Ausdehnung die Römer spotteten, Rom bestünde nun nur noch aus einem einzigen Haus, ist lediglich ein kleiner Rest von etwa 300 × 190 m erhalten, und dieser kann nur eine vage Idee vom ursprünglichen Prunk vermitteln. Neros Palast repräsentierte erstmals einen Villentyp, der später unter Hadrian in Tivoli seinen Höhepunkt erreichen sollte: Auf riesigem Areal wurden verschiedene Baukomplexe in eine künstliche Parklandschaft eingebettet, zudem reich ausgestattet und ausgeschmückt. Die Architekten Neros hießen Severus und Celer, für die Dekoration soll ein gewisser Fabullus oder Famulus zuständig gewesen sein. Unzählige Kunstwerke wurden im ganzen Römischen Reich zusammengekauft (und geraubt), um Hallen und Gärten zu schmücken.

Es handelt sich um einen zweiteiligen Komplex: Im Westen gruppierte sich ein L-förmiger, klar strukturierter und nach außen abgeschlossener Baukörper um einen rechteckigen Hof. Im Osten schlossen sich ausgedehnte Räumlichkeiten an, zunächst aufeinander folgend hinter einem polygonalen Fassadenrücksprung, dann um einen achteckigen Saal gruppiert. Wie der Übergangsbereich zwischen beiden Teilen nahelegt, wird der östliche Teil erst später entstanden sein, zumal er nicht mehr der klaren Gliederung des westlichen Abschnitts folgt.

Der moderne Besucher betritt den Komplex an seiner Südwestecke. Über einen langen Korridor, an dessen linker Seite einige Räume liegen, erreicht man eine Kryptoportikus mit quadratischen Fenstern und Deckenmalerei, ehe man in den Peristylbereich gelangt. In den Räumen um das Peristyl – den Sale della Volta Gialla, della Volta delle Civette oder della Volta Nera – sind beachtliche Reste antiker Wandmalereien erhalten. Vorbei an einem prächtigen rechteckigen Nymphäum geht es in die Sala Quadrata mit einem nur noch teilweise erhaltenen Gewölbe. Durchquert man eine zweite Kryptoportikus östlich dieses Raums, gelangt man in den Ostteil der Anlage mit einem zentralen achteckigen Kuppelsaal, der Sala Ottagonale. Strahlenförmig gehen von diesem Raum, in dessen Gewölbe sich eine Öffnung befindet, weitere Zimmer ab, die nicht zugänglich sind.

Titus- und Trajansthermen. Nach Neros Ermordung begann man, seinen Palast zu eliminieren. Große Teile wurden mit den Titus- und Trajansthermen überbaut und so der Öffentlichkeit zugänglich gemacht. Reste der neronischen Badeanlage aus Blöcken der Portikus sind an der Via Labicana erkennbar, während von der Trajansthermen beachtliche Reste des aufgehenden Mauerwerks der *esedra occidentale* und der *aula absidata orientale* im Parco Oppio zu sehen sind. Die Anlage des Titus wurde um 80 n. Chr. fertiggestellt und schloss östlich an die Domus Aurea an. Lage und kurze Bauzeit lassen vermuten, dass die alten neronischen Palastthermen weiterverwendet, umgebaut und erweitert worden sind. Die Aneinanderreihung verschiedener Baderäume entlang einer Achse, der für frühe kaiserzeitliche Bäder typische »Reihentypus«, scheint von den Thermen der Domus Aurea vorgegeben gewesen zu sein.

Die wesentlich großartigere Badeanlage des Trajan wurde um 109 n. Chr. fertiggestellt, wobei Reste der Domus Aurea, die nicht verfallen oder bei dem Feuer im Jahr 104 zerstört worden waren, von Trajans Architekt Apollodoros als Substruktionselemente weiterverwendet wurden. Bei jüngsten Grabungen legte man Teile davon frei, u. a. eine Kryptoportikus, in der man das sensationelle Wandbild mit Stadtansicht entdeckte. Ungewöhnlich sind nicht nur Darstellung und künstlerische Qualität der »città dipinta«, sondern auch die Dimension des Gemäldes; es bedeckte rund 10 qm. Datiert wird die Kryptoportikus und damit wohl auch das Bild in flavische Zeit, in die zweite Hälfte des 1. Jh.s n. Chr. Er war möglicherweise Teil eines öffentlichen Gebäudes, das nach Neros Tod in der Domus Aurea eingerichtet wurde, und das Fresko vielleicht der Ausschnitt aus einem Städtezyklus des Malers Fabullus.

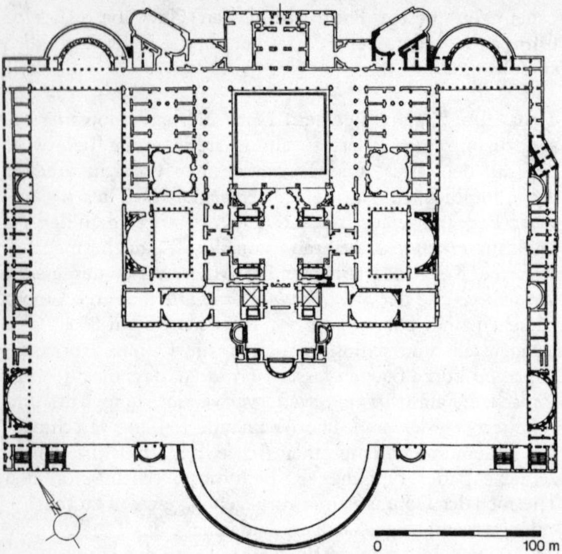

Trajansthermen, Grundriss

Bei den Trajansthermen handelt es sich um die erste groß dimensionierte römische Thermenanlage (330 × 315 m), die großen Einfluss auf spätere Kaiserthermen ausübte und speziell denen des Caracalla und Diokletian als Vorbild diente. Apollodoros übernahm zwar die Reihenanordnung der verschiedenen Baderäume, verdoppelte jedoch einige davon, umgab den Komplex erstmals mit Hallen und schirmte ihn mit einer Umfassungsmauer von der Außenwelt ab.

San Clemente. Nur etwa 400 m östlich des Kolosseums und der Gladiatorenkaserne liegt San Clemente (Zugang: Via S. Giovanni in Laterano). Das Besondere an dieser im Mittelalter erbauten und im Barock umgestalteten Kirche ist nicht nur die Tatsache, dass sie aus zwei übereinander liegenden Kirchen besteht, sondern dass sie auf römischen Bauten fußt. Es handelt sich um eine der besterhaltenen archäologischen Stätten Roms; sie wird von irischen Dominikanern betreut. Man betritt zunächst die sog. Oberkirche von San Clemente (Anfang 12. Jh., Anfang 18. Jh. von Fontana restauriert und umgebaut), in der zahlreiche antike Spolien, u. a. Säulen vom Trajansforum, Verwendung fanden.

Die dreischiffige Unterkirche mit Freskenresten im Nartex (Szenen der Kirchengeschichte) entstand 385 und wurde dem hl. Clemens geweiht, der von Trajan verbannt und später ertränkt worden sein soll. Die Kirche wurde nach dem konstantinischen Edikt im 4. Jh. im Haus des Konsuls Titus Flavius Clemente, der in der zweiten Hälfte des 1. Jh.s gelebt hatte, eingerichtet. Sein Privathaus war im späten 2. Jh. in ein mehrstöckiges Wohnhaus umgestaltet worden, im 3. Jh. hatte man ein Mithräum eingebaut. Die mehrfach restaurierte Unterkirche wurde schließlich im 12. Jh. komplett überbaut. 1857, bei ihrer Freilegung, entdeckte man darunter die Substruktionen der römischer Vorgänger aus dem 1. oder 2. Jh. sowie das hervorragend erhaltene Mithräum mit Triclinium und einem Altar mit Mithras-Relief. Zudem kamen Reste einer Straße und des antiken Kanalsystems zum Vorschein.

Fagutal und Cispius. Auf den beiden Ausläufern des Esquilin, Fagutal (mit S. Pietro in Vincoli) und Cispius, die sich direkt an Kolosseum und Domus Aurea anschließen, wurden nur wenige antike Reste gefunden. Fragmente der Forma Urbis geben jedoch einen guten Überblick über diese Region, die Teil der Subura, des Wohnviertels der einfachen Römer, war. Die moderne Via Cavour begrenzt im

Westen den Cispius, auf dessen höchstem Punkt heute S. Maria Maggiore steht. Der Via Cavour entsprach der antike Vicus Particius, von dem im Süden der Clivus Suburbanus abzweigte und den Hügel auf der südlichen Seite umrundete. Bedeutendster Fund in diesem Viertel waren die berühmten Wandmalereien der sog. Odyssee-Landschaften (Vatikanische Museen). Sie stammen aus einem in die Mitte des 1. Jh.s v. Chr. datierten Hauses an der Via Cavour.

Auditorium des Maecenas. Beim sog. Auditorium des Maecenas (Largo Leopardi / Via Merulana), einer halbrunden Exedra aus augusteischer Zeit mit Freskenresten aus dem frühen 1. Jh. n. Chr., wird es sich, wie Wasserrohre und die halb unter der Erde versenkte Lage andeuten, um einen Teil eines Nymphäums gehandelt haben. Anschließende Gänge und Räume verbanden dieses mit der Villa des Maecenas. In republikanischer Zeit befand sich hier die Stadtmauer und ein Friedhof. Erst zu Maecenas' Zeiten entwickelte sich diese Region, die hinter der Subura lag, zum Rückzugsgebiet reicher Senatorenfamilien. Wo einst Brachland und Gräberfeld waren, entstanden weitläufige Parkanlagen, wie die Gärten des Maecenas, und noble Villen. Um 30 v. Chr. wurde mit dem Bau von Maecenas' Villa begonnen; er ging nach seinem Tod in Besitz des Augustus und seiner Nachfolger über. Tiberius lebte sogar zeitweise selbst hier. Zeugnis von der Wasserversorgung dieser Villen legen auf der Piazza Vittorio Emanuele II. die Ruinen eines gigantischen Wasserreservoirs ab, das von der Aqua Julia gespeist worden war.

Porta Maggiore und Umgebung. Entlang der Via Eleniana erreicht man den höchsten Punkt des Esquilin und der Stadt. Hier liefen acht der elf Aquädukte zusammen und verteilten Wasser auf die verschiedenen Stadtviertel. Reste solcher monumentaler Wasserleitungsanlagen sind besonders gut an der Porta Maggiore erkennbar, wo sich zudem mehrere Straßen vor der Stadtmauer trafen. Am Tor befin-

Grabmal des Eurysaces vor der Porta Maggiore

det sich der gegenwärtig verschlossene Zugang zur Basilica di Porta Maggiore bzw. Basilica Sotterranea, ein unterirdischer Kultraum aus dem 1. Jh., reich ausgeschmückt und mit Stuckaturen an Wänden und Decken versehen. Der Hauptraum ist 12 m lang und 9 m breit, seine genaue Bestimmung ist unklar. Möglicherweise handelte es sich um eine Grabbasilika aus spätaugusteischer oder tiberischer Zeit.

Vor dem Tor erinnert ein eigenartiges Monument daran, dass sich entlang der antiken Ausfallstraßen – wie der Via Appia – ursprünglich zahlreiche Gräber aufreihten. Direkt an der Porta Maggiore steht das Grabmal des Bäckermeisters Marcus Vergilius Eurysaces und seiner Gattin Atistia, um 30 v. Chr. aus Tuff entstanden und mit einer Inschrift versehen. Eurysaces, Sohn griechischer Einwanderer, lebte zur Regierungszeit Caesars, in einer Periode politischer Umwälzungen, in Rom. In den 30er- und 20er-Jahren des 1. Jh.s v. Chr. lieferte er Brot an die Behörden. Wo seine Bäckerei stand, ist unbekannt, doch sein Grabmal, 13 m hoch und ein 35 qm großes Areal an der Straßengabelung umfassend, zeugt von hohem Ansehen und Wohlstand. Ungewöhnlich sind besonders Form und Dekoration. Die röhrenartigen Vertiefungen auf der einen Seite werden bis heute kontrovers interpretiert: Handelt es sich um Ofenröhren, in die das Brot hineingeschoben wurde, oder um Getreidebehälter oder -maße? Von hoher Qualität ist der oben umlaufende Fries, der Bäckereiszenen zeigt – das Wiegen der Brote im Beisein eines Beamten, das Trennen des Mehls, das Mörsern, Kneten oder Backen sowie den Verkauf.

Caelius

Südlich des Esquilin schließt sich an die Senke beim Kolosseum der Caelius an. Einst soll hier ein Etrusker namens Caelius Vibenna aus Vulci gewohnt haben, daher die Benennung. In der Antike war wegen eines hier befindlichen Eichenwaldes ein weiterer Name gebräuchlich: »Mons Querquetulanus«. Die Nähe zum Palatin und zum antiken Zentrum hatte dafür gesorgt, dass sich der Hügel zu einem der »besseren« Viertel entwickelte, zumal die Wasserversorgung exzellent war. Gleich vier große Aquädukte verliefen über den Caelius: Aqua Appia, Marcia, Julia und Claudia.

Westhang des Caelius. Unmittelbar südlich des Kolosseums wurden am Westabhang des Caelius zahlreiche antike Reste gefunden. Der Hauptkomplex war der Tempel des Divus Claudius, der sich auf dem höchsten Punkt erhob. 54 n. Chr. von Agrippina, der Witwe des Claudius, in Auftrag gegeben, wurde der Tempel zunächst in die neronische Domus Aurea integriert, ehe er unter Vespasian fertiggestellt wurde. Vom Bau sind heute lediglich Teile der Stützmauern und die Substruktionen (im Kloster und Campanile von SS. Giovanni e Paolo) der 180 × 200 m großen Plattform erhalten. Da er jedoch auf einem Fragment der Forma Urbis dargestellt ist, hat man eine recht gute Vorstellung vom Aussehen: Es handelte sich um einen Tempel mit Vorhalle (6 bzw. 3 Säulen), mit eine Garten und einer umlaufenden Portikus.

An der Südwestecke des Tempels führte einst der Clivus Scauri auf den Caelius hinauf; die moderne, gleichnamige Straße entspricht dem Verlauf der antiken. Entlang der Straße sind noch mehrere Grundmauern und sogar Fassadenteile kaiserzeitlicher Häuser zu erkennen, u. a. auch verbaut in der Kirche SS. Giovanni e Paolo. Im Umkreis von S. Gregorio wurden weitere Ruinen aufgedeckt: ein Teil einer Kryptoportikus, ein mehrstöckiges Wohnhaus (unter der Kapelle S. Barbara) und Reste eines wohl öffentlichen republikanischen Baus neben dem Oratorium der S. Silva. Dahinter möchte man Baureste mit der Bibliothek des Papstes Agapetus I. (535–536) in Verbindung bringen. SS. Giovanni e Paolo wurden im 5. Jh. über dem Haus der Märtyrer Johannes und Paulus errichtet, die wahrscheinlich dort 362 n. Chr. getötet worden waren. Bei Grabungen entdeckte man unter der Kirche die Grundmauern nicht eines einzigen Hauses, sondern einer ganzen Insula mit vier Gebäuden aus dem frühen 2. Jh. n. Chr.

Folgt man dem Clivus Scauri (ab SS. Giovanni e Paolo, Via di S. Paolo) weiter bergauf, erreicht man den Travertinbogen eines ehemaligen Stadttores der Servianischen Mauer, die Porta Caelimontana, über die Nero eine Wasserleitung legen ließ. Linker Hand liegt die moderne Villa Celimontana, die auf einer in flavischer Zeit angelegten Terrasse errichtet worden ist. In der Antike befand sich hier die Kaserne der fünften Kohorte der römischen Feuerwache. Auf der anderen Seite, wo heute das Militärhospital steht, erstreckte sich, wie Bebauungsreste zeigen, in der Antike ein Wohnviertel, eine Insula. Erst im Laufe des 2. Jh.s n. Chr. traten an die Stelle der mehrstöckigen Wohnhäuser luxuriöse Villen.

Lateran. Auch das Areal um den Lateran birgt eine Menge antiker Reste. An der Südwestecke der Piazza S. Giovanni (Via Amba Aradam) liefen in der Antike vier Straßen zusammen. Hier entdeckte man u. a. unter dem Krankenhaus S. Giovanni Grundmauern einer Villa, die als Haus der Domitia Lucilla, der Mutter Mark Aurels, gedeutet wird. Unmittelbar südlich schließen sich Reste der Domus Faustae, Wohnsitz der Schwester von Maxentius und Frau des Konstantin, sowie ein Nymphäum an. Letzteres gehörte wohl zu den angrenzenden Thermenanlagen aus dem frühen 3. Jh. n. Chr., deren Mittelsaal südöstlich des Baptisteriums der Lateranbasilika lag. Unter dem Baptisterium selbst fanden sich Reste einer Villa aus dem 1. Jh. n. Chr., die Mitte des folgenden Jahrhunderts in eine Badeanlage umgebaut wurde. Ob die beiden Thermen zusammengehörten, konnte bislang nicht geklärt werden. Unter S. Giovanni in Laterano entdeckte man bei Grabungen Ruinen eines großen Gebäudes aus julisch-claudischer Zeit, im 2. Jh. umgebaut und unter Septimius Severus abgetragen, um Platz für die Kaserne der Equites Singulares (Castra Nova Equitum Singularium) zu schaffen. Konstantin errichtete hier nach Auflösung der Truppe eine christliche, Johannes dem Täufer und später Johannes dem Evangelisten geweihte Basilika und gründete damit den Vorgänger der heutigen Kirche.

Sessiorum und Nachbarbauten. Das Areal zwischen Lateran und Porta Maggiore stellte eine Übergangszone zwischen den beiden Hügeln Caelius und Esquilin dar, verbunden durch die Via Caelimontana und zahlreiche Wasserleitungen. Die Straße lief von der Kaserne Richtung Nordosten entlang der Aqua Claudia. Hier fanden sich Reste von Gräbern und Grabmonumenten von der frühen Republik bis zur Kaiserzeit. Über das Areal um die Kirche S. Croce in Gerusalemme verstreut, fanden sich einzelne Baureste, die einem einzigen Komplex zugeordnet werden konnten, nämlich einem severischen Kaiserpalast: das Amphitheatrum Castrense (zwischen Kirche und Stadtmauer), eine Thermenanlage und der sog. Circus Varianus. Die Kirche selbst fußt auf einem großen Saal dieser Villa, der in der Mitte des 4. Jh.s n. Chr. in einen Sakralbau umgewandelt worden war (heutige Capella di S. Elena). Die kaiserzeitliche Villa war wohl unter Septimius Severus begonnen und von Elagabal beendet worden. Überliefert ist dafür der nicht weiter deutbare Name »Sessiorum«, der sich möglicherweise von *sedes* (Sitz oder Aufenthaltsort) ableitet. Anfang des 4. Jh.s n. Chr. machte Helena, Mutter des Konstantin, die Villa, die von der hier einen weiten Bogen beschreibenden Stadtmauer umfasst wurde und zum Stadtgebiet gehörte, zu ihrem Wohnsitz.

Quirinal und Viminal

Nordöstlich der Kaiserforen erheben sich Quirinal und Viminal, als einzige Hügel in der Antike nicht als »montes«, sondern als »colles« bezeichnet. Der Viminal war mit seinen 24 ha der kleinste der sieben Hügel Roms und erstreckte sich etwa vom Augustus-Forum bis hin zu den Diokletiansthermen. Die moderne Via A. Depretis führt über den heute kaum mehr als Hügel erkennbaren Viminal, vorbei am Palazzo del Viminale, dem während des Ersten

Weltkriegs erbauten Sitzes des Innenministeriums. Das zwischen Viminal und Quirinal liegende Tal durchzieht heute die Via Nazionale.

Die moderne Via XX. Settembre nördlich davon markiert dagegen den Kamm des Quirinal, mit knapp über 60 m der höchste der sieben Hügel Roms. In der Antike verlief hier die Alta Semita, die an der Stadtmauer zur Überlandroute Via Nomentana wurde. Der Name »Quirinal« geht wohl auf den altrömischen Kriegsgott Quirinus zurück, dem hier ein Tempel geweiht war. Schon um 1300 v. Chr. siedelten sich Sabiner an, und in der römischen Kaiserzeit entstand ein Villenviertel. Berühmt waren die sich hier oben ausbreitenden Horti Sallustiani, die prächtigen Gärten des Historikers Sallust. Auch später zogen reine Luft und üppige Vegetation Oberschicht und Päpste in diesen eher ländlichen Teil von Rom, so 1550 Kardinal Ippolito d'Este, dessen Park ebenfalls viel gerühmt war. Nach seinem Tod 1572 erwarb Papst Gregor XIII. die Villa und erhob sie zur Sommerresidenz der Päpste. Heute befindet sich auf dem Quirinal die Haupt-Schaltzentrale Italiens – auf engstem Raum stehen Ministerien und Verwaltungsbauten; der Ex-Papstpalast wurde zum Sitz des Staatspräsidenten.

Westhang des Quirinal. Östlich der Trajansmärkte liegt der moderne Platz Largo Magnanapoli, in dessen Mitte Reste der Servianischen Stadtmauer erkennbar sind; einst befand sich hier die Porta Sanqualis. Hinter dem Platz erhebt sich die von einer Terrassenmauer abgestützte Villa Aldobrandini. Sie markiert die Stelle, wo einst die Konstantinsthermen begannen, die sich weiter nordwärts über den Quirinal erstreckten. Im 1. Jh. n. Chr. errichtete Lagerhallen dienten ihnen als Substruktionen. Gegenüber der Badeanlage fanden sich Spuren eines Podiums, möglicherweise dem Templum Serapidis zugehörig, und weiter den Hügelkamm entlang grub man immer wieder Reste kaiserzeitlicher Villen aus. Dazu gehört ein Haus aus dem 2. Jh. n. Chr., an der Rückseite des Palazzo Barberini, mit gut erhaltenem Mithräum und entsprechenden Wandmalereien.

Horti Sallustiani und Umgebung. Im Wohnviertel um die Via Flavia verbergen sich weitere archäologische Reste, so jene der Gärten des Sallust (Piazza Sallustio) oder der Servianischen Stadtmauer (z. B. Via Salandra / Carducci, nahe dem Ministero del Lavoro). Die Gärten des Sallust nahmen das ganze Gebiet zwischen der heutigen Via XX. Settembre im Süden, der Via Salaria im Norden, der Aurelinanischen Stadtmauer im Osten und der Via Veneto im Westen ein. Der Geschichtsschreiber hatte das Grundstück nach Caesars Tod aus dessen Besitz erworben und seine Erben vermachten ihn später dem Kaiserhaus (20 n. Chr.). In der Folge war die Gartenanlage beliebter Rückzugsort der Herrscher, dem sie nach und nach weitere Bauten zufügten, z. B. ließ Aurelian ein Hippodrom errichten (Porticus Miliarensis). Schwer beschädigt bei der Eroberung Roms durch Alarich 410 n. Chr., verfiel die Anlage nach und nach, doch immerhin erkennt man heute noch etliche beachtliche Baureste der Villa etwa 15 m unter dem heutigen Niveau auf der Piazza Sallustio. Hauptteil war ein runder Kuppelsaal (Dm. 11,21 m, Höhe 13,28 m). An den Seiten wird man sich Nymphäen vorstellen müssen, während gegenüber der Vorhalle ein großer Saal lag. Nach gefundenen Ziegelstempeln kann der Bau in die Jahre nach 126 n. Chr. datiert werden.

Zwischen Porta Salaria und Castra Praetoria. 1871 wurde die Porta Salaria, deren Grundriss auf dem Pflaster in der Mitte der Piazza Fiume markiert ist, abgerissen. Dabei fand man antike Baureste: Im westlichen Torturm verbarg sich ein frühaugusteischer Rundbau, wohl ebenso ein Grabbau wie derjenige aus sullanischer Zeit, den man im östlichen Tor entdeckte. Nach einer Inschrift lagen hier ein elfjähriger Junge und seine Eltern begraben. Der Knabe hatte Berühmtheit erlangt, weil er bei einem Dichterwettstreit durch seine Improvisationskunst aufgefallen war. Etwa 500 m vom Tor entfernt steht an der Via Salaria ein weiterer großer Grabbau. Der Zylinder von 34 m Durchmesser war das Grab eines Militärtribunen und seiner Schwester (Inschrift). Unter der Grabkammer fand man zudem eine später eingebaute Katakombe.

Nahe der Stadtmauer, an der Via Livenza, entdeckte man zudem einen unterirdischen Bau von etwa 21 × 7 m. Statuenreste und Wandbemalung bezeugen die einst reiche Ausstattung. Im Zentrum des Hauptraumes befand sich zudem ein Wasserbecken. Dieses führte zusammen mit den Wandbildern, die eine Mischung heidnischer und christlicher Themen zeigen, zu der Deutung als Baptisterium oder Heiligtum; Ziegelstempel und Mauertechnik (*opus listatum*) ließen eine Datierung in die erste Hälfte des 4. Jh.s n. Chr. zu.

Zwischen 21 und 23 n. Chr. ließ Tiberius am nordöstlichen Stadtrand, zwischen Via Nomentana und Via Tiburtina für die kaiserliche Leibgarde (Prätorianer), die bereits Augustus ins Leben gerufen hatte, eine neue Kaserne errichten. Die Castra Praetoria bedeckte ein Gelände von 380 × 440 m und ihre Mauern wurden später in die Aurelianische Stadtmauer integriert. Unter Konstantin löste man die Truppe auf und die Mauern auf der Stadtseite fielen. Teile der Kaserne wie Reste der Mannschaftsbaracken wurden bei Grabungen auf dem Gelände aufgedeckt, zwei zugemauerte Tore sind in der Stadtmauer zu erkennen.

Diokletiansthermen. Die Thermenanlage des Diokletian erstreckte sich über ein ganzes Stadtviertel – heute das Areal von der Piazza dei Cinquecento (Bahnhofsvorplatz), über die Piazza della Repubblica bis hin zur Via XX. Settembre und Via Volturno. Im gesamten Bereich sind Spuren des mächtigen Komplexes mehr oder weniger deutlich erkennbar. Die Badeanlage für über 30 000 Badegäste war einst die

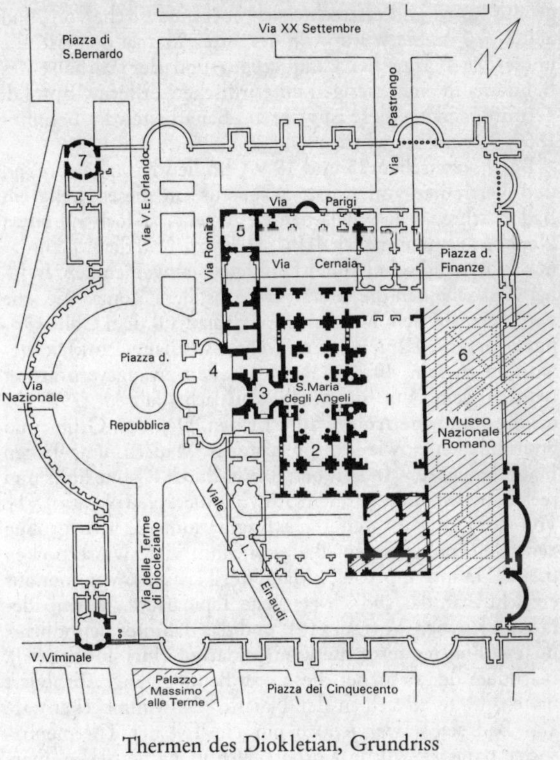

Thermen des Diokletian, Grundriss

1 Schwimmbecken (Natatio)
2 Frigidarium
3 Tepidarium
4 Caldarium
5 »Planetarium«
6 Chiostro Michelangelesco
7 San Bernardo alle Terme

größte Roms und erstreckte sich über eine Fläche von rund 380 × 370 m. Sie wurde von der Aqua Marcia gespeist, die unter der Piazza dei Cinquecento und der Vorhalle des Bahnhofs in einer riesigen unterirdischen Zisterne, Botte di Termini, endete; diese ist während Bauarbeiten am Bahnhof 1860–76 zerstört worden.

Bereits zwischen 25 und 19 v. Chr. ließ Agrippa, Freund und Vertrauter von Kaiser Augustus, an dieser Stelle ein Bad errichten. Die erhaltenen Reste gehen jedoch auf einen Neubau aus dem frühen 4. Jh. n. Chr. zurück, den Maximianus bauen und sein Bruder Diokletian einweihen ließ. In jener Zeit scheinen die älteren Badeanstalten Roms, wie jene von Nero auf dem Marsfeld, von Trajan auf dem Colle Oppio oder von Caracalla am Aventin-Osthang, zu klein geworden zu sein. 40 000 Christen sollen zwangsverpflichtet worden sein, um innerhalb von acht Jahren (298–306 n. Chr.) die neue Anlage zu errichten. Den von Grün- und Sportanlagen sowie von mächtigen Mauern umgebenen Hauptbau (250 × 180 m) betrat man durch Räume links und rechts neben dem großen Schwimmbecken (Natatio) [1]. Von dort ging es weiter ins Frigidarium [2], den großen zentralen unbeheizten Badesaal, mit vier Wasserbecken (heute Hauptraum von S. Maria degli Angeli). Von hier aus erreicht man das südlich gelegene Tepidarium (Warmbaderaum / Kirchen-Vorraum [3]) und das dahinter befindliche, ungewöhnlich querrechteckige Caldarium (Heißluftbad [4]). Nachdem der Besucher diese drei Badevorgänge absolviert hatte, kühlte er sich in der Natatio (Schwimmbecken) ab. Das Bad selbst war jedoch nur ein Teil des Thermenbesuchs, daneben wurde Körperertüchtigung betrieben, massiert und gesalbt, man spazierte durch Grünanlagen, diskutierte oder las in der Bibliothek, die sich in der Exedra befand.

Im Laufe der Jahrhunderte verfielen die Diokletiansthermen zusehends und wurden zudem zweckentfremdet. 1870 entstand die Piazza dell'Esedra (später Piazza della Repubblica) an Stelle der Exedra in der südwestlichen Thermen-Umfassungsmauer. Dort, wo heute der Brunnen steht, endete einstmals die Apsis des Caldariums, dessen Nordteil in die Eingangsfront der Kirche integriert wurde. Links davon erkennt man alte Mauerreste, die bis zum sog. Planetarium [5], einem achteckigen Saal, der heute als Ausstellungsraum genutzt wird, reichen. In der Via Parigi finden sich weitere Mauerreste der Nordwestflanke des Thermengebäudes. An der gegenüberliegenden Nordostseite sind ebenfalls Überreste der Thermen (u. a. vom Apodyterium) erhalten, die im 16. Jh. in den Kreuzgang (Chiostro Michelangelesco [6]) und die Zellen des Kartäuserklosters integriert wurden. 1586–89 ließ Papst Sixtus V. Teile der Thermen abtragen, um Baumaterial, u. a. für die Krippenkapelle in S. Maria Maggiore, zu gewinnen. 1889, nach Auflösung des Klosters, wurde schließlich das Museo Nazionale Romano hier eingerichtet. Direkt gegenüber der Kirche S. Susanna an der Via XX. Settembre liegt San Bernardo alle Terme [7], Ende des 16. Jh.s in den nordwestlichen der vier runden Ecksäle der Umfassungsbauten der Diokletiansthermen eingebaut. Dass der Bau das Pantheon zum Vorbild hatte, zeigen die Öffnung in der Kuppel als einzige Lichtquelle und die kassettierte Decke.

Marsfeld und Via Lata

In der Antike befand sich am südwestlichen Ende der Via Lata, heute Via del Corso, zentrale Verkehrsachse im Altstadtzentrum Roms, das Marsfeld, von dessen vormals enger Bebauung nur wenige Reste erhalten sind. Es umfasste in der Antike das gesamte Areal vor der Servianischen Stadtmauer zwischen Kapitol und Tiber. Entlang der Via Lata, etwa bis zur heutigen Piazza Colonna, befanden sich in der Antike Wohnquartiere. Anschließend folgten bedeutende Monumente, wie die Ara Pacis, das Horologium oder das Mausoleum Augusti, ehe man durch die Porta Flaminia an der Aurelinianischen Mauer die Stadt auf einer von Grabmälern gesäumten Überlandhauptstraße, der Via Flaminia, verließ.

In der Republik diente der Campo Marzio noch als Aufmarschplatz der Bürgerwehr; als jedoch im 1. Jh. v. Chr. das Bürgerheer von einer Berufsarmee abgelöst wurde, bildete sich hier das Freizeit- und Vergnügungsviertel der Stadt heraus – mit Bädern, Wandelhallen, Circus und Tempeln, durchschnitten von der Via Lata. Allein drei große Theater (des Pompeius, Marcellus und Balbus) mit angeschlossenen von Wandelhallen gerahmten Plätzen wurden im 1. Jh. v. Chr. erbaut. Erst als sich ab dem 6. Jh. n. Chr. das religiöse Zentrum der Stadt mehr und mehr Richtung St. Peter und Vatikan verlagerte, siedelten sich Menschen auf dem ehemaligen Marsfeld an. Im Laufe des Mittelalters entwickelte sich daraus das neue und dicht bebaute Stadtzentrum Roms.

Südliches Marsfeld. 221 v. Chr. ließ C. Flaminius Nepos neben der Via Flaminia auf dem südlichen Marsfeld, direkt gegenüber der Tiberinsel, den Circus Flaminius errichten. Der Bau diente nicht nur Vergnügungen wie Pferde- oder Wagenrennen, sondern fungierte zugleich als Versammlungsort der Plebs. Lange Zeit stand er allein, erst im Laufe des 2. Jh.s v. Chr. entstanden um ihn herum Portiken und Theater, teilweise schon aus Marmor und von griechischen Architekten erbaut. Zumeist waren es erfolgreiche Feldherrn, die sich mit solchen Bauten beim Volk beliebt machen wollten, zumal vom Circus die Triumphzüge ihren Ausgang nahmen.

Das beeindruckendste, wenn auch nicht authentisch erhaltene Bauwerk ist noch heute das Marcellus-Theater. Caesar hatte es in Auftrag gegeben, Augustus fertiggestellt und sein Neffe und Schwiegersohn, Marcellus, 13 v. Chr. eingeweiht. Der Bau folgt dem Typus eines griechischen Theaters: Der halbkreisförmige Bau mit seiner gut 32 m hohen

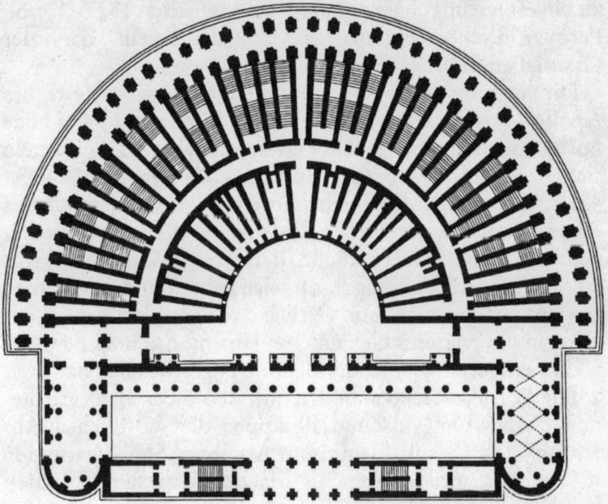

Marcellus-Theater, Grundriss

Travertinfassade umfasste ursprünglich 41 Arkaden, von denen Teile erhalten sind und die den klassischen Säulenkanon (dorisch-ionisch-korinthisch) aufweisen. Von der mehrstöckigen *scenae frons*, der Bühne, wurden Schmuckteile wie marmorne Theatermasken gefunden. Die *cavea*, die Tribüne, maß fast 140 m im Durchmesser und fasste rund 15 000 Menschen. Im Unterschied zu einem griechischen Theater, das sich meist an einen Hang anlehnte, erhob sich der Zuschauerraum hier über Substruktionen. Hinter der *scena* befanden sich nach Berichten des Plinius zwei kleine Tempel, der Pietas und der Diana geweiht. 365–370 n. Chr. begann man mit dem Abriss der *scena* und der Portikus, um mit dem Material den Ponte Cestio auszubessern. Lange blieb der Bau als Ruine stehen, ehe er im Mittelalter zu einem festungsartigen Palast und zwischen 1523–27 von Peruzzi in einen Wohnpalazzo (erst der Savelli-, dann der Orsini-Familie) umgebaut wurde.

Direkt neben dem Theater erkennt man die Reste des Apollon-Sosianus-Tempels. Auch wenn nur drei 14 m hohe korinthische Säulen auf dem Podest erhalten sind, vermitteln sie einen Eindruck von der einstigen Monumentalität. 433–431 v. Chr. wurde der Tempel als einer der frühesten Roms erbaut; die heute erhaltenen Reste gehen auf einen grundlegenden Umbau von 34 v. Chr., den Konsul C. Sosius finanzierte, zurück. Der Tempel soll reich bemalt und mit Statuen geschmückt gewesen sein. Östlich davon entdeckte man vor kurzem ein weiteres Gebäudefundament, das man dem 296 v. Chr. erbauten Tempel der Bellona zugeschrieben hat.

Die Porticus Octavia bildete mit den nicht mehr erhaltenen Portici Octavius und Philippus den nördlichen Abschluss des Circus Flaminius. An ihrer Stelle hatte 146 v. Chr. Q. Caecilius Metellus Macedonicus seine Wandelhalle errichten lassen. Er ließ griechische Kunstwerke ausstellen, die nach dem römischen Sieg in Griechenland erbeutet worden waren, und begründete damit das wohl älteste öffentliche Kunstmuseum Roms. Augustus ließ die Halle 23 v. Chr. durch einen heute teilweise erhaltenen Neubau ersetzen und widmete ihn seiner Schwester Octavia. Neben einem Jupiter-Tempel gehörte ein Juno-Tempel und eine Bibliothek, die Curia Octaviae, zu der rechteckigen Anlage (132 × 119 m), deren Hof einen zweireihigen Säulenportikus umschloss. Die erhaltenen, in der Vorhalle von S. Angelo in Pescheria verbauten Reste gehen allerdings nicht auf den augusteischen Bau zurück, sondern auf eine Restaurierung unter Septimius Severus. Neben der Portikus befand sich in der Antike der Fischmarkt (Forum Piscarium).

Mittleres Marsfeld. An der Via delle Botteghe Oscure, heute eine der Hauptachsen des Centro Storico, lag in der Antike ein Schwerpunkt des Marsfeldes. Funde von Tempeln und anderer Bebauung – wie das zwischen Largo Argentina und Kapitol gelegenen Balbus-Theater – belegen dies. 13 v. Chr. ließ L. Cornelius Balbus das Theater und eine Art Portikus mit Apsis, die einen quadratischen Platz hinter der Bühne umschloss, errichten. Die Forma Urbis gibt das Aussehen des Baus wieder, von dem Teile in den 1980ern erforscht wurden und unter dem Namen »Crypta Balbi« seit kurzem zugänglich sind. Reste des Komplexes sind im Untergeschoss des Museums zu sehen, ebenso Teile der sich hier unmittelbar anschließenden Porticus Minuncia Frumentaria. Der Name »Crypta Balbi« rührt daher, dass es sich nicht, wie üblich, um eine offene Säulenhalle sondern vielmehr um einen zweischiffigen Korridor handelte, der lediglich Fenster zum Hof hin aufwies (vgl. das Haus der Eumachia in Pompeji). Erst nach einem Umbau im 1. Jh. n. Chr. umschloss eine zweistöckige Portikus den Platz, doch der alte Name blieb bestehen. Der Komplex wurde bis ins Mittelalter vielseitig genutzt: Handwerksbetriebe und Werkstätten zogen in die Portiken ein, im Ostteil entstand die Kirche S. Maria Domine Rose und ein Kloster. Von der Entwicklung der Region berichtet das dort befindliche neue Museum ausführlich und anschaulich.

Der Largo di Torre Argentina, kurz »Largo Argentina« genannt, bildete in der Antike das Zentrum des Marsfelds. Etwa 10 m unter dem heutigen Bodenniveau befindet sich die sog. Area Sacra mit vier Tempeln aus republikanischer Zeit. Drei rechteckige und ein Rundtempel sind nach Osten zu einem Vorplatz hin ausgerichtet. Am Nordende des Platzes steht Tempel A, ein Peripteros auf einem Podium, wohl aus dem 3. Jh. v. Chr. mit späteren Umbauten, auf die beispielsweise die heute sichtbaren Travertinsäulen zurückzuführen sind (frühes 1. Jh. v. Chr.). Im Mittelalter wurde hier eine Kirche eingebaut, von der noch Freskenreste erkennbar sind. Der sich im Zentrum der Anlage erhebende Tempel B ist der einzige Rundtempel des Areals. Er wird ins 2. Jh. v. Chr. datiert. Der daneben stehende Tempel C ist

Republikanisches Forum

hingegen wieder ein Peripteraltempel auf Tuffsteinpodium. Seine Cellawände und der Mosaikboden rühren von einer domitianischen Restaurierung nach einem Brand 80 n. Chr. Der Tempel selbst ist der älteste des Komplexes und datiert ins späte 4. Jh. v. Chr. Tempel D an der Südwestecke ist ein hoher Podiumstempel, der größte Bau von allen und bisher nur teilweise ausgegraben. Er wurde wahrscheinlich Anfang des 2. Jh.s v. Chr. ganz aus Travertin errichtet. Die Benennung der Tempel ist noch nicht zweifelsfrei geklärt, meist wird Tempel B als Fortuna-Tempel, C als Tempel der Feronia, A als Juno-Tempel oder Juturna-Tempel und D als Larenheiligtum bezeichnet.

An der Westseite der Platzanlage liegt das älteste moderne Theater Roms, das Teatro Argentina, hinter dem sich einst das berühmte Pompeius-Theater befand. Genau genommen handelte es sich nicht nur um ein Theater, sondern um einen ganzen Baukomplex mit vorgelagerter Portikus und jener Curia, in der am 15. März 44 v. Chr. Caesar ermordet wurde. Errichtet worden war das Pompeius-Theater nach einem dreifachen Triumph des Pompeius ab 61 v. Chr. auf Senatsbeschluss. Sechs Jahre später folgte dann die Weihe dieses ersten gemauerten Theaters der Stadt, das im Laufe der Zeit mehrfach ausgebessert und renoviert wurde. Abgesehen vom Grundriss (*cavea*-Durchmesser rund 150 m, Portikus hinter der *scena* 180 × 135 m) ist von dem prächtigen Bau mit vormals reichem Statuenschmuck nicht mehr viel erhalten. An Stelle des antiken Theaters steht heute der Palazzo Pio (16. Jh.), neben dem ein schmaler Durchgang zum Campo de' Fiori führt. Seine Fassade an der Via di Grotta Pinta empfindet die gerundete Form der Sitzränge nach. Eine bessere Vorstellung von der Anlage geben Fragmente der Forma Urbis.

Bei Grabungen im Hof des Palazzo della Cancelleria (Piazza della Cancelleria), einem Hauptwerk der Frührenaissance-Architektur Roms (ab 1485) und heute Sitz der Päpstlichen Archäologischen Akademie, fand man abgesehen von einer frühchristlichen Kirche aus dem 4. Jh., San Lorenzo in Damaso, die künstlerisch bedeutenden Cancelleria-Reliefs aus flavischer Zeit (Vatikanische Museen). Sie kamen neben dem Grabmal des Senators Aulus Hirtius, der bei Modena im Kampf gegen die Truppen des Antonius gefallen war, zum Vorschein. Aus öffentlichen Mitteln hatte Rom ihm und seinem Kollegen, Gaius Vibius Pansa, ein Grab auf dem Marsfeld finanziert, wo sich weitere Staatsgräber verdienter Persönlichkeiten, wie Sulla oder Caesar, befanden.

Die Form der Piazza Navona, im Centro Storico, geht auf den Grundriss des antiken Stadions des Domitian, erbaut 82–86 n. Chr., zurück. Bei etwa 275 × 106 m Ausdehnung und einer geraden und einer gerundeten Schmalseite fehlte hier eine Mittelachsenmarkierung, wie sie im Circus üblich war. Domitian hatte das Stadion für das Certamen Capitolinum, sportliche und musikalische Wettkämpfe zu Ehren des Jupiter Capitolinus, errichten lassen. Wo sich heute Paläste und Kirchen um den viel besuchten Platz gruppieren, befanden sich in der Antike aufgemauerte Sitzränge, nach außen ähnlich wie beim Kolosseum durch Arkaden abgeschlossen. Die Fassade war wohl zweigeschossig, es sind zwei Zuschauerränge für rund 30 000 Leute überliefert. Reste des antiken Stadions fand man unter dem Haus an der Piazza di Tor Sanguigna 12/13. Südlich an das Stadion wurde ebenfalls unter Domitian ein Odeon (10 600 Plätze) für musikalische Darbietungen angebaut. Zwischen dem Stadion und dem Vorplatz des Pantheons hatte Nero 62 n. Chr. eine 190 × 120 m große Thermenanlage errichten lassen. Wie sie aussah, zeigen Renaissance-Zeichnungen, ansonsten sind davon nur einige Fundamentteile unter dem Palazzo Madama und zwei Granitsäulen neben S. Eustachio erhalten.

Pantheon und Umgebung. Das Pantheon, der »allen Göttern geweihte Tempel« – d. h. Apollon, Jupiter, Mars, Merkur, Neptun, Saturn und Venus – verdankt seinen Status als besonders gut erhaltenes Wahrzeichen Roms der Tatsache, dass es schon in der Spätantike zur christlichen Kirche umfunktioniert wurde. Die Architrav-Inschrift »M(arcus) Agrippa L(uci) f(ilius) co(n)s(ul) tertium fecit« nennt einen engen Freund des Augustus, Agrippa, als Baumeister, doch der heute erhaltene Komplex geht auf einen Neubau hadrianischer Zeit zurück. Der Vorbau [1] täuscht mit seinen acht mächtigen korinthischen Granitsäulen (Umfang 4,5 m, Höhe 12,5 m) einen Peripteraltempel vor, doch gleich hinter dem drei Säulenreihen tiefen Pronaos öffnet sich das Hauptportal [2] in eine zylindrische Cella [3] mit einer Halbkugel als Kuppel.

Pantheon, Grund- und Aufriss

1 Vorbau (Pronaos) 2 Hauptportal 3 Cella

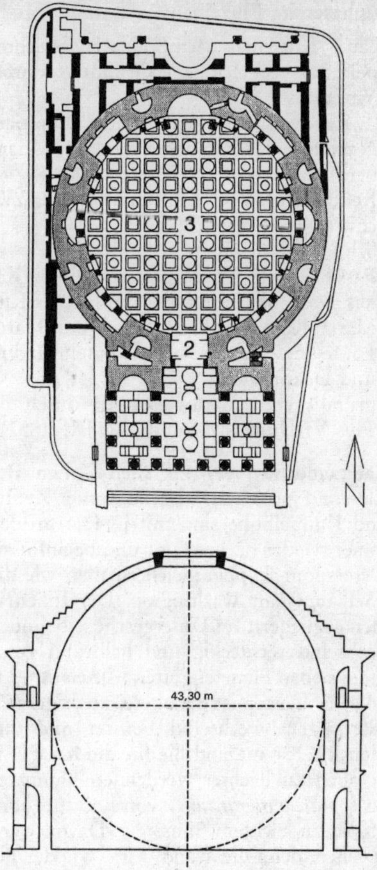
3
2
1
N
43,30 m
0
10
20
30 m

Die Bauphasen im Einzelnen:

27–25 v. Chr.	Bau eines nach Süden ausgerichteten Tempels auf rechteckigem Grundriss durch Marcus Vipsanius Agrippa
80 n. Chr.	Renovierungsarbeiten unter Domitian
118–125	Neubau eines Rundbaus unter Hadrian nach einem Brand
202	Renovierung und Anbringung einer zweiten Architrav-Inschrift
391/392	Schließung des Baus
609	Papst Bonifaz IV. erhält den Bau von Kaiser Phokas geschenkt und weiht ihn neu als Kirche Santa Maria Rotonda (Santa Maria ad Martyres). Im Laufe der Zeit verschwinden mehr und mehr Bau- und Dekorteile
19. Jh.	grundlegende Renovierungen durch die Päpste Pius VII. (um 1820) und Pius IX. (1857)

Der Raumeindruck, der zu allen Zeiten Bewunderer fand, basiert auf perfekter Maßharmonie: Zylinderdurchmesser und Kuppelhöhe sind mit je 43,4 m identisch. Er wurde immer wieder nachgeahmt und beeinflusste Michelangelos Petersdom-Kuppel gleichermaßen wie das Kapitol in der US-Hauptstadt Washington. Der Innenraum ist in zwei Zonen gegliedert: Im Untergeschoss befinden sich sieben abwechselnd rechteckig und halbrund geformte Nischen für die sieben Planetengötter. Mittels eines Architravs und profilierter Leisten ist die obere, niedrigere Zone abgetrennt; sie zeigt abwechselnd Fenster und quadratische Wandfelder. Interessant sind die für die Kuppel verwendeten, nach oben zu leichter werdenden Baumaterialien im Betonguss (*opus caementitium*): von Kalktuff über vulkanischen Tuff bis zu leichtem Bimsstein. Davon war allerdings nichts zu sehen, denn die Wand war – wie der Fußboden – prächtig mit verschiedenen Marmorsorten verkleidet. Diese verschiedenfarbigen und -strukturierten Platten, die heute

Pantheon

nur noch teilweise original erhalten sind, standen in eindrucksvollem Kontrast zur grauen Kassettendecke mit der 9 m großen Lichtöffnung, dem *oculus*. Vor dem Pantheon lag ursprünglich ein Hof, der auf drei Seiten von Portiken umschlossen wurde, sowie schützende Hecken, die Mussolini abreißen ließ (eine Neubepflanzung wird neuerdings diskutiert).

In direkter Nachbarschaft zum Pantheon (Largo di Torre Argentina / Via di Torre Argentina / Via S. Chiara) liegen die Reste der Thermen des Agrippa. Zwischen 25 und 19 v. Chr. als erste öffentliche Badeanlage Roms entstanden, wurde sie unter Hadrian umfassend restauriert. Der Bau war rund 80 × 120 m groß, sein Grundriss ist auf Fragmenten der Forma Urbis erhalten, während es vom aufgehenden Mauerwerk kaum Reste gibt. Berühmt war die Anlage auch wegen der aufgestellten Kunstwerke, darunter der viel gerühmte *Apoxyomenos* des Lysipp.

Östlich des Pantheons findet man an der Piazza di Pietra Fragmente eines monumentalen Tempels des Hadrian. Vom Bau, der 145 n. Chr. von Antoninus Pius geweiht wurde, steht noch die westliche Langseite, da sie im späten 17. Jh. von Carlo Fontana und dessen Sohn Francesco in den Neubau des Zollamts (heute Handelskammer) integriert wurde. Elf korinthische Säulen aus weißem Marmor (Höhe 15 m, Dm. 1,44 m), Architrav- und Fundament-Reste sowie eine Cellawand sind erhalten, ebenso Reliefs mit allegorischen Darstellungen der römischen Provinzen (Musei Capitolini). Man erhält eine recht gute Vorstellung vom Aussehen des Peripteraltempels mit 8 × 15 Säulen und einer Treppe an der Schmalseite.

Nördliches Marsfeld. Die Bebauung großer Bereiche des nördlichen Marsfeldes ist noch unbekannt, nur wenige Bauten konnten bislang nachgewiesen werden. Den Beginn des Areals markiert die 42 m hohe Mark-Aurel-Säule an der Piazza Colonna (Via del Corso). Sie wurde zwischen 180 und 196 n. Chr. auf Senatsbeschluss anlässlich der Siege Kaiser Mark Aurels über die Sarmaten (174–175) und Markomannen (171–173) errichtet. Bestehend aus 27 Carraramarmor-Trommeln von je 3,7 m Durchmesser ist sie nach dem Vorbild der Trajanssäule mit einem spiralig umlaufenden Fries dekoriert, der über die ruhmreichen Schlachten berichtet. Auf halber Höhe trennt eine Victoria optisch den Bellum Germanicum (unten) vom Bellum Sarmaticum (oben). Im Inneren führt eine 190-stufige Wendeltreppe zur Spitze, wo sich seit 1589 an Stelle des Kaiserstandbilds eine Paulus-Statue von Domenico Fontana befindet. Im Nordwesten davon wurden zwei *ustrina* lokalisiert – Orte, an denen die Einäscherung der Kaiser und ihrer Familien stattfand.

In der Via di Campo Marzio fand 1979 der deutsche Archäologe Edmund Buchner im Keller des Hauses Nr. 48

Teile des Zifferblattes der Sonnenuhr des Augustus (Solarium Augusti). Es handelte sich dabei um in einen Marmorfußboden eingelassene griechische Buchstaben und Linien aus Bronze. Sie standen für Tage, Monate und Tierkreiszeichen, gehörten aber nicht zur ursprünglichen augusteischen Sonnenuhr, sondern waren einer Ausbesserungsmaßnahme im 1. Jh. n. Chr. unter Domitian zuzuschreiben. Nach Plinius war die Uhr des Augustus bereits um 50 n. Chr. »stehengeblieben«, vielleicht weil sich der als Zeiger eingesetzte Obelisk abgesenkt oder die Steinplatten sich nach einem Erdbeben verschoben hatten. Sie galt als die größte Sonnenuhr aller Zeiten und hatte zugleich als Siegesdenkmal des Augustus und als Symbol der Weltherrschaft Bedeutung. Der heute auf der Piazza di Montecitorio stehende Obelisk diente als Gnomon und muss sich ursprünglich näher an Augustus-Mausoleum und Ara Pacis befunden haben. Er war 30 m hoch und wurde von einer Kugel als Zeichen der Weltherrschaft bekrönt.

Die Ara Pacis gilt als eines der eindrucksvollsten Monumente aus Roms Kaiserzeit. Der Altar stand ursprünglich nicht an der Via di Ripetta, sondern an der Via Lata, nahe der Sonnenuhr. Erste Teile des Altars wurden 1568 unter dem Palazzo Peretti entdeckt. Sie gelangten teilweise nach Florenz, in Medici-Besitz, ins Thermenmuseum oder in die päpstlichen Kunstsammlungen. Nach der Entdeckung weiterer Funde 1859 gelang es dem deutschen Archäologen Fritz von Duhn 20 Jahre später, diese dem in Quellen überlieferten Friedensaltar zuzuordnen. Zwischen 1903 und 1938 wurde dieser systematisch ausgegraben, die Funde zusammengesetzt, Lücken durch Abgüsse ergänzt und in einer 1938 erbauten Halle neben dem Augustus-Mausoleum (s. unten) eindrucksvoll rekonstruiert. Derzeit entsteht um das antike Meisterwerk nicht nur eine neue Ausstellungshalle – ein Projekt des amerikanischen Stararchitekten Richard Meier –, sondern soll auch der umgebende Platz neu gestaltet werden.

Ara Pacis (Ausschnitt)

Augustus berichtet in seinem Tatenbericht (*Res Gestae*), dass ihm der Altar 13 v. Chr. als Dank für die Befriedung des Römischen Reiches nach der glücklichen Rückkehr aus Spanien und Gallien vom Senat gestiftet worden sei. Deshalb stand auch das künstlerische Programm ganz im Zeichen der Friedensordnung des Augustus und der damit verbundenen Prosperität des Reiches. Der Altar ist mehrteilig und besteht aus einem 11,6 × 10,6 m großen Podium, das von einer reliefverzierten Umfassungsmauer mit zwei breiten Durchgängen vorn und hinten eingefasst wird. Eine repräsentative Freitreppe führt in einen Innenhof, in dem erhöht auf Stufen ein dreiwangiger Altar steht. Während im Inneren das Dekor eher schlicht gehalten ist – mit nachgeahmtem Palisadenzaun unten und Stierschädeln, Kränzen und Girlanden oben – sind die Dekorationen außen umso

Mausoleum des Augustus

prächtiger: Durch ein umlaufendes Mäanderband wird die Fläche in zwei Zonen geteilt. Die untere Hälfte zeigt florales Dekor, die obere mythologische und historische Ereignisse; Szenen aus der Gründungssage Roms und allegorischen Szenen stehen der feierlichen Prozession anlässlich des Baugelübdes 13 v. Chr. gegenüber. Dabei ist die ganze julisch-claudische Familie abgebildet, begleitet von kaiserlichen Beamten und Würdenträgern. Die künstlerisch hochstehenden Reliefs gelten als Musterbeispiel für das Können der Bildhauer in augusteischer Zeit und sind zugleich ein exzellentes Beispiel für »offizielle Staatskunst«.

Das benachbarte Mausoleum des Augustus wurde vom Princeps als Familiengrabmal konzipiert und diente der Aufbewahrung der Asche von Augustus, Tiberius, Caligula, Claudius und Nerva sowie von Livia und Agrippina. Bereits 29 v. Chr. gab Augustus den Bau in Auftrag und wählte dazu Vorbilder aus dem östlichen Mittelmeerraum, vor allem das Mausoleum von Halikarnass. Daneben dürften etruskische Grabtumuli den Bauherrn beeinflusst haben. Der Rundbau weist einen Durchmesser von 87 m und eine Höhe von 12 m auf. Der Sockel besteht aus Travertin, der Aufbau aus Tuff und darüber erhob sich, wie der antike Autor Strabon berichtet, ein 44 m hoher Grabhügel, bepflanzt mit immergrünen Gewächsen und bekrönt von einer Kolossalstatue des Augustus. Der Eingang im Süden wurde einst von zwei Obelisken (heute Piazza dell' Esquilino bzw. Piazza del Quirinale) gerahmt und trug Bronzetafeln mit den von Augustus verfassten *Res Gestae*. Im Inneren führen konzentrische Gänge zur zentralen Grabkammer.

Zwischen Forum Holitorium, Forum Boarium und Circus Maximus

Die Ebene am Tiber, die dreiecksförmig von den Hügeln Kapitol, Palatin und Aventin eingefasst wird, spielte seit der Stadtwerdung Roms eine zentrale Rolle. An dieser Stelle trafen wichtige Handelswege aufeinander, so die schiffbare Route auf dem Tiber und die alte Handelsstraße zwischen Etrurien und Campanien bzw. Unteritalien. Sie führte einst unterhalb der Tiberinsel, dort wo die erste Brücke, Pons Sublicius, entstanden war, durch eine Furt. An der Stelle der Kirche S. Nicola in Carcere befand sich einst der Hafen, wo sich das erste Handelszentrum Roms entwickelte. Schwerpunktmäßig im 2. Jh. v. Chr. wurden größere Bauarbeiten in Angriff genommen, hatten doch Brände und Überschwemmungen vieles zerstört. Tempel, Hallen und Lagerräume entstanden ebenso wie Stützmauern und Deiche.

Heute erinnern an das antike Forum Boarium, den Rindermarkt, und das umliegende Handelsviertel mit dem Forum Holitorium (Gemüse- und Ölmarkt) vor allem die Überreste alter Heiligtümer. Der Tempel des Hercules Victor (Weihinschrift), ein Rundbau nahe dem Tiber, gilt als

Forum Boarium

der älteste (Ende 2. Jh. v. Chr.) und zugleich als einer der schönsten Marmortempel Roms; er lehnte sich eng an griechische Vorbilder an. Der Peripteros bestand aus 20 korinthischen Marmorsäulen (19 davon sind original erhalten). Daneben finden sich Reste des Tempels der Fortuna Virilis aus derselben Zeit. Der Bau, teils aus Travertin, teils aus Tuff, war mit Stuck verkleidet, um wertvollere Ausstattung vorzutäuschen. Er wurde fälschlich der Fortuna zugeschrieben, war wegen seiner direkten Nähe zum alten Hafen Portus Tiberinus jedoch wohl eher dem Hafengott Portunus geweiht. Unter dem nahe liegenden heutigen Einwohnermeldeamt wurden beim Bau noch Reste großer Lagerhallen, die am Hafen standen, gefunden.

In der gegenüberliegenen Via del Velabro erkennt man noch Baureste des Janus-Bogens, möglicherweise identisch mit einem in den Quellen erwähnten Arcus Constantini. Es handelt sich um einen Ehrenbogen mit Darstellungen von Roma, Juno, Minerva und Ceres u. a. In der nahe gelegenen Kirche S. Giorgio in Velabro sind über der Innenportikus Teile einer Weihinschrift aus dem 4. Jh. n. Chr. erhalten. In der Nachbarschaft dieses Bogens wurden Teile der antiken Cloaca Maxima aufgedeckt und an der Südwestecke der Kirche Reste des Arcus Argentariorum, des Bogens der Geldwechsler. Nach einer Inschrift wurde er 204 n. Chr. von den »argentarii et negotiantes boarii huius loci«, den Ochsenhändlern, Septimius Severus, Caracalla und Julia Domna geweiht. Möglicherweise befand sich hier der repräsentative Zugang zum Forum Boarium.

S. Nicola in Carcere wurde im 11. Jh. auf einem antiken Tempel aus dem 3. Jh. v. Chr. errichtet. Im Umkreis der Kirche fand man Reste von drei weiteren republikanischen Tempeln, die Janus, Spes und Juno Sospita geweiht waren. Erkennbar sind Säulen und Architravreste in den Kirchenaußenmauern; sie stammen aus dem späten 3. bzw. frühen 2. Jh. v. Chr. Gegenüber liegt unter und neben der Kirche San Omobono die »Area sacra di San Omobono«, bestehend aus einem Doppelbau, in dem die altrömischen Gottheiten Fortuna und Mater Matula verehrt wurden.

Schon Ovid beschrieb es anschaulich: Der südöstlich vom Forum Boarium gelegene Circus Maximus war bereits in der Antike ein beliebter Treff – wie heute auch. Dort, wo jetzt der Circus liegt, soll in mythischen Zeiten der berühmte Raub der Sabinerinnen stattgefunden haben, historisch fassbar ist der Platz als Austragungsort von Wagenrennen (mit *bigae* oder *quadrigae*, zwei- oder vierrädrigen Wagen) und Kriegsspielen. Am Anfang handelte es sich nur um einen lang gestreckten Platz; die Zuschauer saßen ringsum auf Erdwällen. Ab dem 2. Jh. v. Chr. entstanden mehr und mehr Bauten, Verbesserungen und Verschönerungen wurden vorgenommen. So ließ Agrippa 33 v. Chr. Bronzedelphine als Zählmarken aufstellen. Plinius berichtet, dass fast eine Viertel Million Menschen den Veranstaltungen beiwohnen konnten; 150 000 klingt wahrscheinlicher. Die Sitzordnung richtete sich nach dem Rang der Besucher: Der kaiserliche Balkon (*pulvinar*) stand in direkter Verbindung zum Palast auf dem Palatin, darunter saßen die Senatoren und die untersten Ränge dienten als Stehplätze für das einfache Volk.

Besonders beliebt waren Pferderennen auf der rund 500 m langen Bahn. Die Reiter und Fahrer der vier *factiones*, der Rennställe namens Albata, Russata, Prasina und Veneta, wurden wie moderne Sportstars verehrt, die Zuschauer schmückten sich schon damals in den jeweiligen »Vereinsfarben« Weiß, Rot, Grün und Blau. Neben den Startboxen (*carceri*) und den Wendemarken sind im Osten der Bahn Reste der umgebenden Arkaden, mit Läden und Tavernen, erhalten.

Aventin

Der Aventin im Süden der Stadt fällt steil zum Tiber hin ab. Ehe sich der Name »Aventinus« einbürgerte, hieß der Hügel »Mons Murcus«, benannt nach einem Heiligtum der Murcia. Obwohl schon früh besiedelt, wurde er bis in claudische Zeit nicht von der Grenzlinie der Stadt (Pomerium) umfasst. Es war zunächst Geschäftsviertel und Wohnort von Ausländern und einfachen Leuten (Plebejern). Außer einem Diana-Heiligtum entstand hier ein Tempel zu Ehren der Minerva; von beiden ist außer ihrer Abbildung auf dem Marmorplan nichts mehr erhalten. Überdies wurden viele fremde Kulte auf dem Aventin ausgeübt. In der Kaiserzeit wandelte sich der Hügel mehr und mehr zum bevorzugten Wohnort der Aristokratie, die Plebs wurde ins heutige Testaccio-Viertel bzw. nach Trastevere verdrängt. Während des Alarich-Sturms 410 n. Chr. schwer beschädigt, fand das Viertel bis ins 19. Jh. kaum noch Anklang.

Antiker Hafen. Westlich des Aventin, direkt am Tiber (Lungotevere Testaccio), erstreckte sich einst das Hafenviertel. Große, mehrstöckige Lagerhäuser, in denen sich oben Büros, unten Magazine befanden, prägten das Bild. Das wirtschaftliche Zentrum des antiken Rom war Anfang des 2. Jh.s v. Chr. entstanden, als der alte Hafen am Forum Boarium zu klein geworden war. Von der Porticus Aemilia, einem Tuffbau von 487 m Länge und 60 m Breite, mit 294 Pfeilern, sind Reste auf dem Areal zwischen Via Marmorata und Via Franklin auszumachen. Nachdem der neue Hafen in Ostia zu Beginn des 1. Jh.s n. Chr. fertiggestellt war, wurde der Bau zum Marmorlager degradiert. Das antike Emporium war eine Plattform von rund 500 m Länge und 90 m Breite, mit Rampen und Zugängen zum Fluss; große Travertinblöcke dienten zum Vertäuen der anlegenden Schiffe. Schon im 1. Jh. v. Chr. wurden neue Magazine zugefügt, und mehrere Horrea (Speicherbauten) entstanden.

Mons Testaceus. Der Name dieses urrömischen Stadtviertels, »Testaccio«, geht auf den Mons Testaceus, den »Scherbenberg«, zurück. In der Antike wurden Olivenöl, Wein und andere Lebensmittel in großen dickbauchigen und doppelhenkligen Tongefäßen (Amphoren), verpfropft und mit Wachs versiegelt, transportiert. Ausgrabungen auf dem Hügel erbrachten, dass es sich vor allem um Gefäße aus Spanien und, zu gut einem Zehntel, aus Nordafrika handelte; auf einem Teil der Scherben fanden sich Stempel mit Namens- bzw. Herkunftsangaben. Der Großteil der Gefäße wurde zwischen 140 v. Chr. und der Mitte des 3. Jh.s n. Chr. hier »entsorgt«, denn schließlich ging bei der Warenverteilung am nahen Hafen immer einiges zu Bruch. Nach und nach entstand so ein 30 m hoher Scherbenberg von rund 1,5 km Umfang.

Das Gelände war bereits im 19. Jh. von dem deutschen Archäologen H. Dressel ausgegraben worden; er nahm zugleich eine erste epigraphische Systematisierung vor. Seit 1989 haben Spanier die Erforschung übernommen und herausgefunden, dass die Scherben erst auf einer rechteckigen Plattform, dann auf einem zweiten Plateau im Osten aufgeschüttet wurden und allmählich zu einem Haufen zusammenwuchsen. Die Funde lassen nicht nur Rückschlüsse auf die Herkunft der Waren, sondern auch auf Handelsmengen und die politisch-administrative Organisation während der Kaiserzeit zu. Anhand des Hauptnahrungsmittels Olivenöl konnte sogar eine Schätzung der damaligen Bevölkerungszahl gewagt werden: eine Million.

Porta Ostiensis und Cestius-Pyramide. An der Südspitze des Aventin führt der Vicus Portae Raudusculanae, der vom Circus Maximus herkommt, zur Porta Ostiensis (Aurelianische Mauer) und weiter als Via Ostiens nach Ostia. Gleich neben dem Stadttor wurde ein eindrucksvolles Monument, die Cestius-Pyramide, in die Stadtmauer integriert. Es handelt sich um das Grabmal eines 12 v. Chr. verstorbenen

Cestius-Pyramide

römischen Beamten namens Gaius Cestius Epulonius – Volkstribun, Praetor und Mitglied der Septemviri Epulones, des für Festspiele zuständigen Priesterkollegiums. Es ist 27 m hoch und verkleidet mit Travertin und Marmorplatten; im nicht zugänglichen Inneren verbirgt sich entsprechend ägyptischer Vorbilder eine Grabkammer mit Wandbildern des 3. Pompejanischen Stils. Zwei Inschriften nennen nicht nur den Bauherrn, sondern auch Bauzeit (330 Tage) und Architekten (Lucius Pontius). Eine dritte erwähnt Papst Alexander VII. als Initiator einer Restaurierung im Jahre 1663.

Caracalla-Thermen. Östlich des Aventin-Haupthügels erstreckt sich ein Ausläufer namens »Kleiner Aventin«, wo sich der relativ gut erhaltene und niemals überbaute Komplex der Caracalla-Thermen erhebt. Sie galten einst als die zweitgrößte Badeanlage der Stadt, nach der trajanischen Anlage

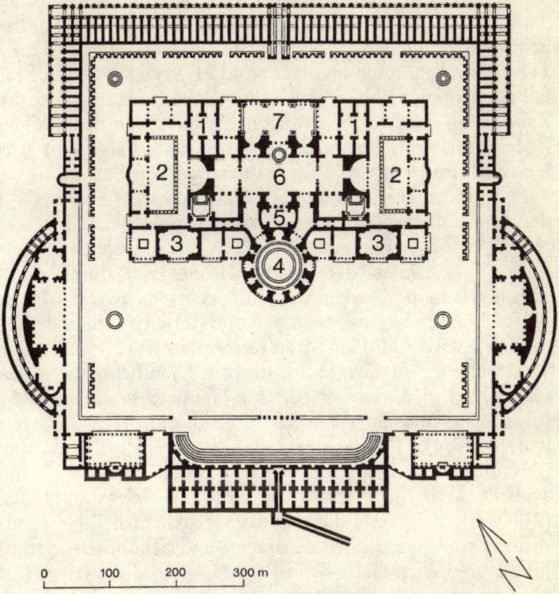

Caracalla-Thermen, Grundriss

1 Apodyterium
2 Palaestra
3 Laconicum
4 Caldarium
5 Tepidarium
6 Frigidarium
7 Natatio

auf dem Esquilin. Dank des reichlich vorhandenen aufgehenden Mauerwerks und der Gewölbereste vermitteln sie jedoch das beste Bild von den gigantischen Ausmaßen und dem Aussehen eines solchen Komplexes. Nach neuesten Erkenntnissen (Ziegelstempel) wurde der Bau unter Caracalla 212 n. Chr. begonnen und war wohl 217 fertig. Bis zum Einfall der Goten, 537, war das Bad in Betrieb, dann sorgte die Zerstörung der Wasserleitungen für ein Ende der antiken Badekultur. Trotz schwerer Erdbeben im 9. Jh. galt die Anlage noch im 16. Jh. als besterhaltener antiker Bau Roms.

Die gigantische Badeanlage stand quasi am Höhepunkt der funktionalen und architektonischen Entwicklung solcher öffentlicher Bauten und wird dem sog. Großen Kaisertypus zugerechnet, der gekennzeichnet war durch einen symmetrischem Doppelring mit repräsentativer Mittelachse. Beidseitig ging es von Apodyterien (Umkleideräumen [1]) vorbei an Palaestren (Sportplätzen [2]) und durch verschiedene Aufwärmräume und ein Laconicum (Schwitzbad [3]) zu den vier entlang der Hauptachse aufeinanderfolgenden repräsentativen Sälen: Caldarium (Warmwasserbaderaum [4]), Tepidarium (Lauwarmbad [5]), Frigidarium (Abkühlraum [6]) – hier auch Basilika genannt – und schließlich in die Natatio oder Piscina (Schwimmbecken [7]). Weitere Räume, die wie die meisten nicht klar zuzuordnen sind, werden zu Massagen und Schönheitsbehandlungen, als Wirtschafts- und Ruheräume gedient haben.

Die gesamte Anlage erstreckte sich über eine Fläche von rund 330 × 330 m, wobei die Thermenbauten selbst etwa 220 × 114 m maßen. Das Caldarium wies einen Durchmesser von 35 m auf und wurde in der Größe noch übertroffen von dem Zentralsaal (Basilika) mit 58 × 24 m. Dieser erhebt sich über kreuzförmigem Grundriss und schließt an die überdachte Natatio an. Neben einem großen Sportplatz mit Tribünen und einer Gartenanlage mit Sonnenterrasse für fast 3000 Besucher befanden sich auf dem Areal Vortragssäle, Bibliotheken, Gaststätten, Läden, Unterkünfte, Zisternen und Verwaltungbauten.

Trans Tiberim (Trastevere), Ager Vaticanus und Mausoleum Hadriani

Die letzte der 14 augusteischen Regionen bildeten die Tiberinsel und die Viertel am linken Tiberufer – Trans Tiberim – vom heutigen Trastevere über den Gianicolo bis hin zum Vatikan. In Trastevere bzw. den Niederungen des Tiber siedelten sich vor allem einfache Leute an, freigelassene Sklaven, Handwerker, Hafenarbeiter und Fischer, während an den Hängen des Gianicolo im Westen sich auch die Oberschicht wohlfühlte. Dort entstanden prunkvolle Villen und Gartenanlagen; Caesar empfing in seinem Domizil z. B. Kleopatra. Berühmt wurde das Viertel später wegen der Naumachia Augusti, einem riesigen künstlichen See für nachgestellte Seeschlachten, der an der Stelle von Caesars Gärten von Augustus angelegt worden war. Da diese »Regio XIV« ab dem Mittelalter dicht besiedelt war, ist vom antiken Bestand von Trans Tiberim kaum mehr etwas erhalten.

Ager Vaticanus. Den Großteil des Gebiets des späteren Vatikans bedeckten lange Zeit zwei große Parks: die Horti der Agrippina und der Domitia. Straßen durchzogen, von Gräbern gesäumt, das stets außerhalb der Stadt gelegene Areal, das seit der Kaiserzeit mit den Landsitzen der Herrscher bebaut war. So fand man unter dem Krankenhaus S. Spirito Reste der Villa der Agrippina. An der linken Seite des Petersdoms lag einst der große Circus des Caligula und unter der Kirche fanden sich Gräber reicher Freigelassener aus dem 2. Jh. n. Chr.

Mausoleum Hadriani. Vom Circus des Caligula führte die Via Cornelia zum Mausoleum Hadriani, »Engelsburg« genannt. Um 130 n. Chr. ließ Hadrian seine Begräbnisstätte errichten und gleich eine Brücke, die damals noch »Pons Aelius« hieß, dazubauen, von der heute nur noch die drei

Engelsburg mit Brücke

Mittelarkaden original erhalten sind. Als Vorbild diente das Augustus-Mausoleum, in dem als letzter Kaiser Nerva bestattet worden war. Nachdem Trajan im Sockel der Trajanssäule seine letzte Ruhe gefunden hatte, diente bis Septimius Severus die Engelsburg als kaiserliche Grabstätte. Ursprünglich »Hadrianum« genannt, änderte Papst Gregor I. im Jahr 590, angeblich nach einer Erscheinung des Erzengels Michael, der das Pestende verkündet hatte, den Namen in »Castel Sant'Angelo«. Nach einigen Umbauten bezog Kaiser Aurelianus im späten 3. Jh. das Mausoleum in die Befestigungsanlage mit ein und funktionierte sie zum Brückenkopf um. Im 5. Jh. nutzten die Goten die Burg erstmals als militärischen Stützpunkt; nachdem der Bau im 10. Jh. in päpstlichen Besitz übergegangen war, diente sie als Festung und Gefängnis.

Über einem 15 m hohen quadratischen Ziegelsockel erhebt sich ein Zylinder von 64 m Durchmesser und 21 m

Höhe aus Travertin bzw. Marmor. Einst bildete ein Rundtempel mit einer Bronze-Quadriga des Kaisers Hadrian als Helios den oberen Abschluss. Papst Alexander VI. zeichnet maßgeblich für das heutige Aussehen der Festungsanlage mit Mauerring, Zinnen und Eckbastionen verantwortlich. Über dem Zylinder entstanden päpstliche Apartments, mit einer Loggia zum Tiber hin. Sie können ebenso wie die antike Grabkammer, in der zwar keine Urnen, doch Teile des originalen Fußbodenmosaiks erhalten sind, besichtigt werden.

Via Appia Antica

Die Via Appia Antica begann einst an der Porta Capena, Teil der republikanischen Stadtmauer, im Südosten des Circus Maximus (Reste an der Piazza di Porta Capena). Vorbei an den Caracalla-Thermen und den Scipionen-Gräbern verließ die bedeutendste antike Überlandstraße, »Regina Viarum« (Königin der Straßen) genannt, hinter der Porta San Sebastiano die ummauerte Stadt. Ihren Namen erhielt sie von dem Censor, der sie 312 v. Chr. erbauen ließ: Appius Claudius Caecus.

Der erste Abschnitt reichte bis Terracina (etwa 90 km), von dort weiter nach Fondi; danach stieg sie nach Formia und Monturno an, vorbei an Sinuessa (Mondragone), Casilinum (Capua) und Volturno, um schließlich in Capua zu enden. Für die 195 km Gesamtstrecke brauchte man in der Antike fünf bis sechs Tage. Später wurde die Straße erst bis Benevent, dann bis Brindisi verlängert; für die somit rund 550 km waren knapp 14 Tage zu veranschlagen. Die Hauptstraße war hervorragend gepflastert und mit ihren über 4 m Breite – fünf Legionäre konnten bequem nebeneinander marschieren bzw. zwei Wagen passieren – ungewöhnlich komfortabel. Außerdem gab es zwei je etwa 1,5 m breite Fußwege aus gestampfter Erde, von einem Steinband eingefasst. Etwa alle zehn Meilen standen Stationen für Pferdewechsel und Versorgung.

Via Appia. Reste der antiken Pflasterung

Kaum war die Via Appia fertiggestellt, entstanden an ihr, wie auch an anderen wichtigen Ausfallstraßen, einerseits Villen, andererseits Gräber. Im Laufe der Zeit wurden die Grabmonumente und -bauten immer aufwendiger und größer; es bildeten sich drei Haupttypen von Gräbern heraus: 1. Hypogäen – unterirdische Gemeinschaftsanlagen, in denen in vorchristlicher Zeit Feuerbestattungen stattfanden, und die sich allmählich labyrinthisch und auf mehreren Ebenen ausdehnten; 2. überirdische einzeln stehende Grabbauten wie Rundtempelchen (Tholoi), kleine Rechtecktempel (Aedikulen) und Grabhügel (Tumuli) sowie 3. große, aufwendig gestaltete Grabmonumente wie jenes der Cecilia Metella.

Abschnitt bis zur Porta San Sebastiano. Bedeutendstes Bauwerk im ersten Abschnitt der Via Appia, noch innerhalb der Aurelianischen Stadtmauer, sind das Sepolcro degli Scipioni [1] und das Colombario di Pomponio Hylas. Die Scipionengräber wurden bereits im 17. und 18. Jh. wissenschaftlich untersucht und unlängst renoviert. Die monumentale Grabanlage mit tempelartiger Fassade liegt unter einer Villa aus dem 3. Jh. n. Chr. und diente schon in republikanischer Zeit als Grablege der angesehenen und einflussreichen Scipionen-Familie. Die Figuren in den Nischen der Fassade erlauben eine Datierung zwischen dem 3. Jh. (Bauzeit) und dem 1. Jh. v. Chr. (Bestattungsende). Im quadratischen Hauptraum mit vier Mittelstützen befinden sich die Sarkophage, darunter derjenige von L. Cornelius Scipio Barbatus (Großvater des Feldherrn Scipio Africanus), von dem die Anlage möglicherweise begründet wurde.

Im Columbarium des Pomponius Hylas, oberhalb der Scipionengräber in den Orti degli Scipioni gelegen, gibt ein Mosaik mit der Inschrift »Cn. Pomponi Hylea et Pomponiae Cn. L[ibertae] Vitalinis« Aufschluss über das Stifterehepaar. In dieser Grabanlage aus augusteischer Zeit waren die Urnen in taubenschlagartigen Nischen aufgestellt. Den rechteckigen in die Felswand eingehauen Colombariumsraum schmückten reichlich Stuck sowie farbkräftige Malereien. Bevor die Via Appia die Aurelianische Stadtmauer durchquert, passiert sie den Bogen des Drusus direkt vor der Porta S. Sebastiano.

Abschnitt bis zu den San Callisto-Katakomben. Direkt außerhalb des Tors befinden sich Reste eines Mars-Heiligtums, spärliche Überreste von Gräbern vom 1. Jh. v. bis zum 2. Jh. n. Chr. und die Kopie des ersten Meilensteins [2] der Via Appia (Original an der Balustrade der Piazza del Campidoglio). Alle 1000 Doppelschritte – einer römischen Meile oder rund 1,5 km entsprechend – waren Meilensteine aufgestellt. Ein Stück weiter wurden die Reste des Grabes des Geta [3] aufgedeckt. Dort, wo sich Via Appia Antica und Via Ardeatina gabeln, liegt die Kirche Domine Quo

Vadis (S. Maria in Palmis, um 1620) [4]. Nach einer Legende soll hier Petrus auf der Flucht aus dem Kerker Christus begegnet sein und auf die Frage »Herr, wohin gehst du?« die Antwort »Mich ein zweites Mal kreuzigen lassen!« (Venio iterum crucifigi!) erhalten haben. Daraufhin kehrte Petrus um und erlitt den Märtyrertod. Gegenüber der Kirche verbirgt sich der Zementkern eines zylindrischen Grabs mit kleinem mittelalterlichen Turm, das Sepolcro di Priscilla [5], Gemahlin eines reichen Freigelassenen domitianischer Zeit.

Über 70 Katakomben soll es in und um Rom geben, darunter auch drei jüdische; nur wenige sind öffentlich zugänglich. Sie waren keine Erfindung der Christen und dienten auch nicht als deren Zufluchts- oder heimliche Versammlungsorte. Während der Zeit der Verfolgung war es ohnehin sicherer, in Privathäusern zusammenzukommen als in den der Obrigkeit bekannten Katakomben. Diese dienten vielmehr als Begräbnisstätten, Kultorte der Märtyrer-Verehrung und Gebetsräume. Schon seit etruskischer Zeit waren Grabanlagen in vulkanischen Tuffstein geschlagen und ganze unterirdische Totenstädte angelegt worden.

Die meisten römischen Katakomben entstanden ab der Mitte des 2. Jh.s n. Chr. als Begräbnisplätze christlicher oder jüdischer Römer, auf Privatgrund, den reiche Christen oder später christliche Gemeinden stifteten. Diese Ruhestätten

---

Via Appia Antica, Gesamtplan (I)

1 Sepolcro degli Scipioni
2 Kopie des ersten Meilensteins
3 Grab des Geta
4 Domine Quo Vadis
5 Sepolcro di Priscilla
6 Domitilla-Katakombe
7 Calixtus-Katakombe
8 Sant' Urbano alla Caffarella
9 San Sebastiano ad Catacumbas
10 Tomba di Romolo
11 Circus des Maxentius
12 Villa des Maxentius
13 Grabmal der Cecilia Metella
14 Torre di Capo di Bove

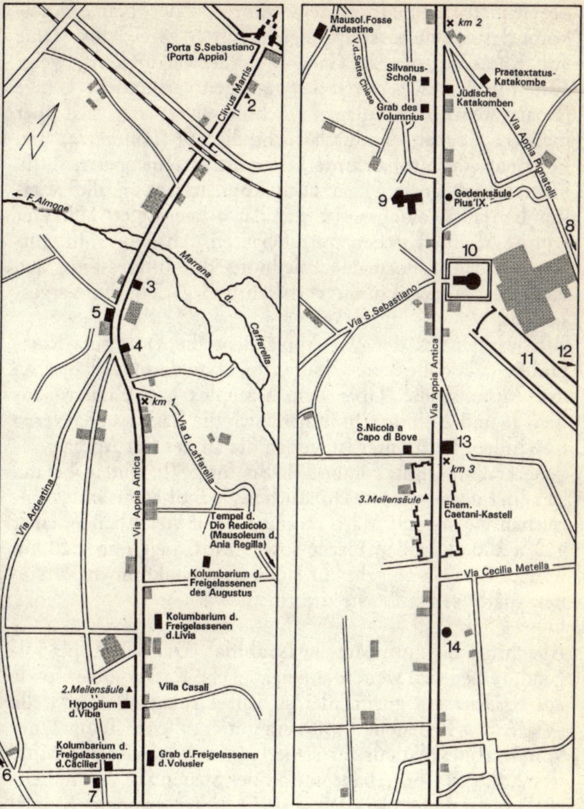

Porta S.Sebastiano (Porta Appia)
Clivus Martis
F.Almone
Marrana d. Caffarella
Via d. Caffarella
km 1
Via Ardeatina
Via Appia Antica
Tempel d. Dio Redicolo (Mausoleum d. Ania Regilla)
Kolumbarium d. Freigelassenen des Augustus
Kolumbarium d. Freigelassenen d.Livia
2.Meilensäule
Villa Casali
Hypogäum d.Vibia
Kolumbarium d. Freigelassenen d.Cäcilier
Grab d.Freigelassenen d.Volusier
1
2
3
4
5
6
7
Mausol.Fosse Ardeatine
V.d.Sette Chiese
Silvanus-Schola
Grab des Volumnius
km 2
Praetextatus-Katakombe
Jüdische Katakomben
Via Appia Pignatelli
Gedenksäule Pius'IX.
Via S.Sebastiano
Via Appia Antica
S.Nicola a Capo di Bove
km 3
3.Meilensäule
Ehem. Caetani-Kastell
Via Cecilia Metella
8
9
10
11
12
13
14

bezeichnete man als »Coemetrium« – der Name Katakombe ist modern. Ursprünglich gab es zwei Bausysteme von Katakomben: Ein Gang mit Verzweigungen (Zweigsystem) oder zwei durch Seitengängen verbundene Gänge (Rostsystem). Die Anlagen wuchsen, erstreckten sich über mehrere Ebenen, wodurch Lichtschächte (*luminaria*) und Personal (*fossores*) erforderlich wurden. Im späten 4. Jh. lockten die Päpste Pilger nach Rom, indem sie die Katakomben als Wallfahrtsorte der darin beerdigten Märtyrer anpriesen und Kirchen darauf bauten. Ab dem 5. Jh. entstanden dann »normale« Friedhöfe, das Interesse an den Katakomben erlosch. Sie verfielen und gerieten in Vergessenheit.

Etwas abseits der Via Appia liegt die Domitilla-Katakombe (Via delle Sette Chiese) [6], erste dieser Anlagen an der Ausfallstraße. Über dem Komplex mit Gräbern aus dem 1. und 2. Jh. n. Chr. erhebt sich die Basilika SS. Nereo e Achilleo. Berühmter ist jedoch die an der Via Appia gelegene Calixtus-Katakombe [7]. Bis ins 5. Jh. hinein befand sich hier der wichtigste christliche Friedhof Roms, mit zahlreichen Papst- und Märtyrergräbern auf vier Ebenen, einer 400 × 300 m großen Fläche sowie mit Gängen über 20 km Länge. Der Name geht auf einen der Katakomben-Vorsteher, später selbst Papst, zurück.

Abschnitt bis zum Metella-Grabmal. Der Via Appia folgend, reihen sich weitere unzugängliche Katakomben sowie antike Überreste aneinander, so Sant' Urbano alla Caffarella (Via Appia Pignatelli, 1) [8], ein gut erhaltener Tempel, der von Herodes Atticus für seine Gattin Annia Regilla Mitte des 2. Jh.s n. Chr. erbaut und in der Spätantike in eine Kirche umgewandelt worden war. Dahinter erinnern Ruinen an die Villa Rustica, das Landhaus des Herodes Atticus – im 19. Jh. beliebtes Ausflugsziel der Deutschrömer. S. Sebastiano ad Catacumbas (Via Appia Antica, 136) [9] ist eine der sieben Pilgerkirchen Roms und stammt aus dem frühen

4. Jh., damals »Basilica Apostolorum« genannt, da hier angeblich die Gebeine der Apostel Peter und Paul aufbewahrt wurden. Vom rechten Seitenschiff der Kirche geht es hinab in die gut erhaltene Catacombe di Sebastiano, die als einzige der römischen Katakomben immer zugänglich gewesen ist. Sie erstreckt sich über vier Etagen, birgt drei frühchristliche Grabbauten, die zu den besterhaltenen Roms gehören und ins 1. Jh. n. Chr. datieren.

Nächstes Monument ist die Tomba di Romolo [10], 309 n. Chr. für den Sohn des Kaiser Maxentius als überkuppelte Rotunde mit quadratischem Pronaos (vgl. Pantheon) errichtet. Zusammen mit diesem Bau entstand der angrenzende Circus des Maxentius [11], eine Rennbahn (520 × 92 m) für fast 18 000 Zuschauer. An der Schmalseite standen zwei halbzylindrische Türme mit zwölf Startboxen, die Arena wurde durch eine *spina* (Wendemarke) in zwei Bahnen geteilt, die siebenmal im Gegenuhrzeigersinn umrundet werden mussten. Hinter der Rennbahn breitete sich ab 309 die Villa des Maxentius [12] aus, von der jedoch nur spärliche Reste der mächtigen Substruktionen erhalten sind.

Schon von weitem erkennbar ist das Grabmal der Cecilia Metella [13]. Cecilia war die Tochter des Quintus Metellus Creticus und Frau des Crassus, Geldgeber und Mitstreiter Caesars. Sie wurde standesgemäß in einem monumentalen, um 50 v. Chr. erbauten Grabmal, das vom Typus her dem Augustus-Mausoleum gleicht, beigesetzt. Über einem quadratischen, travertinverkleideten, 8 m hohen Sockel mit marmornem Relieffries und überkuppelter Grabkammer im Innern erhebt sich ein 11 m hoher Zylinder. Den oberen Bauabschluss, über einem Fries mit Bukranien (nachgebildeten Tierschädeln) und Girlanden, bildete ursprünglich ein konischer Erdhügel. Der jetzt sichtbare Zinnenkranz ist eine mittelalterliche Hinzufügung aus dem frühen 14. Jh., als das Grabmal als Hauptturm in eine Festungsanlage der Conti di Tuscolo einbezogen wurde.

Grabmal der Metella

Abschnitt bis zum Casal Rotondo. Nach dem Grabmal der Cecilia Metella beginnt der eigentlich malerische, an Tischbeins *Campagna*-Landschaft erinnernde Abschnitt der Via Appia, üppig begrünt und mit lose verteilten Ruinen und Denkmälern, vor allem einfacheren antiken Grabmonumenten. Auch Reste der antiken Straßenpflasterung sind erhalten, z. B. an der Kreuzung Via Appia / Via Cecilia Metella. Es folgen Überreste des Torre di Capo di Bove [14], eines turmartigen Grabbaus, und zweier weiterer Rundbauten. Weitere interessante Grabdenkmäler sind die Grabtafel des Gnaeus Baebius Tamphilus, die Stele eines nackten Jünglings, das fragmentarische Grabmonument des Servilius – 1808 von dem Bildhauer Canova am Fundort gesichert – oder das Grab des Seneca [15].

Nach dem vierten Meilenstein der Via Appia folgt das Grabmal der Söhne des Sextus Pompeius [16], mit Inschrift und modernem Pfeiler. Die Reste eines nahe gelegenen Podiumstempels [17] werden dem Jupiter zugeschrieben. Schräg gegenüber: das Grab des hl. Urban [18], eine Ziegel-Ädikula mit Freitreppe, die im Mittelalter in einen Turmbau integriert wurde. Im folgenden Abschnitt befinden sich zahlreiche gut erhaltene, jüngst neu renovierte oder durch moderne Kopien ersetzte Grabmäler, wie das der Licinier, das des Hilarius Fuscus [19] aus antoninischer Zeit mit fünf Büsten, jenes des Tiberius Claudius Secundinus [20] oder das Grab des Quintus Apuleius (Inschrift) sowie das der Rabirier [21] aus dem 1. Jh. n. Chr. mit der Büste einer Isis-Priesterin.

Nach der Kreuzung mit der Via Erode Attico / Torcarbone reihen sich ein Turmgrab, die Tomba dei Festoni [22] – in Ädikulaform mit Reliefkopien und vier Büsten – und Reste einer Quadriporticus aneinander. Es folgen schlecht identifizierbare Grabreste, dann wieder größere Denkmäler, vor allem Tumuli (Rundbauten) und Türme. Nach dem fünften Meilenstein macht die Via Appia eine leichte Linkskurve. Dem Grabmal der Curiatii [23] folgen weitere Tumuli, die sich wohl alle bereits vor dem Bau der Straße hier befanden, da diese auf sie Rücksicht nimmt. Das Kuratier-Grabmal stammt ursprünglich wohl aus dem 4. Jh. v. Chr. Schräg gegenüber sind nach der mittelalterlicher Kirche S. Maria Nova [24] Reste eines pyramidalen Grabmals erkennbar und ein paar Schritte weiter der Tumulus der Horatier [25], ein in augusteischer Zeit entstandenes Erinnerungsmal an die legendäre Schlacht zwischen Kuriatiern und Horatiern im 7. Jh. v. Chr.

Gegenüber befindet sich die Villa der Quintilier [26], eine aufwendig gestaltete Villa Suburbana von gigantischen Ausmaßen, um 130 n. Chr. begonnen und seit kurzem für Besucher zugänglich. Zum Komplex gehörten neben einem Nymphäum auch ein Hippodrom, der sog. Pfeilersaal (Zisterne), ein langrechteckiges ummauertes Areal mit Wirtschaftsgebäude (nicht ausgegraben), Reste des Wohntraktes und einer Thermenanlage. Es soll sich um die größte suburbane Villa im Umfeld von Rom gehandelt haben. Sie gehörte zwei Brüdern, die Kaiser Commodus um 182 n. Chr. ermorden ließ.

»Casal Rotondo« [27] nennt man schließlich ein Mausoleum aus augusteischer Zeit, möglicherweise das Grab des Messala Corvinus, Konsul von 31 v. Chr., in der Nähe des sechsten Meilensteins. Eine Fortsetzung des Weges ist bis zum Ort Frattocchie möglich, ehe die alte Straße in die moderne übergeht.

Via Appia Antica, Gesamtplan (II)

15 Grab des Seneca
16 Grabmal der Söhne des Sextus Pompeius
17 Podiumstempel des Jupiter
18 Grab des hl. Urban
19 Grabmal des Hilarius Fuscus
20 Grabmal des Tiberius Claudius Secundinus
21 Grab der Rabirier
22 Tomba dei Festoni
23 Grabmal der Curiatii
24 Kirche S. Maria Nova
25 Tumulus der Horatier
26 Villa der Quintilier
27 »Casal Rotondo«

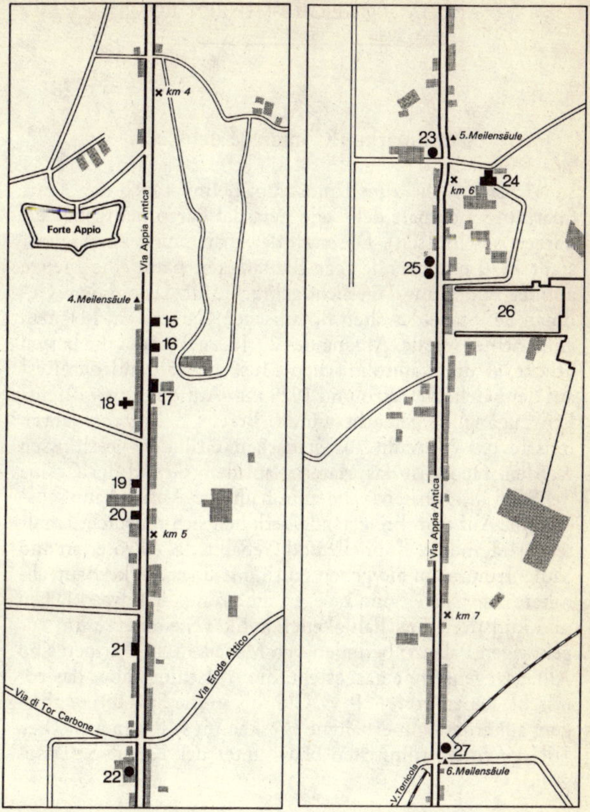
km 4
Forte Appio
Via Appia Antica
4.Meilensäule
15
16
17
18
19
20
km 5
21
Via Erode Attico
Via di Tor Carbone
22
23
5.Meilensäule
24
km 6
25
26
Via Appia Antica
km 7
27
V. Torricola
6.Meilensäule

Antiquarium Comunale del Celio

In nächster Nähe zum Kolosseum befindet sich das Antiquarium Comunale del Celio (Via del Parco del Celio, 22; derzeit geschlossen). Die nach der Ernennung zur Hauptstadt 1870 einsetzende rege Bautätigkeit hatte eine Menge antiker Funde ans Tageslicht gebracht, für das auf dem Celio an der Stelle des alten Botanischen Gartens ein Magazin eingerichtet wurde. Anfang des 20. Jh.s gelangten die besten Stücke in die Kapitolinischen Museen, während der Rest auf dem Celio verblieb und 1929 im »Antiquarium« öffentlich zugänglich gemacht wurde. Bereits nach zehn Jahren musste das Museum aus statischen Gründen geschlossen werden. Heute ist das Material auf dem Grund der Casina del Salvi in nächster Nähe zum früheren Antiquarium ausgestellt. Auf dem Freigelände befinden sich reichlich Architekturfragmente, Kapitelle und Gebälkteile, Akroterien und Säulentrommeln. Sie geben Auskunft über antike Bautechniken, Steinsorten und belegen die großen handwerklichen und künstlerischen Fähigkeiten antiker Steinmetze. Im zugehörigen Palazzo befinden sich Mosaiken, in Vitrinen sind Alltagsgegenstände ausgestellt, die Aufschluss über das römische Leben vom 6. Jh. v. Chr. bis in die Spätantike ablegen, außerdem gut erhaltene Fresken im 4. Pompejanischen Stil aus einem römischen Haus unter der Kirche S. Crisogono.

Antiquarium Forense

An der südöstlichen Seite des Forum Romanum befindet sich nahe dem Titus-Bogen-Zugang das Kloster S. Francesca Romana (S. Maria Nova), in dem sich einerseits Büros der Soprintendenza di Roma befinden, andererseits das Antiquarium Forense (Piazza S. Maria Nova, 53). Es war Anfang des 20. Jh.s von Giacomo Boni gegründet worden und birgt vor allem die vor- und frühgeschichtlichen Funde aus dem Forum Romanum sowie Architektur- und Skulpturenfragmente, darunter die Reste des berühmten Frieses der Basilica Aemilia und eine sehenswerte Asklepiosstatue aus dem Lacus Jucturnae.

In vier Sälen des Erdgeschosses sind Funde aus verschiedenen Grabungen auf dem Forum, vor allem aus Gräbern des 9. und 8. Jh.s v. Chr. und Kinderbestattungen (7. Jh. v. Chr.) ausgestellt. Von frühen Grabungen neben dem Vesta-Tempel stammen Tierknochen und Haushaltsgegenstände des 9. bis 7. Jh.s, zudem sind Grabbeigaben und Skelette aus archaischer Zeit aus dem Umkreis des Equus Domitiani zu sehen. Im ehemaligen Klosterhof sind eine Reihe von Architekturfragmenten verschiedener Forumsbauten sowie Inschriften und Statuenfragmente aufgestellt. Der Fries der Basilica Aemilia zeigt Darstellungen aus der römischen Geschichte, etwa den Raub der Sabinerinnen, die Bestrafung der Tarpeia oder die Stadtgründung. Die Reste des in das zweite Viertel des 1. Jh.s v. Chr. zu datierenden Frieses befinden sich im Obergeschoss (Saal VIII), sind allerdings nur auf Anmeldung zu besichtigen. Meist frei zugänglich ist hingegen die Galerie mit Architektur- und Skulpturenfragmenten.

Antiquarium Palatino

Das Antiquarium Palatino (Via di S. Gregorio, 30) steht auf den antiken Fundamenten der Domus Flavia und der Domus Augustana. Auf den Ruinen des domitianischen Palasts hatte zu Beginn des 19. Jh.s der Schotte Charles Mills seine Villa erbaut, in deren unmittelbarer Nähe war 1868 ein Kloster entstanden. 1906 aufgegeben und bis 1927 teilweise abgetragen, blieb von beiden nur noch ein Flügelbau übrig, in dem sich heute das Antiquarium Palatino befindet. Es birgt Funde aus den Grabungen auf dem Palatin, die alle Besiedelungsstufen des Hügels abdecken.

Im Untergeschoss sind Fundamentreste der kaiserzeitlichen Villenanlage (von Domus Aurea und flavischem Bau) erhalten, darüber hinaus widmen sich die Säle I–IV der frührömischen Besiedelung auf dem Palatin, besonders dem als »Germalus« bezeichneten Teil des Hügels. Während in Saal I die Zeit vom Palaeolithikum bis zur Bronzezeit im Zentrum steht, widmen sich die Säle II und III dem Zeitraum vom 10. bis 7. Jh. v. Chr., mit einem Modell der typischen eisenzeitlichen Laubhütten und Begräbnisstätten. Interessant ist in diesen drei Sälen besonders die Darstellung der Stratigraphie der Palatin-Ausgrabungen (8. Jh. – 200 v. Chr.). Eine ähnliche stratigraphische Darstellung ist in Saal IV für das 6.–3. Jh. v. Chr. zu sehen, außerdem Funde aus archaischer und republikanischer Zeit (6.–1. Jh. v. Chr.) aus Heiligtümern und Privathäusern.

Im Obergeschoss fallen zunächst die Skulpturen (griechische Originale und römische Kopien) ins Auge, die einst zur Ausstattung verschiedener Villen und Palazzi auf dem Palatin gehörten. In der langen Galerie (Saal IX) befinden sich hauptsächlich römische Kopien berühmter griechischer, meist klassischer Originale, wie die sog. *Charis* vom Palatin – eine Umbildung der Aphrodite des Typus Louvre-Neapel –, ein Diomedes-Torso, eine Hermesstatue, zwei Musen-Figuren (u. a. Typus Dresden-Zagabria), eine qualitätvolle Kopie der *Hera Borghese* oder ein Dionysos-Knabe, der zu der spätklassischen Figurengruppe des *Hermes mit Dionysoskind* (vgl. Kopie in München, Glyptothek) gehörte. Ein sitzendes Kind aus julisch-claudischer Zeit, der sog. *Schwänzchenhascher*, ein Satyr nach einem Vorbild des späten 3. Jh.s v. Chr., eine Aura und die verkleinerte Statue eines Gottes gehören ebenfalls dazu. Von verschiedenen Gottheiten, polykletischen Jünglingen und Göttinnen bzw. Frauen sind nur noch die Köpfe erhalten, z. B. vom *Doryphoros*, *Hermes Pitti* oder von der *Hygieia Hope*, der *Knidia*, dem *Apollon Sauroktonos* oder *Apollon Anzio*. Außerdem befindet sich hier das Dreifigurenrelief mit Hermes, Eurydike und dem nicht mehr vorhandenen Orpheus nach phidiasischem Vorbild (430/420).

Im Saal V wird die augusteische Zeit, 29 v. – 14 n. Chr., einerseits durch dekorative Bauteile, andererseits durch rundplastische Werke vertreten. Dazu gehören ein Hermes mit julisch-claudischem Porträtkopf, weibliche Bronzehermen aus schwarzem Marmor oder ein Ephebe (Jüngling) aus schwarzem Basalt. Sehenswert sind die berühmten Campana-Reliefs, polychrom bemalte Terrakottaplatten für einen Tempelfries. Im Mittelpunkt von Saal VI (neronische Zeit, 54–68 n. Chr.) stehen die aus der Domus Transitoria stammenden Dekorationen, v. a. Wandmalerei. In Saal VII befindet sich ein mehrteiliger Fries aus Marmorintarsien, einerseits figürlich, andererseits ornamental, 60 cm hoch, 150 cm lang. In diesem und im folgenden Saal sind offizielle Bildniskunst und Palastdekorationen von julisch-claudischer bis zur Tetrarchenzeit ausgestellt, vor allem Porträts: Hadrian, Nero (einmal als Jüngling, einmal als Herrscher), Agrippina Minor, eine Büste von Antoninus Pius sowie die Büste eines Philosophen aus der Zeit Mark Aurels, das Porträt eines Mädchens, wohl einer Prinzessin (Tochter der Faustina Minor?), ein Kopf des Mark Aurel, der Julia Domna, des Balbinus u. a. sind hier ebenso zu finden wie Bauschmuck vom Kaiserpalast, Architravfragmente mit Putten und Akanthus, Basisreliefs, ein Altar und das Fragment eines kolossalen Flussgottes.

Museo dell'Arte Classica und Museo degli Origine

Das Museo dell'Arte Classica (Università degli studi La Sapienza, Zugang: Piazzale Aldo Moro) basiert auf der Lehrsammlung des Lehrstuhls für Klassische Archäologie, 1892 im Stadtviertel Testaccio von Emanuel Löwy gegründet. Den Kern bildet eine umfangreiche Gipsabguss-Sammlung antiker Plastik, von der viele Stücke einer Ausstellung entstammen, die Rodolfo Lanciani 1911 organisierte und in der die Akropolisfunde in Abgüssen ausgestellt waren. 1925 öffnete die Sammlung in der Opera di San Michele ihre Pforten, zehn Jahre später gelangte sie an ihren gegenwärtigen Standort. Die Gipsoteca mit ihren mehr als 1000 Stücken gibt einen hervorragenden Überblick über die Entwicklung der antiken griechischen Plastik von der Archaik bis zum Späthellenismus. Sonderausstellungen präsentieren die Ergebnisse der vom Lehrstuhl durchgeführten Ausgrabungen in Rom, Latium, Italien und im Mittelmeerraum.

Im gleichen Bau befindet sich das 1930 gegründete Museo degli Origine, 1962 der Öffentlichkeit zugänglich gemacht, kürzlich umstrukturiert und didaktisch verbessert. Es birgt Fundstücke zur Vor- und Frühgeschichte, vor allem aus Süditalien. Originale sind ergänzt durch Abgüsse; Erläuterungstafeln wie audiovisuelle Medien tragen zu einer besseren Einordnung der Funde bei. Dazu gehören vor allem Funde aus dem Neolithikum – z. B. Keramik aus Apulien und Lukanien mit Graffito-Dekor, schwarze reliefierte Vasen (*bucchero*) aus Ponte S. Pietro, ein Askos aus Paestum (Süditalien) sowie Waffen und andere Grabbeigaben. Rekonstruiert wurde ein originalgroßes Grottengrab aus

Recanati, komplett mit Skelett und Grabbeigaben, außerdem sind weitere Ausgrabungsfunde aus Sizilien und Sardinien zu sehen. Der Bronzezeit zuzuordnen sind Funde aus einer Pfahlbautensiedlung von Ledro, darunter auch seltene Holzobjekte, von Ausgrabungen in Filottrano und den Falischen Höhlen sowie aus dem süditalienischen Manaccore in Gargano. Die eisenzeitlichen Kulturen von Este, Piceno und Etrurien sind ebenfalls mit Ausstellungsstücken vertreten.

Museo Barracco

Das Museo Barracco di Scultura Antica (Corso Vittorio Emanuele II., 168) geht zurück auf eine Ende des 19. Jh.s von Baron Giovanni Barracco in seinem Privathaus zusammengetragene hochkarätige Sammlung, die unter der Aufsicht bekannter Archäologen, Wolfgang Helbig und Ludwig Pollak, angelegt worden war. Schon 1902 der Stadt Rom vermacht, zog man erst 1947 an den heutigen Ort am Corso, den Palazzetto Le Roy, auch »Piccola Farnesina« genannt, um. Lange Zeit war die Sammlung nicht zugänglich, erst in den 1980er-Jahren begann man mit umfassenden Renovierungsarbeiten, die 1991 beendet wurden.

Da es Ziel des Sammlers war, eine möglichst breite Palette an Studienobjekten zu schaffen, ist das Gebotene vielseitig und setzt sich aus ägyptischen, assyrischen, zypriotischen, griechischen, etruskischen und römischen Fundstücken zusammen. Besonders sehenswert sind die zahlreichen römischen Kopien griechischer Meisterwerke berühmter Künstler wie Myron, Lysipp, Phidias oder Polyklet.

Im Atrium und im Bereich der Freitreppe sind Skulpturen aus verschiedenen Epochen (u. a. eine ägyptische Sphinx und ein christlicher Sarkophag des 4. Jh.s n. Chr.) zu sehen, im Erdgeschoss befinden sich neben Verwaltung und Ticketschalter eine Bibliothek, in der griechische Antiken aufgestellt sind (auf Anfrage zu besichtigen), sowie ein Saal für Sonderausstellungen.

Interessanter wird es im ersten Stock: Im Saal I befindet sich ägyptische Kunst chronologisch geordnet vom Alten Reich bis zur römischen Machtübernahme 30 v. Chr., u. a. ein Porträt Ramses II. und ein Basaltlöwe, während in Saal II sumerische und assyrische Kunst, u. a. assyrische Reliefs des 7. Jh.s v. Chr., eine Bes-Statuette, eine Stele der Nefer (1. Hälfte der 4. Dynastie, aus Gizeh), eine Kalksteinplatte mit Totenmahlszene und Inschriftenresten, eine weibliche Sphinx (Hatschepsut?, in Rom gefunden), ein Löwenkopf aus Holz (19. Dynastie) sowie eine Wasseruhr aus Basalt aus ptolemäischer Zeit, wahrscheinlich aus Alexandria (in Rom gefunden) ausgestellt sind. Porträtköpfe verschiedener Herkunft – darunter ein schöner weiblicher Kopf aus Bolsena, der skopadischen Einfluss zeigt –, (griechisch-)phönikische Skulpturen (v. a. 5. Jh. v. Chr.) sowie etruskische Funde beherbergt Saal III, Saal IV dagegen die zyprische Sammlung (6./5. Jh. v. Chr.), z. B. Weihestatuen, Götterbildnisse, eine Tamburin-Spielerin. Wichtigstes Stück ist eine Quadriga, entweder Grabbeigabe oder Weihegabe, teilweise mit Originalbemalung, aus einem der vier Gräber von Amatunte in Zypern.

Im zweiten Stock befinden sich im Saal V römische Kopien von griechischen Originalen des 5. Jh.s von bedeutenden griechischen Bildhauern, so zwei Kopfrepliken des *Doryphoros* des Polyklet, des sog. *Westmacott'schen Epheben* (gestiftet in Olympia), zwei Köpfe des *Diadumenos*, ein einschenkender Ephebe und der *Narkissos* des Polyklet, eine Replik der *Sitzenden Aphrodite* und eine Kopfreplik des *Kassler Apollon* (beide von Phidias), eine in hadrianischer Zeit entstandene Perikles-Büste nach Vorbild des Kresilas und eine Homer-Herme im Epimenides-Typus. Unter den drei Fragmenten nach Werken des Myron – des *Diskobol*, eines Athleten (Kopf) und des Marsyas – ragt besonders Letzterer heraus. Es handelt sich um eine antoninische

Kopie der berühmten Athena-Marsyas-Gruppe von der Athener Akropolis (um 450 v. Chr.). Außerdem ausgestellt sind einige griechische Originale, wie ein Fragment (unterer Teil) einer attischen Grabstele (etwa 520 v. Chr.), ein Ephebenkopf mit Buckellocken aus Magna Graecia (Anfang 5. Jh.) sowie ein Athena-Kopf.

Saal VI beherbergt weitere römische Kopien griechischer Originale sowie Zeugnisse der griechischen Frühzeit (8.–5. Jh. v. Chr.): ein Athenakopf mit korinthischem Helm aus der Sammlung Castellani, zwei Peplosfiguren, eines davon ein Original des 5. Jh.s v. Chr., attische Grablekythen (auch eine Marmorlekythe), ein Kykladenidol und eine rotfigurige Amphora des sog. Berliner Malers und verschiedene Reliefs und Stelen(-Fragmente), die die Stilentwicklung vom 5. zum 4. Jh. v. Chr. zeigen. Außerdem ist eine Kopfreplik des *Lykeischen Apoll* des Praxiteles zu sehen.

In den Sälen VII und VIII stehen hellenistische Werke im Vordergrund, daneben gibt es aber das Bildnis eines sich leckenden Hundes nach Lysipp, Terrakotten, Bronzen sowie Keramik vom 8. bis 3. Jh. v. Chr. aus griechischen und italischen Werkstätten zu sehen. Sehenswert sind die hellenistischen Porträts, darunter Sophokles (Typus Farnese), Euripides, Demosthenes (Kopie nach der Bronzestatue des Polyeuktos), eine Büste des Epikur (Kopie aus trajanischer oder hadrianischer Zeit) und ein Porträt Alexanders d. Gr., außerdem ein Nymphenrelief sowie unteritalische Keramik des 5./4. Jh.s v. Chr., darunter ein sehenswerter apulischer Volutenkrater. Den Abschluss bildet Saal IX mit römischer und mittelalterlicher Kunst, z. B. einem Mosaik aus dem 1. Jh. v. Chr. aus der Villa der Livia in Primaporta und einem Knabenkopf aus julisch-claudischer Zeit, möglicherweise den jungen Nero darstellend.

Musei Capitolini

Die Musei Capitolini (Piazza del Campidoglio, Zugang zum Museumskomplex durch beide Paläste möglich) gehören zu den bedeutendsten archäologischen Sammlungen Roms. Die meisten der ausgestellten Funde stammen aus Rom und spiegeln die stilistische und kulturelle Entwicklung der antiken Stadt wieder. Ihr Kern besteht aus dem Palazzo Nuovo linker Hand der Cordonata und dem Palazzo dei Conservatori rechts. Anlässlich des Heiligen Jahres 2000 wurde der Komplex grundlegend umstrukturiert und renoviert. Dabei schuf man u. a. eine unterirdische Verbindung zwischen beiden Museen unter dem Palazzo Senatorio (Tabularium). Speziell für Wechselausstellungen wurde der Palazzo Caffarelli, der an den Konservatorenpalast angrenzt, der Öffentlichkeit zugänglich gemacht. Verwaltungstechnisch gehört außerdem die Centrale Montemartini (Viale Ostiense, 106) dazu, eine alte Fabrikhalle, in die eine ganze Reihe bedeutender Skulpturen aus den Musei Capitolini umgesiedelt wurde.

Palazzo Nuovo

Der archäologisch sehenswertere Teil ist der Palazzo Nuovo, dessen Sammlung bereits in der Renaissance entstand: Der Grundstein wurde 1471 mit einigen Bronzestatuen von Papst Sixtus IV. gelegt. Es handelt sich damit um eine der ältesten Sammlungen der Welt. Der Bau selbst wurde 1654 fertiggestellt, 1734 eröffnete das Museum als weltweit erste öffentlich zugängliche Kunstsammlung. Zu den Höhepunkten zählen der Philosophensaal, der sog. *Sterbende Gallier* und das Original des Mark-Aurel-Reiterstandbildes.

Den Hof dominiert die kolossale Personifikation des Tibers, rings um den Cortile außerdem verschiedene Statuen, neben Musen u. a. der Minerva, des Hermes und des Mars.

Rechter Hand hinter Glas ist das berühmte Original des Reiterstandbilds von Mark Aurel zu sehen. In den Stanzette Terrene (vor der Treppe ins Obergeschoss) stehen römische Porträts verschiedener Epochen, Grabinschriften und Sarkophage, darunter ein sehenswerter Ehepaar-Sarkophag.

Zu den herausragenden römischen Kopien griechischer Meisterwerke in der Galleria des 1. Obergeschosses gehören eine Kolossalstatue des Herkules, die sog. *Trunkene Alte* (Werk des Myron von Theben, Ende 3 Jh. v. Chr., weitere Replik in der Münchner Glyptothek), *Leda mit dem Schwan* (nach dem Original des Timotheos um 360 v. Chr.), ein Sarkophag mit Amazonomachie, der *Bogenspannende Eros* (Lysipp, 330/320 v. Chr.), eine Kopfreplik des *Kassler Apollon* (um 450 v. Chr.), die *Athena Giustiniani* und die Figur einer Psyche. In der Sala delle Colombe steht neben zwei Mosaiken (eines mit Tauben, das andere mit Theatermasken) die Tabula Iliaca (aus dem antiken Vovillae, möglicherweise aus einer Bibliothek stammend) im Mittelpunkt. Das Bild im Zentrum zeigt die Zerstörung Troias, eine Künstlerinschrift nennt Theodoros. Ein Höhepunkt der Sammlung befindet sich im Gabinetto della Venere: die *Kapitolinische Venus*, eine römische Kopie aus hadrianisch-frühantoninischer Zeit, die auf einer Variante der berühmten *Aphrodite von Knidos* (Praxiteles, um 340 v. Chr.), basiert. Römische Porträts verschiedener Herrscherfamilien füllen die Sala degli Imperatori, u. a. Bildnisse von Augustus und Livia, Caracalla, Trajan und Plotina, Hadrian und Sabina. Hingegen steht in der Sala di Filosofi die Galerie berühmter Denker der Antike, darunter Römer wie Seneca oder Cicero, aber v. a. Griechen wie Homer, Demosthenes, Sokrates, Euripides oder Pythagoras.

Im zentralen Salone sind zahlreiche Statuen aufgestellt, darunter ein Lyra spielender Apollon, ein Jäger mit Hase, Harpokrates, ein als Herakles verkleideter Pluto, Ares und Aphrodite (mit römischen Porträtköpfen), ein Hermes, eine Hadrian-Statue, ein Perseus (Original um 440/430 v. Chr.), eine Kopie des *Pothos* von Skopas (um 350 v. Chr.) sowie eine des *Omphalos-Apollon* (um 470/460 v. Chr.). Herausragend sind die Darstellungen zweier verwundeter Amazonen. Die römischen Kopien gehen auf Originale zurück, die um 440/430 v. Chr. entstanden, als sich in Ephesos vier der berühmtesten griechischen Künstler an einem Wettbewerb beteiligten. Die hier aufgestellten Figuren gehen auf die Ausführungen des Polyklet (Typ Sosikles) und des Kresilas (Typ Sciarra) zurück. In der Sala del Gladiatore befindet sich eine dritte Version von Phidias (Typ Mattei).

Die Sala del Fauno erhielt ihren Namen von der Darstellung eines alten Fauns (roter Marmor). Interessant ist hier auch der sog. *Ganswürger*, ein kleiner Junge, der eine Gans am Kragen gepackt hat. Die Kopie geht auf ein Original des Boethos von Chalkedon zurück und wird früh- oder späthellenistisch datiert. Spektakulärer Höhepunkt am Ende des Rundgangs ist in der Sala del Gladiatore der *Sterbende Gallier*, eine römische Kopie nach dem Original des Epigonos, um 230/220 v. Chr., wie die Gruppe des sog. *Weibtötenden Galliers* (siehe unten, ACEA) im Auftrag des Attalos I. für das Athenaheiligtum in Pergamon geschaffen. Als *Kapitolinischer Kuss* ist die Gruppe von Eros und Psyche (Vorbild 1. Hälfte 2. Jh. v. Chr.) in die Kunstgeschichte eingegangen. Weitere qualitätvolle Werke in diesem Saal sind der sog. *Angelehnte Satyr*, der *Antinoos Albani* (als Hermes), die *Juno Cesi* (Original um 220 v. Chr.) und die Statue eines kynischen Philosophen.

Palazzo Senatorio / Tabularium

Palazzo Nuovo und Palazzo dei Conservatori sind seit kurzem durch eine unterirdische Verbindung (Galleria di Congiunzione) unter dem Palazzo Senatorio (Tabularium) miteinander verbunden. Dort befindet sich die Galleria Lapidaria mit Sarkophagen, Grab- und anderen Inschriften, Statuen- und Architekturfragmenten, Amphoren und Fundamentresten des Tabulariums. Zu sehen ist außerdem das Fundament des sich unter dem Tabularium befindlichen Jupiter-Tempels. Von der Galleria del Tabulario bietet sich ein guter Blick über das Forum Romanum.

Palazzo dei Conservatori

Der Palazzo dei Conservatori wurde zwischen 1564 und 1575 nach Plänen Michelangelos erbaut und war einst Sitz des Stadtmagistrats. Es beherbergt vor allem Gemälde berühmter Maler, aber auch Antiken. Zu den herausragenden Skulpturen gehören der sog. *Dornauszieher*, die *Kapitolinische Wölfin* oder die im Innenhof nur in Fragmenten überlieferte Kolossalstatue Konstantins aus der Konstantinsbasilika. Bedeutend sind auch die Mark-Aurel-Reliefs im Treppenaufgang.

Im Zentralhof des Erdgeschosses befinden sich die Reste (u. a. Fuß, Finger, Kopf) einer Kolossalfigur des Konstantin, die in der Konstantins- oder Maxentius-Basilika auf dem Forum Romanum aufgestellt war. Zu sehen sind außerdem weitere antike Skulpturen wie eine Roma Cesi, zwei Dakerfiguren und die als zeitlicher Fixpunkt wichtigen Reliefs mit Provinzstatuen vom Hadrianstempel (weitere Beispiele im Palazzo Massimo und im Vatikan).

Im Treppenaufgang zum ersten Obergeschoss befinden sich vier Reliefs, drei stammen von einem Ehrenbogen des Mark Aurel (Darstellung des vor dem Jupiter-Tempel opfernden Kaisers, Triumph und Begnadigung besiegter Barbaren), eines von einem Hadriansbogen (Einzug Hadrians in Rom). In den folgenden Sälen XIII, XIV und XV, den Sale dei Fasti Moderni, befinden sich außer Listen der städtischen Magistrate ab 1640 einige Antiken, darunter eine eindrucksvolle Kopie des *Hängenden Marsyas* (sog. roter Typ, aus rotem Marmor). Die sich anschließende neue Raumfolge der »Horti Borghesiani« widmet sich der Sammlung von Kardinal Scipione Borghese aus dem 16.

Fragmente einer Kolossalstatue des Konstantin

und 17. Jh.; sie zeigt Kaiserbildnisse (u. a. Lucius Verus, Septimius Severus, Mark Aurel), einen Daker (vom Trajansforum), einen Herakles sowie einer Kopie des sog. *Ausruhenden Satyrs* (um 320 v. Chr.). In der Sala degli Orazi e Curiazi stehen die Reste einer kolossalen Bronzefigur des Konstantin und die vergoldetete Bronzestatue des Herkules im Mittelpunkt. Durch die Sala dei Capitani erreicht man die Sala dei Trionfi mit dem *Dornauszieher* (Spinario, um 50 v. Chr.). Berühmt ist zudem der Porträtkopf des Junius Brutus aus der Zeit um 300 v. Chr. und die Statue des Camillus aus augusteischer Zeit. In der Sala della Lupa steht jenes berühmte Bronzebildnis der die Zwillinge Romulus und Remus säugenden Wölfin (*Lupa Capitolina*, 5. Jh. v. Chr.), das römische Wahrzeichen, von dem eine Kopie neben dem Rathaus steht. Die Sala delle Oche ist nach den bronzenen Gänsen benannt, während in der Sala delle Aquile die *Ephesische Artemis* und ein Sokrates-Porträt herausragen. Kaiserporträts stehen im Zentrum der Sala Verde, eine (leider nicht beschriftete) Übersicht über verschiedene Marmorsorten gibt es in der Sala Gialla. Berühmt ist die Gruppe spielender Mädchen in der Sala Rossa. Bei dieser sog. Ephedrismos-Gruppe handelt es sich um ein griechisches Marmororiginal, das wohl im frühen Hellenismus (1. Hälfte 3. Jh.) in Tarent entstanden ist. Interessant in der Sala degli Arazzi ist eine Heraklesstatue mit römischem Porträtkopf (Commodus?).

Im zweiten Obergeschoss befindet sich die Pinacoteca Capitolina, eingerichtet von Papst Benedikt XIV. im Jahr 1749, mit 240 Gemälde vom 14. bis 18. Jh., u. a. von Caravaggio, Guido Reni, Pietro da Cortona, Guercino, Velázquez und Rubens.

Palazzo Caffarelli

Im Palazzo Caffarelli, der direkt an den Konservatorenpalast angrenzt und von dort aus zugänglich ist, finden zum einen Sonderausstellungen statt, zum anderen werden hier etruskische Sarkophage und ein Teil der Sammlung Castellani (Münzen, Gemmen u. ä. Preziosen) ausgestellt. Der zweite Stock führt zu einer lohnenswerten Aussichtsterrasse.

Centrale Montemartini / Art Center ACEA

In den späten 1990er-Jahren zog ein Teil der kapitolinischen Sammlung in ein Gebäude des städtischen Kraftwerks ACEA (Centrale Giovanni Montemartini, Via Ostiense, 106) um. Ursprünglich sollten die 1912 erbauten Hallen im Liberty-Stil, die 1963 stillgelegt und 1989/90 renoviert worden waren, als Industriedenkmal zugänglich gemacht werden. Die Idee vom reinen Industriemuseum wurde jedoch verworfen, man plante stattdessen eine (Kunst-)Ausstellungshalle. Während der zum Heiligen Jahr ausgeführten Umstrukturierungen gelangten hochklassige antike Skulpturen aus den Beständen der Kapitolinischen Museen, v. a. vom Esquilin und Quirinal stammend, in die drei großen Hallen und wurden zwischen blank polierten Maschinen und Motoren eindrucksvoll aufgestellt. Eigentlich nur als zeitlich begrenzte Ausstellung geplant, scheint die Centrale Montemartini nun, nach Abschluss der Renovierungsarbeiten auf dem Kapitol, zur Dauereinrichtung geworden zu sein, die leider von Besuchern allzu häufig ignoriert wird.

Gleich neben dem Eingangsbereich widmet sich die Sala Colonne »Roma arcaica e repubblicana«. Unter anderem sind hier aus der Area Sacra von Sant'Omobono die Überreste eines nach 1930 ausgegrabenen Tempels aus dem 6. Jh. v. Chr. zu sehen, außerdem Terrakottaschmuck von anderen republikanischen Bauten und Kleinfunde. Neben Funden aus der Nekropole auf dem Esquilin und einem Freskenfragment mit Militärdarstellung (Mitte 3. Jh. v. Chr.) fällt besonders eine aufgrund des Materials (Peperino: Tuffgestein) und der Ausführung ungewöhnliche pergamenisch-hellenistisch inspirierte Skulpturengruppe von der Via Tiburtina nahe S. Lorenzo ins Auge (Ende 3. / Anfang 2. Jh. v. Chr.). Dazu gehören eine Orpheus-Statue, ein Barbaren- und ein weiblicher Kopf sowie eine Frauenstatue mit Kindern. Sehenswert wegen der Intarsienarbeit ist ein Bronzebett (Grab von Amiterno in den Abruzzen), außerdem die an den Wänden hängenden Mosaiken. Republikanische Statuen, wie der *Togato Barberini* mit Büsten seiner Vorfahren in den Händen (letztes Viertel 1. Jh. v. Chr.) und Bildnisse, u. a. von Mark Anton, Cato, Caesar, Agrippa, Augustus, ergänzen die Sammlung.

Besonders sehenswert ist die Aufstellung der römischen Kopien in der Sala Macchine (»il centro monumentale«). Sie wurden geschickt kombiniert, so steht z. B. ein Kolossalbild der Athena von der Via Lata, zurückgehend auf das Original der *Athena Velletri*, neben der Athena vom Tempel des Apollon Sosianus. Zu sehen sind Statuen der *Athena Parthenos*, der *Athena Lemnia* (nach klassisch-griechischen, phidiasischen Vorbildern) sowie Köpfe von Herakles, Perseus, den Amazonen, Hera Borghese, Diomedes (Kresilas) und Aphrodite (Praxiteles, um 360), eine Statue der Agrippina Minor beim Opfer, eine Hestia (ohne Kopf), der *Apollon Citharoedus*, eine Antinoos-Büste, eine sitzende Muse aus dem Pompeiustheater und Funde vom Campidoglio, darunter eine Statue des Aristogeiton (1. Jh. v. Chr.). Sehenswert ist vor allem auch der rekonstruierte Giebel des Apollon-Sosianus Tempels (um 430 v. Chr.). Die zugehörigen griechischen Originalfiguren waren in augusteischer Zeit nach Rom gebracht worden, um diesen Tempel nahe des Marcellus-Theaters zu schmücken. Es handelt sich um die Darstellung einer Amazonomachia mit Athena, Herakles, Theseus, Amazonen und griechischen Kämpfern. Ebenfalls rekonstruiert wurde ein Rundtempel, der ursprünglich in der Nachbarschaft des Apollon-Tempels stand und nach einer Inschrift Vespasian zuzuschreiben ist. Auch großformatige antike Werke wie ein Jagd-Mosaik (6 × 14 m) aus einem kaiserlichen Gebäude kommen in der Maschinenhalle gut zur Geltung.

In der Sala Caldaie illustrieren antike Funde, v. a. aus Ausgrabungen am Quirinal, Viminal und Esquilin, das Leben der Wohlhabenden im alten Rom. Unter den in verschiedenen Villen gefundenen Stücken ragen ein Amazonenkopf, ein kämpfender Herakles und eine Muse Melpomene aus den Horti di Mecenate heraus, besonders aber die berühmte *Esquilinische Venus* (1. Jh. v. Chr.) aus den Horti Lamiani. Eine Hygieiastatue und zwei große Marmorkratere mit dionysischen Szenen bzw. mit der Darstellung des Paris-Helena-Mythos, Köpfe von Hadrian, Sabina und Matidia (Horti Tauriani), die qualitätvolle Sitzbild eines Mädchens (um 280/270, Horti Ciciani) und ein Bildnis der auf eine Säule gestützten und in ihren Mantel gehüllten Muse Polyhymnia stehen neben einer Pothos-Statue, einem ausruhenden Satyr und einem Feldherrn.

Museo della Civiltà Romana

Das Museo della Civiltà Romana (Piazza Giovanni Agnelli 10, EUR) wurde 1955 gegründet, seine Wurzeln reichen jedoch bis 1911 zurück. Damals waren für eine Ausstellung in den Diokletiansthermen anlässlich der 50-Jahr-Feier der italienischen Einheit eine ganze Reihe von Modellen antiker Bauten angefertigt worden. Dieses und zusätzliches Material wurde 1929 im ehemaligen Konvent Sant'Ambrogio als »Museo dell' Impero Romano« öffentlich zugänglich gemacht. Anlässlich der »Esposizione Universale di Roma« 1942 sollte ein neuer Bau entstehen, der jedoch nie realisiert wurde. Erst Mitte des Jahrhunderts verwirklichte die Comune di Roma mit Unterstützung von Fiat ihre Pläne für ein neues Museum.

Dieses umfasst 59 Abteilungen auf 12 000 qm (Rundgang etwa 3 km), allerdings sind nie alle Säle geöffnet. Vorrangig ist die didaktische Funktion, die einen umfassenden Überblick über die antike Welt vermittelt. Die Anordnung erfolgte einerseits nach thematischen – u. a. Militärwesen, Verwaltung, öffentliche Bauaufgaben und Infrastruktur, Schulwesen, Wohnen, Familie und religiöses Leben, Rechtswesen, Kultur und Wissenschaft, Industrie, Handwerk und Landwirtschaft –, andererseits nach chronologischen Aspekten (Ursprünge, einzelne Kaiserhäuser, Spätantike, Mittelalter), wobei Skulpturen, Inschriften, Bauteile, Gegenstände des Alltagslebens, Modelle, Rekonstruktionen und andere Fundgegenstände der Erläuterung dienen. Besonders instruktiv sind die Modelle einzelner Monumente und architektonischer Komplexe Roms und der römischen Provinzen, u. a. von Ara Pacis, Kolosseum, Marcellus-Theater, Porta Maggiore, Circus Maximus oder Hadriansvilla, die durch gleichzeitige Bauplastik, Reliefs, Porträts, Statuen oder Wandmalereien eindrucksvoll ergänzt werden. Modelle zeigen jedoch auch technische Details, z. B. die Funktionsweise eines Aquädukts oder die Konstruktion einer

Festungsanlage. Faszinierend, da nur hier aus nächster Nähe zu betrachten, sind die Kopien des spiralig umlaufenden Frieses der Trajanssäule in Saal LI, ebenso die Abgüsse der Mark-Aurel-Säule (Saal LIX) und der Nachbau einer Bibliothek der Hadriansvilla in Originalgröße (Saal XLVII). Prunkstück des Museums ist das Modell des Antiken Rom (Maßstab 1:250), 1937 begonnen nach damaligem Forschungsstand und mit Hilfe der Forma Urbis. Seither wird das den Zustand zur Zeit Konstantins wiedergebende Modell regelmäßig nach neuestem archäologischen Erkenntnissen ergänzt; es misst mittlerweile über 20 qm.

Museo delle Mure Porta S. Sebastiano

Die Porta S. Sebastiano (Via di Mura Porta S. Sebastiano, 18) oder »Porta Appia« ist eines der besterhaltenen und größten Stadttore der Aurelianischen Mauer. 1990 wurde das Museo delle Mura mit einer antik-römischen, einer mittelalterlichen und einer modernen Abteilung in einem der Türme eröffnet. Pläne und Fotos, Erläuterungstafeln und Modelle – vor allem zu den Konstruktionsphasen der Aurelianischen Mauer –, Abgüsse von Bauschmuck und Fundstücke beschäftigen sich mit der architektonisch-historischen Entwicklung römischer Befestigungsanlagen im Allgemeinen und der Aurelianischen Mauer im Besonderen. Die Geschichte des römischen Befestigungsrings wird von den Anfängen in der Königszeit über die Republik (Servianische Mauer, 6.–4. Jh. v. Chr.) bis zur Kaiserzeit (Aurelianische Mauer), vom Mittelalter bis zur Moderne anschaulich dargestellt. Bautechnik, architektonische Entwicklung und Restaurierungen finden dabei Berücksichtigung. Zudem kann man an dieser Stelle eine kleine Strecke auf der Befestigungsanlage abgehen.

Museo delle Navi Romane

Die Sammlung nahe dem römischen Flughafen Fiumicino (Via Alessandro Guidoni) entstand 1965–79; sie besteht in erster Linie aus den Überresten von zwei römischen Handelsschiffen, einem Fischerboot und zweier weiterer Schiffe. Diese Stücke waren im Zusammenhang mit dem Bau des Flughafens Leonardo Da Vinci ab 1958 auf dem Areal des antiken Hafens zu Tage getreten.

Im Freien, unter einem Zeltdach, ist ein Fischerboot ausgestellt – quasi der Protoyp einer Gondel mit zugespitztem, baumstammartigem Rumpf. Im Inneren befinden sich die beiden größeren Schiffe, von denen das bis zur Wasserlinie gut erhaltene Schiff um 300 n. Chr. datiert werden kann, sowie Fragmente anderer Boote. Außerdem gibt es Kunstwerke zu Seefahrtsthemen, z. B. ein Relief aus der Sammlung Torlonia mit einer Hafenszene aus dem 3. Jh. n. Chr. sowie verschiedene Bauteile und Fundstücke vom antiken Hafen zu sehen. Eine Fotoserie zeigt die Ausgrabung des claudischen Hafens, die Auffindung und Bergung der Schiffe sowie deren Aufstellung im Museum.

Museo Nazionale di Castel Sant'Angelo

Der monumentale Bau des Hadrian-Mausoleums am Tiberufer (Lungotevere Castello, 50) ist antikes Monument und Museum in einem. Von Papst Nikolaus III. (1277–80) bis 1870 als Fluchtburg und Wohnung der verschiedenen Päpste dienend, handelt es sich um ein Stück Zeitgeschichte, in dem es unterschiedlich ausgestattete Gemächer, Säle und Höfe zu besichtigen gibt.

Gleich hinter dem modernen Eingang führt eine Treppe hinab zum Eingangsvestibül des Hadriansmausoleums (antiker Zugang). Von dort verläuft eine spiralig geführte Rampe nach oben zur zentralen Grabkammer, wo einst eine

Kolossalstatue Hadrians sowie die Aschenurnen seiner Nachfolger (bis Caracalla) und deren Familien standen. Teile eines Fußbodenmosaiks sind erhalten. Die Rampe geht über in einen breiten Treppenaufgang, der seit dem Mittelalter vom Cortile del Salvatore ins Burginnere durch die Grabkammer hindurch hinauf zur Festungsanlage mit Wehrgängen und Türmen führt. Am Cortile dell'Angelo beginnen dann die päpstlichen Gemächer, prachtvoll ausgemalt und mit Skulpturen, Gemälden und einer Waffensammlung geschmückt. Im Cortile del Pozzo befindet sich ein Brunnen aus der Zeit Papst Alexanders VI., um den Cortile di Alessandro VI., wo einst die päpstlichen Höflinge wohnten, befanden sich später Zellen für politische Gefangene. Von diesem Umgang (Ausstellung einiger erhaltener Bauteile aus hadrianischer Zeit) erreicht man die Loggia Pauls III. Hinter der Loggia Julius II. (Bramante) liegt das Papstapartment mit der Sala Paolina, von der aus ein schmaler ausgemalter Gang zur etwas höher gelegenen Sala Biblioteca führt; daneben liegt die alte vatikanische Schatzkammer. Eine antike römische Treppe führt hinauf zur Sala Rotonda, wo sich das Originalgerüst für die Engelsstatue befindet und weiter zur Aussichtsterrasse mit dem Bronzeengel von 1753, den Peter van Verschaffelt als Ersatz für den kleineren von Raffaello da Montelupo gegossen hat.

Museo Nazionale Etrusco di Villa Giulia

Das Museo Nazionale Etrusco (Piazzale di Villa Giulia, 9) befindet sich in der vor kurzem renovierten Villa Giulia, die 1551–53 von Jacopo Barozzi (»Vignola«) als Sommervilla für Papst Julius III. erbaut worden war. Dieser schuf sich hier das passende Ambiente für seine rauschenden Feste mit zwei Innenhöfen, drei Gartenanlagen und prächtigen Räumlichkeiten. Während im ersten Patio die Fontana dell'Acqua Vergine, eine große Brunnengrotte mit Karyatiden, Seitennischen und den zentralen Flussgottheiten Arno und Tiber ins Auge fällt, führt eine Loggia zum zweiten, kleineren Hof mit dreistöckigem, mosaikgeschmücktem Nymphäum. Seit 1889 ist in dem Palast eine der bedeutendsten und größten Sammlungen etruskischer Kunst zu sehen, mit Funden aus Vulci, Veji, Cerveteri, Palestrina und anderen Orten in Etrurien, aus Latium, der Toskana und Umbrien.

Zu den Ausstellungsstücken zählen besonders Grabbeigaben aus den großen Nekropolen von Vulci, Cerveteri oder Palestrina, vor allem Keramik. Sehenswert sind neben einheimischer Bucchero-Keramik (sauerstoffarm gebrannte grauschwarze Reliefgefäße, die im 8–6. Jh. verbreitet waren und Metallgeschirr nachahmten) die faliskischen Vasen (mittelitalisch, graubraun oder rötlichbraun mit mittlerer Bildzone und mattem Firnis), die anfangs aus Griechenland importiert, ab dem 4. Jh. von einheimischen Künstlern geschaffen wurden. Daneben ist künstlerisch hochstehende Importware aus Athen konzentriert in der sehenswerten und mengenmäßig fast erschlagenden Castellani-Sammlung zu finden. Hausurnen aus Terrakotta, Stein oder Bronze legen Zeugnis von der etruskischen Wohnkultur ab, zahlreiche Bronzeobjekte aller Art, v. a. Votivgaben unterschiedlichster Form und Bronzegefäße, bestätigen das hohe Können der Künstler.

Neben sehenswerten archaischen Plastiken wie einem Kentaur und einem auf einem Meeresungeheuer reitenden Jüngling stehen Grabfunde v. a. aus dem 8.–6. Jh. v. Chr. im Zentrum der Säle I–V. Dazu gehören Waffen und Bronzeobjekte ebenso wie Gefäße und andere Alltagsgeräte, aber auch Bucchero- und andere etruskische Keramik sowie griechische Importware. Neben korinthischen Vasen handelt es sich besonders um attische rot- und schwarzfigurige Keramik. Herausragend ist z. B. eine Amphore des Antimenes-Malers, eine Augenschale oder eine Hydria des Lysippides-Malers. In Saal V befinden sich die Funde aus einem

Votivschrein des Carroccio all'Osteria, Terrakottafragmente aus einem Heiligtum bei Fontanile di Legnesina sowie ein Tempelmodell nach dem Vorbild des Heiligtums von Vulci. Im von hier aus zugänglichen Untergeschoss gibt die Rekonstruktion eines Grabes der archaischen Nekropole von Cerveteri, 575–550 v. Chr., eine gute Vorstellung vom Aussehen einer etruskischen Gräberstadt.

Saal VI steht ganz im Zeichen der Grabbeigaben aus Bisenzio, einer etruskischen Stadt am Bolsener See (8.–5. Jh. v. Chr.). Neben griechischer Importkeramik gehören zu den Funden Bucchero- und Bronzegefäße sowie Schmuck und spätgeometrische Keramik aus eigener Produktion, die sich stark an griechischen Vorbildern aus Euböa orientiert. Saal VII beherbergt die lebensgroßen Terrakottafiguren aus dem Heiligtum in Portonaccio bei Veji. Die qualitätvollsten stammen vom Giebel des Apollon-Tempels (spätes 6. Jh. v. Chr.) und zeigen Apollon und eine Göttin mit Kind, Apollon und Herkules, die um eine Hirschkuh kämpfen. Außerdem sind ein Hermeskopf sowie weitere Schmuckteile des Baus, wie Stirnziegel, ausgestellt.

In Saal VIII gibt es nützliche Informationen über Ort, Herkunft der Etrusker und deren Nekropolen, daneben sind Grabfunde (v. a. spätgeometrische und Bucchero-Keramik) ausgestellt. Sehenswert ist in Saal IX der Ehepaar-Sarkophag (Sarcofago degli Sposi) aus Cerveteri/Caere (um 530 v. Chr., Pendant in Paris, Louvre). Obwohl stark ergänzt, beeindruckt die plastische Ausarbeitung der aufgerichteten Oberkörper, dagegen wirken die liegenden Unterkörper und Beine flach und unplastisch. Zeugnis über die Fertigkeiten griechischer Töpfer legen mehrere Beispiele in Saal X (auch hier gibt es Informationen zur Nekropole und Keramikherstellung) ab. Von archaischer Zeit (u. a. korinthische Keramik und attisch-schwarzfigurige Vasen) bis in die späte Klassik reicht die Palette der Grabfunde, darunter Meisterwerke wie korinthische Aryballoi (1. Hälfte 7. Jh. v. Chr.), eine Bauchhenkelhydria (um 550 v. Chr.), eine Hy-

Ehegatten-Sarkophag

dria des Ribbon-Malers (530/520 v. Chr.), eine des sog. Berliner Malers (um 470/460 v. Chr.), eine Amphora des Priamos-Malers (um 530 v. Chr.), mit Nymphen am Brunnenhaus sowie Dionysos und Satyrn bei der Weinlese. Ebenfalls beachtlich sind eine Hydria (um 530 v. Chr.) mit der Darstellung von Zeus, der als Stier Europa übers Meer nach Kreta trägt. Typisch für diese Vasengattung ist der weiße Grund mit roter und schwarzer Bemalung. Saal XI widmet sich der etruskischen Epigraphik, anhand von Fundstücken verschiedenster Genres werden die Entwicklung des Alphabets und die Ausbreitung des etruskischen Sprachgebiets erläutert.

Im 17. Jh. legte der Jesuit Athanasius Kircher eine umfassende Sammlung etruskischer Fundstücke an. Gleich in Saal

XII befindet sich das Glanzstück dieser Sammlung: die Cista Ficoroni. Diese praenestinische Ciste, ein dekorativ geschmücktes Bronzegefäß, entstand um 340/330 v. Chr. (vielleicht früher) und stammt aus der Nekropole von Praeneste (Palestrina). Auf dem Gefäßkörper ist die Argonautensage eingeritzt, den Deckel zieren Statuetten von Dionysos und von Satyrn. Den Übergang zwischen den drei Greifenfüßen und dem Gefäßkörper bilden Bronzereliefs mit der Darstellung von Herakles und seinem Diener Iolaos sowie einem geflügelten Dämonen. Das Hauptbild mit der Argonautenszene soll nach jüngsten Forschungsergebnissen auf ein berühmtes Gemälde des Malers Mikon (Mitte 5. Jh. v. Chr.) in Athen zurückgehen. In Saal XIII befinden sich zahlreiche Bronzestatuetten, während Saal XIV unter dem Motto »Wein und Gelage« steht; er zeigt Kandelaber, Bronzegefäße sowie Fragmente von Gefäßen wie Henkel oder Applikationen. In Saal XV steht die Körperpflege im Zentrum: Strigilen, Spiele und Kosmetikgefäße (alle aus Bronze) sind ausgestellt. Die Säle XVI und XVII umfassen die Keramiksammlung des Paters, in Saal XVI sind es vor allem Bucchero-, korinthische und attisch-schwarzfigurige Vasen, während in Saal XVII attisch-rotfigurige Gefäße, wie eine Hydria des Mikon-Malers (430 v. Chr.), sowie weißgrundige Lekythen stehen. Hauptwerk hier ist die sog. *Chigi-Kanne*, eine proto-korinthische Olpe (um 640 v. Chr.), relativ fragmentarisch erhalten, mit zwei breiteren und einem schmäleren figürlichen Fries. Dargestellt sind Schlachtreihen, Jagdszenen, das Paris-Urteil, ein Reiterzug mit Wagen, eine Doppelsphinx sowie eine Löwenjagd.

Saal XVIII ist der Sammlung Pesciotti mit einer ganzen Reihe herausragender Beispiele griechischer Keramik gewidmet, wie einer Amphora aus dem Umkreis des Antimenes-Malers mit der Darstellung von Achill und Aias beim Brettspiel.

Augusto Castellani (1823–1883), Mitglied einer wohlhabenden Goldschmiedefamilie, begann ab 1860 Antiquitäten und Antiken zu sammeln. Seine große Keramiksammlung (Saal XIX) befindet sich seit 1919 in Staatsbesitz. Sie umfasst griechische und etruskisch-italische Keramik vom 8./7. Jh. bis in römische Zeit, wobei der Schwerpunkt auf attischer-rot- und -schwarzfigurigen Vasen liegt. Eine kurze Einführung in die Herstellungstechnik fehlt nicht, zudem sind die Gefäße chronologisch angeordnet, so dass man am Ende einen guten Überblick über die Geschichte der antiken Keramik erhält. Herausragende Beispiele der Sammlung sind u. a. Hydrien aus Caere (eine mit dem Raub der Europa durch Zeus), lakonische Kratere, Amphoren, darunter eine des Nikosthenes-Malers und eine Athener Preisamphora des sog. Münchner Malers (um 510 v. Chr.) oder zwei Kalpides des Kleophrades-Malers (um 480 v. Chr.), eine mit der Darstellung des Ringkampfs zwischen Herakles und dem nemeischen Löwen, die andere mit einem Liebespaar; der Mann überreicht seiner Geliebten einen Hasen als Liebesgeschenk. Am Ende des Saales runden Bronzeobjekte wie Spiegel, Cisten und Statuetten sowie Öllampen die Ausstellung ab. In Saal XX befindet sich die bemerkenswerte Sammlung von Castellani-Goldschmuck, zu der auch sehenswerte Gemmen gehören.

Die Säle XXI und XXII beherbergen Funde aus dem Heiligtum von Pyrgi. Von den beiden Tempeln hat man neben Bauschmuck aus Terrakotta auch einen Teil des ursprünglichen Terrakottagiebels (mit einer Darstellung aus dem Sagenkreis der *Sieben gegen Theben*), um 470/460 v. Chr. zu datieren, aufgestellt. Saal XXIII befasst sich mit der Geschichte des etruskischen Museums und mit den Zukunftsplänen, z. B. der Erweiterung um die nahe gelegene Villa Poniatowski für die Latium-Vetus- und Umbria-Sammlung, um so Platz für die Veji-Abteilung in der Villa Giulia zu gewinnen. Über die Entstehung der Sammlung in der Villa Giulia erfährt man mehr in den Sälen XXIV und XXV.

Abgesehen von den ausgestellten Funden aus den Nekropolen des italischen Volksstamms der Falisker erfährt man in den Sälen XXVI–XXIX (Sezione Falisco-Capenate) mehr über deren Geschichte und Siedlungsgebiet. Den Schwerpunkt bilden wieder die griechischen Vasen, darunter aus der Nekropole von Falerii Veteres eine schwarzfigurige Kylix mit Lyra spielendem Dionysos, ein Krater des Villa-Giulia-Malers (5. Jh. v. Chr.) mit tanzendem Mädchen, aber auch spätere attische Keramik, wie die »Westabhangware« oder Gnathia-Keramik aus Unteritalien. Besonders in den Sälen XXVIII und XXIX gibt es einen recht guten Überblick über die Entwicklung von griechischer Importware bis zu eigener faliskischer Keramik. Außer den Resten eines prächtigen Streitwagens (Grabfund, Saal XXVII) gibt es wertvollen Schmuck aus der Tomba degli Ori zu sehen. Funde der Tempelanlagen von Falerii Veteres aus der Blütezeit zwischen dem 4. und 3. Jh. v. Chr., u. a. plastischer Tempelschmuck sowie Fragmente der Giebelfiguren – allesamt aus Terrakotta – finden sich in den Sälen XXVIII und XXIX.

(Grab-)Funde aus der Gegend südlich von Rom (Latium Vetus und Umbria), dem Siedlungsgebiet der Latiner, stehen im Zentrum der letzten Säle. Interessant in Saal XXXII sind die zahlreichen Kinderspielzeuge und Votivgaben aus verschiedenen Heiligtümern und Gräbern, außerdem die Reste eines Baumsarges. In Saal XXXIII sind die Funde aus der Nekropole und dem Mater-Matuta-Heiligtum Satricum (Schmuck, Terrakottastatuetten, Kleinkunst) ausgestellt. Saal XXXIV widmet sich zwei berühmten Gräbern nahe Palestrina, den Tombe Barberini und Bernardini (um 600 v. Chr.). Es handelt sich um phönizisch-zypriotische Kunst des 7. Jh.s, Bronzespiegel und -kessel (einer mit einem komplett erhaltenem Bronzedreifuß, um 650 v. Chr.), sowie Spiegel und Cisten, aber auch Kleinkunst, Goldschmuck und ungewöhnliche Elfenbeinschnitzereien sind erhalten. Ein attischer Bronzehelm mit Silberintarsien ist das herausragende Stück von Saal XXXV, daneben weitere Bronzeobjekte aus Umbrien, wie Waffen, Helme, Schmuck, attische Keramik und andere Grabfunde.

Im Gartenbereich der Villa sind das mehrstöckige Nymphäum, die Reste eines Aquädukts (im nicht immer zugänglichen Untergeschoss) sowie im rechten Gartenteil die 1:1-Rekonstruktion des etruskischen Tempels von Alatri sehenswert.

Museo Nazionale Romano

Das Museo Nazionale Romano gehört zu den bedeutendsten archäologischen Sammlungen der Welt. Es wurde 1889 ins Leben gerufen und 1911 mit einer Ausstellung öffentlich zugänglich gemacht. Hauptteil der Sammlung ist die 1901 vom Staat erworbene Sammlung Ludovisi (Palazzo Altemps), dazu kamen im Laufe der Zeit Neufunde und weitere erworbene Privatsammlungen. Heute verteilen sich die Bestände des Museo Nazionale auf mehrere Gebäude: Außer dem ursprünglichen Museum in den restaurierten Diokletiansthermen (Museo delle Terme di Diocleziano, Piazza dei Cinquecento, 67), befinden sich bedeutende antike Denkmäler in einer Eckrotunde der Anlage, dem sog. Planetario, auch »Aula Ottagona« (Via Romita) genannt, im Palazzo Massimo alle Terme (Via Viminale / Amendola, schräg gegenüber dem Museo delle Terme) und im Palazzo Altemps (Via di Sant'Apollinare, 44–46). Zum Museumskomplex gehört schließlich auch die Crypta Balbi.

Museo delle Terme di Diocleziano

Ursprünglich befand sich die gesamte Sammlung hier, im Nordostteil der Thermen, in den nachträglich eingebauten Klosterräumen bzw. dem Kreuzgang Michelangelos. Heute steht im alten Museum die Thermenarchitektur als solche, vor allem aber zwei hervorragend aufgemachte neue Abteilungen zu Epigraphie und Vorgeschichte im Zentrum.

Im Giardino an der Piazza dei Cinquecento, noch vor dem eigentlichen Museumszugang, sind Inschriften, fast alle aus dem Grabkontext, zu finden. Grabstelen von spätrepublikanischer bis in die frühe Kaiserzeit, Säulenfragmente, Kapitelle, Architravreste mit Inschriften und andere dekorative Elemente, außerdem sind Sarkophage, Grabstatuen und -altäre in dem Pärkchen verteilt.

Zum Heiligen Jahr 2000 neu konzipiert ist die äußerst sehenswerte epigraphische Sammlung, die sich über mehrere Säle in drei Stockwerken erstreckt. Hier erfährt der Besucher alles über die Sprache und Schrift im antiken Rom (zweisprachige Beschriftung!), nicht nur anhand von Dokumenten auf Stein. Die Schriften umspannen das Spektrum von den Anfängen (Königszeit) – u. a. gibt es ein Keramikfragment mit der Inschrift REX vom Forum Romanum – über die späte Republik bis hin zu christlichen Inschriften und Hinterlassenschaften. Verschiedenste Aspekte werden dabei beleuchtet, die in der Sprache und Schrift eine Rolle spielten: Verwaltung, Wirtschaft, Religion, Gesellschaft, Geschichte, Kultur und Geistesleben. Neben einer grundlegenden Einführung in die Epigraphik wird der Bogen von Schrift und Sprache zu den Anwohnern geschlagen, die Zusammenhänge mit dem Alltag und der Religion werden aufgezeigt.

Die frühgeschichtliche Abteilung – Protostoria di Populi Latini – im Obergeschoss des Chiostro di Michelangelo deckt die Spanne von der späten Bronzezeit bis in die Eisenzeit (etwa 11.–7. Jh. v. Chr.) ab und gliedert sich in zwei Teile: 1. Kultur und vorgeschichtliche Entwicklung in Latium von der späten Bronzezeit bis zur Eisenzeit – zur Bevölkerungsentwicklung, Sozialstruktur, zum politischen System, zu Architektur, Technik (Keramik, Metallverarbeitung usw.) und Religion; 2. große prähistorische Zentren im Umfeld von Rom und ihre Hauptfundstellen (v. a. Nekropolen): Osteria dell'Osa und Castiglione, Crustumerium, Acqua Acetosa Laurentina, Castel di Decima, La

Rustica und der Siedlungsfund von Fidene (eisenzeitliche Hütte).

Den vierten Teil des Museums bildet der Chiostro di Michelangelo. In einer Reihe an den Wänden des Umgangs stehen Sarkophage, Grabaltäre und Architekturteile (auch im Hof selbst), dazwischen etliche antike Statuen, meist »zweite Wahl«, aber auch Qualitätvolleres, wie Kopien des sog. *Alten Fischers*, der *Trunkenen Alten*, einer Venus vom Typ Louvre-Neapel oder der *Aphrodite Kallipygos*, sind vertreten. Den Abschluss des Thermenmuseums bilden die Grande Auli, eindrucksvolle Säle der Badeanlage (Frigidarium, Caldarium u. a.), die für Wechselausstellungen und Veranstaltungen genutzt werden.

Aula Ottagona

Die Aula Ottagona (Via Romita), ein sehenswerter Kuppelsaal in der Nordwestecke der Diokletiansthermen, birgt zwar nur wenige, aber dafür umso qualitätvollere Beispiele griechisch-römischer Plastik, überwiegend aus Thermenanlagen stammend. Der Bau, der bereits verschiedenen Zwecken – als Turnhalle, Kino und Planetarium – gedient hat, präsentiert sich nach außen quadratisch, innen achteckig mit vier großen halbrunden Nischen und einer Kuppel von 22 m Durchmesser. Glasfenster im Boden erlauben einen Blick auf Thermen-Substruktionen und Überreste der frühen Besiedelung des Areals (Treppenzugang ins Untergeschoss meist geschlossen).

Im Zentrum stehen zwei der berühmtesten griechischen Original-Bronzefiguren aus den Konstantinsthermen (Quirinal): einmal der narbengezeichnete *Sitzende Faustkämpfer* des Apollonius (wohl Anfang 1. Jh. v. Chr.), zum anderen der sog. *Thermenherrscher*, dessen Deutung und Datierung umstritten ist (wohl 2. Viertel 2. Jh. v. Chr., pergamenisch), ebenfalls vom Quirinal. Aus den Diokletiansthermen stammen die Torsi verschiedener römischer Kopien, die auf polykletische Vorbilder zurückgehen, so ein Herakles, *Hermes Andros*, eine Artemis und ein Doryphoros, aber auch ein *Lykeischer Apollon* nach einem Praxiteles-Original des 2. Jh.s v. Chr. Interessant ist der Vergleich verschiedener Venustypen, zwei Versionen der *Knidischen Aphrodite* und eine des Anadyomenos-Typus (Kyrene, um 100 v. Chr.). Zudem ist eine Reihe von Köpfen aufgestellt, der eines Satyrn (Kopie des 2. Jh.s n. Chr. nach praxitelischem Vorbild, um 340 v. Chr.), ein Jünglingskopf und eine römische Kopie eines hellenistischen Asklepios. Ohne Kopf ist ein römischer Togatus erhalten, der ins 3. Jh. n. Chr. datiert wird.

Hinter der Aula Ottagona befindet sich die Aula di Sant' Isidro (Zugang Via Parigi, derzeit nicht zugänglich). In diesen Thermensaal wurde im 18. Jh. eine kleine Kapelle eingebaut, jetzt sind die Funde aus dem Sacellum Herculis, einem Ende des 19. Jh.s ausgegrabenen kleinen Herakles-Heiligtums in Trastevere, hier ausgestellt. Neben Altären, zwei Heraklesfiguren (Tuff) und Architekturteilen gehören sieben erhaltene Hermen zu den Funden. Ihre Sockel bestehen aus dunklem Marmor, während die Porträtköpfe (ab neronischer Zeit) aus lunensischem Marmor gefertigt wurden.

Palazzo Massimo alle Terme

Der Palazzo Massimo erhielt seinen Namen vom Bauherrn, Massimiliano Massimo (Papst Sixtus V.), der das Gebäude 1883–87 von Camillo Pistrucci im Barockstil erbauen ließ. Der Bau wurde als Jesuiten-Seminar, im Zweiten Weltkrieg als Militärhospital und zeitweise als Schule genutzt, 1960 verlassen und 1981 vom Staat erworben. Nach massiver Restaurierung durch die Soprintendenza Archeologica di Roma für damals insgesamt 68 Milliarden Lire fanden ab 1983 hin und wieder Wechselausstellungen statt. Im Sommer 1998 eröffnete der Palast neu als Teil des Museo Nazionale Romano mit einem Centro Servici per l'Archeologia.

Gleich im Zugangsbereich empfängt eine kolossale sitzende augusteische Minerva aus mehrfarbigem Marmor den Besucher. In den Galerien um den zentralen Innenhof befinden sich sowohl republikanische Porträtköpfe als auch Panzerstatuen und griechische Porträts (u. a. Alexander und Sokrates, Typ B).

Im Saal I fällt neben den republikanischen Porträts von Sulla bis Caesar die Figur eines römischen Feldherrn auf. Die Darstellung in »heroischer Nacktheit«, aber auch der als Stütze angebrachte Panzer sind Anzeichen für einen im hellenistischen Griechenland gängigen Typus (vgl. den *Thermenherrscher* in der Aula Ottagona). Im Kontrast zum idealisierten Körper weist der Kopf starke Porträtzüge auf. Die Datierung schwankt zwischen dem 2. Jh. v. Chr. und trajanischer Zeit, mehrheitlich wird die Statue um 90–70 v. Chr. eingeordnet.

Skulpturen und Porträts vom 2. Jh. v. Chr. bis in die frühe Kaiserzeit (1. Jh. n. Chr.) zeigen in den Sälen II–IV die Verschmelzung griechisch-hellenistischer und römischer Einflüsse, so z. B. in den Porträts von Augustus, Tiberius, Germanicus (eines davon aus Bronze), der Agrippina Minor und der Livia, Gemahlin des Augustus.

Neben einer Augustus-Statue als Pontifex Maximus (nach 12 v. Chr.), gefunden an der Via Labicana, gehört der Esquilinische Fries in Saal V zu den besten Werken dieser Abteilung. Auf dem spätrepublikanischen, etwa 38 cm hohen Wandgemälde (1875 nahe der Porta Maggiore als Schmuck eines Columbariums gefunden) sind Szenen der römischen Gründungssage (von Aeneas bis Romulus und Remus) dargestellt (vgl. den Fries der Basilica Aemilia). Interessant ist überdies ein Weihaltar mit Mars, Venus und Eroten, der in Ostia (Piazzale dei Corporazioni) gefunden wurde.

Saal VI beherbergt ungewöhnliche Fragmente von Terrakottastatuen aus der Domus Tiberiana, während in Saal VII die griechischen Originale aus den Ausgrabungen im Bereich der Gärten des Sallust den blühenden Kopien-Import aus Griechenland und Großgriechenland (Unteritalien) belegen. Herausragende Stücke sind die sog. *Sterbende Niobide*, um 440 v. Chr., und eine Peplophore (um 470 v. Chr.).

Die Umsetzung griechischer Vorbilder in der römischen Kunst wird anhand von Beispielen der sog. neuattischen Schule in Saal VIII belegt: die *Venus Pudica* von Menophantos (1. Jh. v. Chr.) oder der Weihealtar mit tanzenden Mänaden (1. Jh. v. Chr. nach einem Original des 5. Jh.s).

Im ersten Obergeschoss sind neben kaiserzeitlichen Porträts römische Kopien nach klassischen oder hellenistischen Originalen des 5. bis 3. Jh. v. Chr. zu sehen, großteils aus öffentlichen bzw. kaiserlichen Gebäuden stammend.

In den Sälen I–IV wird hier die Reihe der römischen Porträts chronologisch fortgesetzt: von der Zeit der Flavier bis in antoninische Zeit sind Herrscherbildnisse, aber auch Bildnisse von Privatleuten ausgestellt, darunter sehenswerte Bildnisse von Hadrian und Sabina sowie von Antoninus Pius und Mark Aurel. Künstlerisch beachtenswert sind ferner die beiden sog. Provinzreliefs (Moesien oder Thrakien sowie Ägypten; weitere Teile in den Musei Capitolini sowie im Vatikan), die im Allgemeinen dem Hadrianstempel (145 n. Chr. geweiht) zugeschrieben werden.

In den beiden Sälen V und VI befinden sich hervorragende Beispiele für römische Kopien griechischer Meisterwerke aus kaiserzeitlichen Villen. Eine Sonderstellung nimmt dabei das Mädchen von Antium ein, das als frühhellenistisches Original (Mitte des 3. Jh.s v. Chr.) angesehen wird. In ihr möchte man u. a. eine Opferdienerin (Priesterin) sehen, die auf ihrem Tablett eine (kultische) Wollbinde, Lorbeerzweig und ein (Spende-)Gefäß mit Löwenfüßchen hält. Des Weiteren sieht man hier den Jüngling von Subiaco (nach griechischem Original um 230 v. Chr.), den *Tiber-Apoll* – Kopie einer phidiasischen Schöpfung um 450 v. Chr., 1891 im Tiber gefunden –, die *Kauernde Aphrodite* des Doidalses (um 240/230, weitere Kopie in Saal VII), einen Herkules (Kopie des 1. Jh.s n. Chr. nach Original des 4. Jh.s v. Chr.) sowie die *Tänzerin von Tivoli* aus der Villa Adriana nach Vorbild des Skopas (Mitte 4. Jh. v. Chr.). Im Mittelpunkt von Saal VI stehen zwei Repliken des *Diskobol* des Myron (Anfang 5. Jh. v. Chr.), einmal der hadrianische *Discobolo di Castel Porziano* und der wenig später entstandene *Diskobol Lancellotti*.

Saal VII setzt die Sammlung griechischer Meisterwerke in römischen Kopien fort. Herausragend ist der *Schlafende Hermaphrodit* (nach Plinius, basierend auf einem Werk des Praxiteles), der sog. *Dionysos Sardanapallos* (weitere Replik im Vatikan, die Inschrift deutet auf den Praxiteles-Umkreis hin), die *Kauernde Aphrodite*, ein Flöte spielender Faun (nach Praxiteles), ein hadrianischer Bronzedionysos sowie zwei Repliken des *Bogenspannenden Eros* des Lysipp.

Saal VIII präsentiert plastische Umsetzungen mythologischer Szenen wie den *Raub der Penthesilea*, wohingegen in Saal IX das Theater (Masken und Hermen) im Mittelpunkt steht; in Saal X sind Bronzefunde (u. a. Balustrade und Türklopfer) aus den beiden Prachtschiffen ausgestellt, die bei Nemi im See gefunden und in die Sommerresidenz des Caligula gebracht wurden.

Der Schlachtensarkophag von Portonaccio mit Kampfszenen zwischen Römern und Barbaren aus der Zeit Mark Aurels, der Sarkophag der Annona, derjenige der Acilia (mit Amtsprozession) und ein Musensarkophag der Sammlung Mattei (3. Jh. n. Chr.) sind die Prunkstücke in den Sälen XII –XIV. Dazwischen und in der anschließenden Galleria finden sich römische Porträts von severischer Zeit bis Konstantin. Ungewöhnlich ist die sitzende Figur eines Jünglings, der als *Dozierender Jesus* (*cristo docente*, 3. Jh. n. Chr.) gedeutet wird.

Das zweite Obergeschoss birgt die eigentlichen Preziosen des Museums: Wandmalereien und Mosaiken aus dem 2. Jh. v. bis zum 3. Jh. n. Chr. (stündliche Besichtigung in Gruppen). Es handelt sich um eindrucksvolle Beispiele für die üppigen und stilvollen Dekors und die Vorliebe für Illusionen in römischen Wohnhäusern. Die Fresken aus Rom und Latium werden dabei, soweit möglich, im entsprechenden Kontext gezeigt.

Erstes Prachtstück (neben Saal I) ist das recht dunkle Gartengemälde (um 20 v. Chr.) mit einer Vielfalt an Pflanzen und Vögeln aus dem Sommertriclinium der Villa der Livia (Frau des Augustus) bei Primaporta, vor den Toren Roms an der Via Flaminia. Der Ausstellungssaal gibt eine Vorstellung von der Kleinheit des Raums. Im Zentrum stehen jedoch die Wanddekorationen aus der Villa Farnesina, einer 1879 ausgegrabenen Villa Suburbana am Tiber. Man vermutet, dass der erste Bauteil anlässlich des Aufenthalts der Kleopatra in Rom um 46 v. Chr. entstand. Später gelangte die Villa in den Besitz des Augustus, der es seiner Tochter Julia, als sie sich 21 v. Chr. mit Agrippa vermählte, schenkte und neu ausstatten ließ. Die Wanddekorationen stehen am Übergang vom 2. zum 3. Pompejanischen Stil.

Die zahlreichen Fußbodenmosaiken erläutern die Stilentwicklung von den geometrischen Schwarz-Weiß-Mustern späthellenistischer Zeit bis zur bunten figürlichen Bilderwelt der römischen Kaiserzeit. Ungewöhnlich sind besonders die Mosaiken aus der Villa di Baccano (Via Cassio, Meilenstein 16), die nach einem Inschriftenfund der severischen Kaiserfamilie gehörte. Die um 200 n. Chr. entstandenen Kunstwerke sind ungewöhnlich realistisch und dreidimensional; an Szenen finden sich der Raub des Ganymed, ein Flussgott, Musen, Odysseus und Polyphem, Fische oder die Darstellung der vier Pferderennställe. In den beiden letzten Sälen sind Beispiele für spätantike großfigurige Wandmalerei ausgestellt, des Weiteren ungewöhnliche Funde mit Intarsienbildern (2.–4. Jh. n. Chr.).

Das Museum verfügt darüber hinaus über eine bedeutende numismatische Sammlung (vom 4. Jh. v. Chr. bis heute) und eine beachtliche Sammlung antiken Schmucks, auch Gemmen und wertvolle Gefäße.

Palazzo Altemps

Meisterwerke verschiedener Privatsammlungen – Ludovisi, Boncompagni, Mattei sowie Altemps – sind heute hinter der schlichten Fassade des Palazzo Altemps vereint. Der Großteil der Stücke stammt aus der Collezione Boncompagni-Ludovisi, die im 16. Jh. von Kardinal Ludovico Ludovisi angelegt und von J. J. Winckelmann untersucht und publiziert worden war. Mehr als 450 Stücke, darunter der *Sterbende* und *Weibtötende Gallier*, eine Hera-Statue, ein Ares, ein Juno-Kopf, die Orest-Elektra-Gruppe sowie ein großartiger Schlachtensarkophag sollen von damaligen Reisenden, darunter auch Goethe, bewundert worden sein. Die größten Künstler der Zeit rekonstruierten die Figuren, darunter Gian Lorenzo Bernini, Alessandro Algardi und Ippolito Buzzi. 1621/22 wurden Ludovisis Schätze in einer prächtigen Villa auf dem Quirinal um die neu erworbene Altemps-Antikensammlung vermehrt. Die Villa Ludovisi wurde Ende des 19. Jh.s abgerissen, 1910 erwarb der italienische Staat die Hauptstücke der Sammlung und brachte sie ins Museo Nazionale Romano.

Die Kunstsammlung des österreichischen Kardinals Marco Sittico Altemps war im 16. Jh. entstanden und von seinem Neffen Giovanni Angelo erweitert worden. Erst ging ein Großteil der Sammlung in Ludovisi-Besitz über, dann wurden 120 Skulpturen Ende des 18. Jh.s verkauft und in aller Welt verstreut. Lediglich 15 Stücke aus der ehemaligen Sammlung verblieben an Ort und Stelle, vier davon stehen noch unter den Arkaden der siebeneckigen Portikus. Die Sammlung, die von Asdrubale und Ciriaco Mattei im 16. Jh. in ihrer Villa Celimontana zusammengetragen worden war – berühmt ist vor allem eine Kolossalstatue eines Dakers in Giallo Antico – zog ebenfalls aus dem Museo Nazionale hierher um. Die Höhepunkte der Collezione del Drago, bestehend v. a. aus der ursprünglichen Sammlung Massimo aus dem 17. Jh., sind in der Loggia des Palazzo

Altemps mit vier Reliefs zur antiken Geschichte vertreten. Hinzu kommen verschiedene ägyptische Kunstwerke, die vor allem mit dem Isis-Serapis-Kult in Zusammenhang stehen.

Im Palazzo Altemps versuchte man erstmals ein Stück Sammlergeschichte zu neuem Leben zu erwecken und das Bild einer Kunstsammlung des 16. Jh.s zu vermitteln. Den Innenhof, über den man in die Ausstellungsräume gelangt, entwarf Antonio da Sangallo d. Ä. 1513–17. Baldassare Peruzzi und schließlich Martino Longhi arbeiteten ebenfalls an dem Bau, der 1589 vollendet wurde. Eine künstliche Grotte durchbricht an der Ostseite der Portikus den sonst streng symmetrischen Aufbau. Außer den berühmten Antiken lohnt ein Blick auf Fresken und Deckengemälde, in die bemalte Loggia im Obergeschoss und die kleine Kapelle Sant'Aniceto.

Betritt man den Hof, blickt man in der Nordarkade auf die vier Original-Altemps-Statuen. Im südlichen Säulengang sind die Statuen aus der Mattei-Sammlung aus der Villa Celimontana aufgestellt, darunter mehrere Togati. Im nachfolgenden Saal III fällt besonders eine gut erhaltene Statue des Antoninus Pius ins Auge und eine Demeterbüste, danach beginnt in den Räumen V–VII die Sammlung Ludovisi. Vor allem kaiserzeitliche Porträts, aber auch griechische Philosophenbilder (wie die von Demosthenes, Aristoteles oder Menander) finden sich im Saal V, während Saal VI archäologische Funde der Ausgrabungen auf dem Grundstück zeigt. Sechs Hermen (Athena, Hermes, Dionysos, Theseus – um 440 v. Chr. –, Herkules und der *Diskobol Ludovisi* – um 470/460 v. Chr.) und zwei Statuen des Lyra spielenden Apollon (Apollon Citharoedus) sind in Saal VII zu bewundern. Sehenswert in Saal X ist die *Athena Parthenos* der Sammlung Ludovisi. Im »Sarkophag-Saal« (XI) ist u. a. ein schönes Stück mit dionysischen Szenen ausgestellt. Saal XIV hat ein weiteres Meisterwerk aus Ludovisi-Besitz zu bieten: eine kolossale Statuengruppe mit Dionysos, Satyr und Panther. In der Nordarkade dann erneut Stücke aus der Mattei-Sammlung: eine Statue der Pudicitia, des Dionysos und des Apollon Lykeus sowie eine Dakerfigur.

Über eine monumentale Treppe gelangt man in die Südloggia (Saal XVII) des Obergeschosses, wo vor allem kleinformatige Reliefs ausgestellt sind, die zumeist Götterversammlungen, Totenmahl- und Weiheszenen nach griechischen Vorbildern zeigen. In Raum XIX, der Reste der originalen Wandmalereien aufweist, steht der *Hermes Ludovisi*, dargestellt als Psychopompos (Seelengeleiter), im 17. Jh. von Alessandro Algardi mit Attributen versehen und auf ein Original des Phidias (um 440 v. Chr.) zurückgehend. Ebenfalls hier: der sog. *Herakles Lenbach* und eine Statue des Asklepios. Im früheren Empfangsraum der Villa (Saal XX) stammt das herausragende Stück wiederum aus der Ludovisi-Sammlung: die Gruppe von *Orest und Elektra* – ein Werk des frühen 1. Jh.s n. Chr. von Menelaos, der inschriftlich genannt wird. Die Deutung stammt von Johann Joachim Winckelmann. Im Saal steht überdies der berühmte Ares Ludovisi, 1622 von Bernini rekonstruiert und unlängst als Achilleus benannt (römische Kopie nach Original um 330 v. Chr.). In Saal XXI befindet sich mit einem überdimensionierten Kopf der *Juno Ludovisi*, möglicherweise ein idealisiertes Porträt der Antonia Augusta, Mutter des Claudius, Goethes Lieblingsstück. Ebenfalls hier aufgestellt ist eines der wahrhaft großen Meisterwerke der antiken Kunst: der *Ludovisische Thron* von etwa 460 v. Chr., aus den Gärten des Sallust, möglicherweise als Thronummantelung oder Altarverkleidung dienend. Auf der Hauptseite ist die Geburt der Aphrodite dargestellt, auf den beiden Wangen Personifikationen des Alters und der Jugend; ein ähnliches Stück befindet sich in Boston.

In der lebhaft bemalten Nordloggia (Ende 16. Jh.) sind mehrere kaiserzeitlichen Büsten aus Ludovisi-Besitz ausgestellt. Im Kamin-Zimmer (Saal XXVI) sticht der sog. große Ludovisische Sarkophag mit seiner Marsbüste ins Auge, überreich geschmückt mit Kampfszenen und ins mittlere 3. Jh. n. Chr. zu datieren. Der eigentliche Höhepunkt ist jedoch die Statuengruppe des *Weibtötenden Galliers*, eine römische Kopie nach pergamenisch-hellenistischem Original (vgl. den *Sterbenden Gallier*, Musei Capitolini). Aus den Gärten des Sallust stammend, handelt es sich um einen Teil einer Weihung des Attalos I. von Pergamon zwischen 233 und 223 v. Chr. Im selben Saal befindet sich ein schöner Kopf des Hypnos, eines schlafenden Jünglings nach einem Original des 1. Jh.s v. Chr.

Nach einem Blick in die Kapelle Sant'Aniceto aus dem frühen 17. Jh. sollte man sich dem »Obelisken-Saal« (Saal XXXII) zuwenden. Hier befinden sich zwei sehenswerte Skulpturengruppen: *Satyr und Nymphe* (nach griechisch-hellenistischem Vorbild) sowie *Pan und Daphne*. Der anschließende Raum mit einem Fries aus dem 15. Jh. zeigt die *Badende Aphrodite* (Doidalses, um 250 v. Chr.) und eine Eros-Psyche-Gruppe, beide aus der Sammlung Ludovisi. Nach dem »Bacchus-Saal« (Saal XXXV) mit einer schönen Kopie des sog. *Einschenkenden Satyrs* (praxitelisches Vorbild des 4. Jh.s v. Chr.) folgen die ägyptischen Säle, unter denen in Saal XXXVI besonders der Apische Stier, auch *Brancaccio-Stier* genannt, herausragt.

Museo della Crypta Balbi

In den 1980er-Jahren fanden im Centro Storico, nahe den republikanischen Foren, Ausgrabungen statt, die ein Theater und eine Portikus ans Tageslicht brachten. Diese sog. Crypta Balbi war im Auftrag von Lucius Cornelius Balbus um 13 v. Chr. errichtet worden und ist auch auf dem Marmorplan des antiken Rom überliefert.

1997 wurde ein sehenswertes Museum in dem neu entdeckten Baukomplex an der Via delle Botteghe Oscure / Via Michelangelo Caetani eingerichtet. Auf drei Ebenen wird die Geschichte dieses Teils des Marsfeldes von der römischen über die mittelalterliche Zeit bis ins Zeitalter der Renaissance vor dem Besucherblick ausgebreitet. Auf der ersten Ebene steht die städtebauliche Entwicklung des Areals vom Altertum bis ins 20. Jh. im Mittelpunkt. Es geht aber auch um das Aussehen der Region in der Zeit vor Augustus, um das Theater und die Crypta Balbi selbst sowie um spätere Einbauten (Kloster Santa Maria Domine Rose, Conservatorio di Santa Caterina dei Funari) und unterschiedliche Verwendungen (Handel, Werkstätten).

Die zweite große Abteilung im ersten und zweiten Stock des Museums befasst sich mit der städtischen Kultur vom 5. bis 10. Jh., illustriert durch zahlreiche Funde v. a. aus der Exedra der Krypta. Es geht um die Blüte von Handel und Wirtschaft im 7. Jh., um Küche, Transport- und Geldwesen und andere Alltagsaspekte. Historische Zeugnisse zur Spätantike, zur byzantinischen Zeit, zum Papsttum und zum Aussehen der Fora im hohen Mittelalter werden ergänzt durch Ausgrabungsfunde von den Foren, vom Palatin, Colle Oppio, Celio u. a., durch numismatisches Material, Bauteile und Fresken vom Forum sowie durch Stücke aus dem Museo del Palazzo di Venezia, den Musei Capitolini und dem Antiquarium Comunale di Roma.

Museo Archeologico Ostiense

Das Museo Ostiense wurde 1933 in einem alten Salzhaus, 1500 aus antiken Resten erbaut und 1868 im Auftrag von Papst Pius IX. mit einer neoklassizistischen Fassade versehen, eingerichtet, um die zahlreichen Ausgrabungsfunde zu beherbergen. Es wurde 1945 und 1962 erweitert und anlässlich des Heiligen Jahres 2000 erneut umgestaltet. Anders als früher werden jetzt nur noch die Höhepunkte unter den Funden aus Ostia und den umliegenden Nekropolen (v. a. Plastik) präsentiert. Weitere Werke (v. a. Kleinkunst, Keramik, Alltagsgegenstände usw.) sollen in dem sich schräg dahinter befindlichen Antiquarium Ostiense ausgestellt werden, das jedoch (noch) nicht zugänglich ist. In dessen Umkreis sind schon jetzt Bauteile und Inschriftensteine verschiedenster Art aufgestellt.

Die Säle sind nicht nummeriert. Gleich linker Hand vom Zugang finden sich Informationen zu derzeit laufenden Grabungen und neuen Projekten (wie dem Antiquarium). Der folgende Saal links vom Zugangskorridor widmet sich den orientalischen Kulten in Ostia und zeigt u. a. eine Gruppe mit dem einen Stier tötenden Mithras (aus den Mithras-Thermen), Skulpturen aus einem Attis-Heiligtum (Weihinschrift des C. Cartilius Euplus), einen Zwölf-Götter-Rundaltar und Statuetten. Ebenfalls im Zusammenhang mit orientalischen Kulten steht ein Sarkophagdeckel (2. Hälfte 3. Jh. n. Chr.) mit der Darstellung eines Kybelepriesters, zwei Reliefs mit Kultritualen (Kybele), eine ägyptische Basaltplatte, ein thronender Serapis oder ein Relief mit Kind (Isis-Kult, 4. Jh. n. Chr.).

Im ersten, durch ein Oberlicht erhellten Hauptsaal steht eine stark fragmentarische Gruppe zweier Ringkämpfer (Original 2. Jh. v. Chr.) im Zentrum, außerdem zwei Kopien des *Bogenspannenden Eros* (nach einem Original von Lysipp), zwei Köpfe des griechischen Redners Demosthenes (nach einer griechischen Statue des Polyeuktos von der Athener Agora, um 280 v. Chr.), der Torso einer Asklepios-Kolossalstatue, eine nackte weibliche Gestalt (Skylla?) nach einem hellenistischen Original des 2. Jh.s v. Chr., eine Dionysosstatue und zwei Nymphen.

Im rechts daneben liegenden Saal stehen römische Kopien: zwei Athena-Köpfe, die Büste des Themistokles, ein Ephebenkopf, eine Kopie des Omphalos-Apollon (Original von Leochares), zwei Artemis-Statuen sowie ein Fries nach einem Original des Alkamenes (Schüler des Phidias). Der Saal links davon stellt u. a. einen Satyrkopf aus dem kleinasiatischen Aphrodisias (2. Jh. n. Chr.) aus sowie einen Barbarenkopf nach hellenistisch-pergamenischem Vorbild, zwei neuattische Reliefs, zwei archaisierende Frauenköpfe und eine Peploskore. Sehenswert ist die Amor-Psyche-Gruppe (Kopie eines kleinasiatiatisch-hellenistischen Werks) sowie eine beachtliche unterlebensgroße Gruppe der *Drei Grazien*, außerdem gibt es qualitätvolle verkleinerte hellenistische Venusstatuen (u. a. Doidalses, Landolina) sowie eine Kopie des Perseus.

Im Saal hinter dem ersten Hauptsaal stehen römisch-kaiserzeitliche Porträts, u. a. des Augustus, Trajan (Panzerstatue), Hadrian, Lucius Verus, Commodus, Antoninus Pius und deren Frauen – z. B. Sabina als Ceres und als Venus im Typ Louvre-Neapel, Domitia Lucilla, Crispina, Faustina Maior oder Julia Procola (im Typus *Hygieia Hope*). Darauf folgend weitere kaiserzeitliche Porträts (Septimius Severus, Julia Domna), aber auch Fragmente eines Togatus (Maxentius?). Außerdem aufgestellt sind Statuen und Porträts von Privatpersonen aus der Kaiserzeit wie des Volcacius Myropnous (spätantoninisch), die halb liegende Personifikation des Tibers, ein Panzerstatuenfragment, Faustina als *Venus Pudicitia* und eine hellenistische Frauenfigur (Isis oder Pelagia) aus Basalt, mit zugehörigem Schlangenfragment.

Der Raum rechts davon enthält neben zwei Tondi Reste von Wandmalerei (u. a. Darstellung des Herakles) und Reliefs, in jenem links befinden sich Sarkophage, u. a. mit der Darstellung eines Kentaurenkampfs (Mitte 2. Jh. n. Chr.) oder des Meleagros-Mythos (2. Jh. n. Chr.) sowie ein hadrianischer Sarkophag mit Puttenszenen aus attischer Werkstatt. Im hintersten Saal wurde ein Raum eines Hauses in der Regio IV (Isola II, Caseggiato 5, Ambiente 6) in Ostia Antica mit den dort gefundenen Wandmalereien nachgebaut.

Museo Nazionale Preistorico Etnografico L. Pigorini

Dieses Nationalmuseum für Vorgeschichte und Völkerkunde im EUR (P. le Marconi, 14) gründet sich auf die von dem Jesuitenpater Athanasius Kircher im 17. Jh. zusammengetragene Sammlung ethnographischer und prähistorischer Objekte (vgl. auch Museo Etrusco), die seit 1962 in dem modernen EUR-Bau zu Hause ist. Im ersten Stock des Gebäudes befindet sich die völkerkundliche Abteilung mit besonders beachtlicher afrikanischer Sammlung, im zweiten stehen ur- und frühgeschichtliche Funde aus der Region Latium im Mittelpunkt.

In der Vorhalle empfängt den Besucher der Nachbau der urzeitlichen Grotte Guattari (Circeo), in den nachfolgenden Räumen I–XXVII sind Fundstücke der Steinzeit von verschiedenen Fundorten ausgestellt, in den Sälen XIII–XVIII großenteils aus Latium (mittlere und jüngere Altsteinzeit). Muscheln und Fossilien (V–VII), Schädel von Neandertalern, Knochen, Steingerätschaften, Fauna und nicht zuletzt Fragmente einer Kalkwand aus der Arnaldo-dei-Bufali-Grotte in Sezze Romano (Saal XXIII) mit Farbresten (Endphase Paläolithikum/Mesolithikum) sind zu sehen. In Saal XXV stehen die Ausgrabung der neolithischen Siedlung Palidoro, in den beiden folgenden die Patrizi-Grotte (Sasso di Furbara), ein Grab der Jungsteinzeit mit Grabbeigaben und Werkzeugen, im Zentrum.

Die Säle XXVIII–XLI bergen Funde der Bronzezeit, u. a. aus Gräbern in Latium (XXVIII), Rinaldone (XXIX), Tolfa und Allumiere (späte Bronzezeit, XXXVI–XXXIX), Val de Varri und Pian Sultano (XXXIV–XXXV). Sehenswert sind in Saal XXX die Nachbildung eines bronzezeitlichen Grabes von Sgurgola (Frosinone), außerdem das spätbronzezeitliche Schwert aus Arsoli (XXXV). Die Säle XL und XLI widmen sich der Latiumkultur im 10. und 9. Jh. Unter den Funden der ausgehenden Bronze- und frühen Eisenzeit, schwerpunktmäßig Grabbeigaben, stammt ein Teil aus der

Stadt Rom selbst (Säle XLV–XLVI) oder aus dem Umland (Colli Albani, XLVIII–XLV); außerdem sind die Weihegaben aus Montecassino und Rom (Saal LXV–LXVI) sehenswert. In die frühe Eisenzeit datieren Grabfunde aus dem nördlichen Latium, die in den Sälen LXVII–LXXII ausgestellt sind, darunter sehenswerte doppelkonische Aschenurnen (Villanova-Kultur), Keramik, Bronzeschmuck, Glas und Bernstein. Den Abschluss bildet die Rekonstruktion zweier eisenzeitlicher Gräber von Osa und deren Grabbeigaben (73).

Musei Vaticani

Die angeblich größte Antikensammlung der Welt besteht genau genommen aus 15 Einzelmuseen und 27 Sammlungen und Galerien. Die ungeheure Fülle an Kunstwerken von höchster kunstgeschichtlicher und historischer Bedeutung deckt das Spektrum von der Antike bis zur Moderne ab und basiert auf der großen Sammler- und Mäzenatentätigkeit der Päpste seit dem 15. Jh. Grundlegend für die Anordnung sind daher auch nicht chronologische oder thematische Kriterien, sondern die jeweiligen päpstlichen Sammlungen und die Vorlieben der jeweiligen Päpste.

Julius II. schuf 1503 im Statuenhof des Palazzetto Belvedere mit antiken Statuen, darunter der *Apoll von Belvedere* und die *Laokoon*-Gruppe, die erste museale Anordnung. Doch erst Clemens XI. (1700–21) und dessen Nachfolger verfolgten ernsthaft die Idee eines »richtigen« Museums. Unter Benedikt XVI. entstand 1754 ein Museum christlicher Altertümer, ein Jahrzehnt darauf ließ Clemens XIII. (1756–1769) das Museo Profano eröffnen. Die wahren Initiatoren der Vatikanischen Museen waren jedoch Clemens XIV. (1769–74) und sein Nachfolger Pius VI. (1775–99) – ihnen ist das Museo Pio Clementino zu verdanken. Tatkräftige und sachkundige Hilfe erhielt Clemens XIV. durch J. J. Winckelmann, der als Antikenkenner und Berater in seinen

Diensten stand. Die Schätze wanderten zeitweise mit Napoleon nach Paris, kehrten jedoch 1816 an ihren alten Ort zurück.

1807–10 richtete Canova im Auftrag von Pius VII. (1800–23) das Museo Chiaramonti ein, 1822 eröffnete der Braccio Nuovo. Gregor XVI. (1831–46) zeichnete 1837 für das Museo Gregoriano Etrusco und kurz darauf für die Gründung eines ägyptischen Museums verantwortlich, 1844 ließ er das Museo Gregoriano Profano einrichten, das 1963 mit dem von Pius IX. (1864–78) gegründeten Museo Pio Cristiano im Lateranpalast vereint und in den Vatikan verlegt wurde. 1970 konnten beide Sammlungen inklusive des Museo Missionario-Etnologico in einen modernen Bau einziehen.

Rundgang

Ein zusammenhängender chronologischer oder thematisch ausgerichteter Rundgang ist in diesem aus rund 1400 Sälen und 30 000 qm bestehenden Komplex nicht möglich. Die einfache Besichtigungstour von 7 km Länge verlangt nach einer Auswahl. Vier Teile sind ein absolutes Muss: die Antikensammlung im Museo Pio Clementino, das Museo Gregoriano Profano als neuester und spektakulärster Museumsteil, die Stanzen Raffaels und natürlich die Sixtinische Kapelle. Im Folgenden werden nur die archäologischen Sammlungen berücksichtigt.

Der Cortile delle Corazze dient als Verbindungsglied zwischen Belvedere und dem modernen Museo Pio Cristiano. In seinem Zentrum steht die 161 n. Chr. von Mark Aurel und Lucius Verus gestiftete Antoninus-Pius-Säule, deren Reliefs Reiterparaden, Bestattungsszenen und die Apotheose des Antoninus Pius und der Faustina zeigen.

Im Museo Gregoriano Egiziano, bestehend aus neun Sälen mit ägyptisierendem Dekor, finden sich schwerpunktmäßig Funde aus Ägypten, zum einen Inschriften-Stelen, Reliefs, Sarkophage, Mumien und Grabbeigaben, zum anderen ägyptische (Kolossal)-Statuen sowie in römischer Zeit entstandene ägyptisierende Götterstatuen, Priester- und Herrscherfiguren. In Saal II ist das rekonstruierte Serapeum der Hadriansvilla in Tivoli zu sehen – Hadrian war bekannt für seine Vorliebe für Ägyptisierendes. Hervorzuheben sind außerdem eine Grabnachbildung aus dem Tal der Könige, der Kopf einer Pharaonen-Statue von Mentuhotep II. (2061–2010 v. Chr.) und ein Gedenkstein für Hatschepsut (1490–1468 v. Chr.). Interessant ist auch die Sammlung an Kleinkunst und Keramik verschiedener Herkunft und Zeiten (Säle VI–VIII) und die assyrischen Reliefs in Saal IX.

Der angrenzende Innenhof, Cortile della Pigna, erhielt seinen Namen von einem Pinienzapfen auf einem antiken Figuralkapitell. Der in der Antike als Brunnenschmuck verwendete Zapfen stand früher, wie Dante im *Inferno* erwähnt, im Atrium von Alt-Peter.

Das Museo Pio Clementino stellt einen ersten Höhepunkt auf dem Rundgang dar und bietet qualitätvolle Antiken zuhauf, verteilt auf mehrere Säle: In der Sala a Croce Greca befinden sich römische Mosaiken und Sarkophage, darunter ein Porphyrsarkophag mit Puttendarstellung. Er wird der Constantia, der 354 verstorbenen Tochter Konstantins, zugeordnet, wohingegen ein weiterer rotbrauner Porphyrsarkophag mit kriegerischen Szenen der Mutter des Kaisers, Helena (Anfang 4. Jh. n. Chr.) gehörte. In der Sala Rotonda, versehen mit antikem Fußbodenmosaik aus Otricoli, dominiert eine 4 m große Statue des *Herakles Invictus* aus dem Pompeiustheater (2. Jh. n. Chr.), außerdem sind u. a. eine Antinoosstatue, eine *Hera Barberini* – eine späthellenistische Variante der *Hera Borghese* aus dem mittleren 5. Jh. v. Chr. – und der überlebensgroße, ausdrucksstarke Kopf des Zeus von Otricoli, eine späthellenistische Kopie nach griechischem Original des 4. Jh.s v. Chr. von Bryaxis, zu sehen. Übergroß sind auch die ausgestellten Köpfe des Hadrian, der Plotina und der Juno Sospita aus dem 1. Jh. n. Chr.

Michelangelo soll es gewesen sein, der bedauerte, dass der Torso von Belvedere in der Sala delle Muse nur ein Fragment sei. Glaubt man einer Inschrift, war »Apollonius von Athen« der Schöpfer dieses großen Meisterwerks, das auf dem Campo de' Fiori gefunden und von Papst Clemens VII. (1523–34) erworben worden war. Die bis heute nicht eindeutig benannte Figur (Ares? Herakles?) wird nach stilistischen Kriterien ins 1. Jh. v. Chr. datiert. In der Nachbarschaft stehen sieben Musenstatuen, u. a. der Thalia und der Kalliope – mit ergänzten Attributen – sowie ein leichtfüßig dahinschreitender *Apollon Musagetes* mit Leier, allesamt aus der Villa des Cassius bei Tivoli. Außerdem finden sich Kopien mehrerer griechischer Philosophen und Dichter (Sophokles, Epikur, Euripides, Platon, Sokrates, Homer) sowie eine Herme des Athener Staatsmannes Perikles, dessen Statue von Kresilas auf der Athener Akropolis stand.

Papst Pius VI. frönte seiner Liebe für Tierfiguren und vereinte eine ganze Reihe antiker Exemplare sowie einiger im 18. Jh. neu geschaffener Figuren in der Sala degli Animali. Antike Mosaiken zieren den Boden, ein stark ergänzter (späthellenistischer) Triton mit Nereide tritt gegenüber der qualitätvollen Statue des Meleager mit dem kalydonischen Eber, eine römische Kopie aus dem 2. Jh. n. Chr. nach Original des Skopas aus der 2. Hälfte des 4. Jh.s v. Chr., in den Hintergrund. In der Galleria delle Statue umgeben Fresken mit Landschaftsdarstellungen und reiche Stuckornamentik großartige Meisterwerke: die *Schlafende Ariadne* – eine römische Kopie nach pergamenischem Vorbild des späten 2. Jh.s v. Chr. –, den verstümmelten *Eros von Centocelle* (4. Jh. v. Chr.), der an der Via Labicana gefunden wurde, den *Apollon Sauroktonos* (praxitelisches Original, 4. Jh. v. Chr.), der 1777 auf dem Palatin ans Tageslicht kam, und die sog. *Amazone Mattei* mit nicht zugehörigem Haupt.

Das Gabinetto delle Maschere hat seinen Namen wegen des aus der Villa Adriana stammenden Fußbodenmosaiks mit Theatermasken. Sehenswert ist eine römische Kopie der berühmten *Venus von Knidos*. Praxiteles soll im 4. Jh. v. Chr. zwei Statuen zum gleichen Preis gefertigt haben: eine mit einem (durchsichtigen) koischen Gewand, die andere nackt. Im Tempel von Knidos sorgte letztere für einige Furore, schließlich war es die erste entblößte Frauendarstellung in der antiken Bildniskunst! Eine Kopie der kauernden Doidalses-Aphrodite (Original 3. Jh. v. Chr.) ist hier ebenso aufgestellt wie die im Klassizismus beliebte Gruppe der *Drei Grazien* nach späthellenistischem Original aus der Villa Adriana. Vor der berühmten Treppe des Bramante befindet sich die Galleria dei Busti, in deren Sälen vorwiegend Bildnisse römischer Kaiser ausgestellt sind.

Im einstigen Innenhof der Sommervilla Innozenz' VIII., dem Cortile Ottagono, hatte Papst Julius II. mit dem *Apoll von Belvedere* den Grundstein für die Vatikanischen Museen gelegt. Schon in der Antike als Verkörperung des von Homer überlieferten ästhetischen Ideals der »leicht lebenden Götter« (*Ilias* 6,138 und 24,545 f.) betrachtet, pries kein Geringerer als Johann Joachim Winckelmann diesen Apollon – eine um 130 n. Chr. geschaffene römische Kopie nach hellenistischem Original des Leochares – in höchsten Tönen. Mindestens ebenso beeindruckend ist die hier aufgestellte *Laokoon*-Gruppe, 1506 auf dem Areal der Domus Aurea (Esquilin) gefunden, von Michelangelo restauriert. Der antike Schriftsteller Plinius d. Ä. (*Naturalis Historiae* 26,37) nennt die rhodischen Künstler Hagesandros, Polydoros und Athanadoros als Bildhauer und den Palast von Kaiser Titus als Aufstellungsort der Gruppe mit dem sterbenden Laokoon. Der Priester hatte die Troianer vor dem hölzernen Pferd der Griechen gewarnt und wurde deswegen von Athena hart bestraft: Schlangen erwürgten ihn und seine Söhne. Die Datierung schwankt zwischen dem 3. Viertel des 1. Jh.s v. Chr. und flavischer Zeit. Ebenfalls qualitätvoll ist die Hermes-Statue des Praxiteles in einer weiteren Hofnische, mit perfekten Proportionen als das Idealbild eines Jünglings angesehen.

Apoll von Belvedere

Lysipp soll der Schöpfer der Athletenfigur gewesen sein, die den Moment nach dem Wettkampf festhält, als sich der Sportler den Körper mit einer Strigilis, einem Schabeisen, von Öl und Sand säubert. Eine Kopie des weithin gerühmten *Apoxyomenos* des Lysipp (Original 4. Jh. v. Chr.) wurde 1849 in Trastevere gefunden und steht nun in dem an den Cortile angrenzenden Gabinetto dell'Apoxyomenos.

Zum Museo Chiaramonti gehören die gleichnamige Galleria, die Galleria Lapidaria sowie der Braccio Nuovo. Die Galleria Chiaramonti ist eigentlich ein Verbindungsgang zwischen zwei Papstpalästen, von Bramante errichtet und von Canova ausgestattet. Pilaster und Nischen gliedern die Wände, die auf verschiedenen Höhen eine fast unüberschaubare Zahl an Büsten, v. a. republikanische und kaiserzeitliche Porträts bergen, aber auch einige Reliefs (wie jenes der *Drei Grazien*), Statuen (Herakles des Lysipp, Monumentalkopf der Athena, 5. Jh.) und Sarkophage zeigen. In der gegenwärtig nur auf Anmeldung zugänglichen Galleria Lapidaria sind u. a. etwa 3000 Inschriften verschiedenster Art versammelt.

Der Braccio Nuovo fungiert als Riegel zwischen Cortile della Biblioteca und Cortile della Pigna. Im Zentrum dieses langgestreckten tonnenüberwölbten und mit Statuennischen versehenen Verbindungsbaus befindet sich eine Zentralkuppel und in ihr ein weiteres wegweisendes antikes Kunstwerk: der *Augustus von Primaporta*. 1863 in der Sommervilla der Livia bei Primaporta gefunden, ist der »vergöttlichte« Kaiser zwar mit Tunika, Panzer und Feldherrnmantel dargestellt, aber barfuß. Auf dem Brustpanzer sind als Relief mehrere historische Szenen wie die diplomatische Rückgewinnung der von Antonius und Crassus 53 v. Chr. an die Parther verlorenen römischen Feldzeichen durch Augustus 20 v. Chr. dargestellt. Ein weiterer Höhepunkt in diesem Saal ist eine Porträtstatue des Athener Redners und Politikers Demosthenes (384–322). Ihm zu Ehren hatte sein Neffe Demochares um 280 v. Chr. eine Statue in Auftrag gegeben, die auf der Athener Agora aufgestellt wurde. Sehenswert sind zudem die *Athena Giustiniani* (aus der gleichnamigen Sammlung), von der schon Goethe schwärmte, oder der berühmte *Doryphoros* des Polyklet, Kopie eines Originals aus der Mitte des 5. Jh.s, der zur Illustration des »polykletischen Kanons«, der anatomischen Lehre von Kontrapost und Ponderation, diente. Dazu kommen die *Verwundete Amazone* des Typus Sciarra (nach einem Original des Kresilas) und ein alter Silen mit Dionysosknaben nach einem frühhellenistischen Original aus der Lysipp-Schule (etwa 300/280 v. Chr.).

Im Stockwerk über dem Museo Pio Clementino stehen im Museo Gregoriano Etrusco etruskische Funde aus Ausgrabungen in Süd-Etrurien (v. a. Vulci, Tarquinia oder Cerveteri) im Mittelpunkt. Das Kernstück der Sammlung von Gregor XVI. bilden die qualitätvollen Funde aus verschiedenen Gräbern (v. a. Tomba Regolini-Galassi) einer 1836/37 freigelegten Nekropole in Cerveteri, die Zeugnis von Wohlstand und erlesenem Geschmack ablegen. Zu dem sehenswerten Fürstengrab mit zwei Körper- und einer Feuerbestattung, das ins mittlere 7. Jh. datiert, gehörte ein Zweigespann und ein Bronze-Totenbett. Außerdem finden sich in dieser Abteilung mehrere Sarkophage, darunter einer aus Cerveteri (weißer Travertin mit farbigem Relief, 5. Jh. v. Chr.), Tuscania (Magistraten-Sarkophag, Tuffstein, 3. Jh. v. Chr.) und ein Atriden-Sarkophag aus Tarquinia (2. Jh.). Grabstelen, Fibeln, Spiegel und andere Alltagsgegenstände sind überdies auf die insgesamt 18 Räume verteilt. Berühmt ist v. a. die Vasensammlung des Museo Gregoriano Etrusco. Herausragende Stücke stammen aus der Tomba Regolini-Galassi, z. B. ein dem Kavalkademaler zugeschriebener spätmittelkorinthischer Kolonettenkrater (Inv. 16448, um 580/570), der einen Hochzeitszug sowie Reiter über einem schmäleren Tierfries zeigt. Die meisterhafte schwarzfigurige Bauchamphora (Inv. 16757) mit Exekias-Signatur zeigt die Heimkehr der Dioskuren auf der einen, Achill und Aias beim Brettspiel auf der anderen Seite. Gleichermaßen qualitätvoll ist eine rotfigurige Hydria (Inv. 16568), die dem sog. Berliner Maler zugeschrieben wird. Sie wird um 480/470 datiert und zeigt einen auf seinem Dreifuß über das Meer reitenden Apollon. Bei einer Trinkschale des Duris (Inv. 16545), um 480/470, ist besonders das Innenbild sehenswert: Jason im Schlund des Drachens, begleitet von Athena und dem Goldenen Vlies. Dem Achilleus-Maler wird eine um 450 datierte rotfigurige Bauchamphora (Inv. 16571) zugeschrieben, die als einzige Figur Achilleus zeigt, der Phiale-Maler ist mit einem weißgrundigen Kelchkrater (Inv. 16586, um 440/430) mit Hermes, Dionysoskind, Silen und Nymphen vertreten.

Die angrenzenden Salette degli Originali Greci sind zwei Deutschen zu verdanken: Die Archäologen Walter Amelung und Hermine Speier entdeckten 1920 bzw. 1946/47 verschiedene Fragmente vom Bauschmuck des Athener Parthenons. Seit 1960 besteht diese Abteilung, die außer Baudekor vom Parthenon – u. a. ein berühmtes Pferdekopf-Fragment vom Westgiebel, die Köpfe eines Jünglings (N-Fries-Fragment), eines bärtigen Mannes (S-Metope) sowie ein Athenakopf – auch andere griechische Originale zeigt, wie ein Fragment einer um 460 von Myron für die Athener Akropolis geschaffenen Skulptur. Außerdem sind das um 430 v. Chr. datierte Fragment einer Grabstele mit Reiter und die attische Grabstele eines Athleten aus der Mitte des 1. Jh.s v. Chr. nach klassischem Muster zu sehen.

In der Sala della Biga befindet sich ein 1788 aus antiken Fragmenten des 1. Jh.s n. Chr. geschaffener Wagen. Der antike Wagenkasten diente lange als Bischofsthron in San Marco und gehörte ursprünglich wohl zu einem Triumphwagen. Außerdem aufgestellt sind fünf Kindersarkophage und verschiedene römische Statuen, darunter herausragend die Kopie eines zum Wurf ansetzenden Diskuswerfers (*Antretender Diskobol*), nach einem Original des Naukydes um 390/380, mit nicht zugehörigem Kopf.

Blick in die Galleria dei Candelabri

Die Galleria dei Candelabri wurde benannt nach den hier aufgestellten Kandelabern, darunter ein sehenswertes Marmorexemplar aus Otricoli. Abgesehen von mehreren Sarkophagen der 2. Hälfte des 2. Jh.s n. Chr. mit mythischen Szenen stehen hier Hunderte antiker Skulpturen, unter denen allerdings nur wenige herausragen: der sog. *Ganswürger*, eine Marmorkopie eines dem Boethos zugeschriebenen Bronzeoriginals (wohl 1. Hälfte 3. Jh. v. Chr.), von dem es auch eine Kopie in der Münchener Glyptothek gibt. Außerdem beachtlich: eine Statuette der Tyche von Antiochia (von dem Griechen Eutychides, Anfang 3. Jh. v. Chr. geschaffen), ein klassizistisch-neuattisches Bildnis einer Wettläuferin (1. Jh. v. Chr.) und die Gruppe *Ganymed und Adler* (Leochares, 2. Hälfte 4. Jh. v. Chr.).

Teil des Museo Sacro ist die Sala delle Nozze Aldobrandini, 1838 von Papst Gregor XVI. eingerichtet und nach einem Fresko aus augusteischer Zeit nach hellenistischem Vorbild mit der Darstellung einer Hochzeitsszene benannt. Außer der *Aldobrandinischen Hochzeit* sind die sog. Odyssee-Landschaften ausgestellt, um 50 v. Chr. als erste realistische Landschaftsdarstellung der Antike entstanden. 1848 auf dem Esquilin ausgegraben, sind nur zwei von ursprünglich elf Tafeln, der *Angriff der Laistrygonen* und die *Ankunft Odysseus auf der Insel der Kirke*, erhalten.

In dem westlich angebauten neuen Flügel finden sich außer der Gemäldegalerie Pinacoteca Vaticana die Musei Ex-Lateranensi. Dazu gehört im Obergeschoss das Museo Pio Cristiano, in dem sich in erster Linie ein Blick auf die zahlreichen spätantiken und christlichen Sarkophage, die nach Typen und Themen geordnet sind, lohnt. Außerdem sind christliche Inschriften aller Art ausgestellt sowie zumeist aus Katakomben stammende Mosaiken und Architekturdetails. Im Kellergeschoss darunter befinden sich das Museo Missionario-Etnologico und das Museo Storico.

Das Museo Gregoriano Profano, dessen schlichte, moderne Architektur die hier aufgestellten qualitätvollen Kunstwerken gut zur Geltung bringt, birgt vor allem plastische Werke, Statuen, Reliefs und Sarkophage, darunter griechische Originale, römische Kopien und Neuschöpfungen. Einen ersten Höhepunkt stellt die *Athena-Marsyas*-Gruppe, eine 1823 auf dem Esquilin gefundene Kopie dar, die auf ein griechisches Bronzeoriginal des Myron aus der Mitte des 5. Jh.s v. Chr. zurückgeht. Die Gruppe war ein beliebtes

Objekt römischer Kopisten und ist in verschiedenen Versionen in den Museen der Welt vertreten. Vorbei am schwarzen Basaltkopf des *Idolino* (Polyklet), fällt eine überlebensgroße Sophokles-Statue ins Auge. Sie gibt ein verlorenes griechisches Bronzeoriginal des Praxiteles wieder, das der Staatsmann Lykurg 340 v. Chr. im Dionysostheater zu Athen aufstellen ließ. Ebenfalls überlebensgroß ist die Skulptur der *Niobide Chiaramonti*, gefunden in der Villa Adriana in Tivoli und einst Teil einer nach griechisch-hochhellenistischem Vorbild im 1. Jh. v. Chr. von einem neuattischen Künstler geschaffenen Skulpturengruppe im Apollon-Sosianus-Tempel in Rom. Ebenfalls in römischer Zeit beliebt und häufig kopiert war der *Ausruhende Satyr* des Praxiteles (4. Jh. v. Chr.). Den Boden dieses Museumsabschnitts ziert ein interessantes Mosaik vom Aventin mit Theatermasken und realistischen Essensresten, signiert von »Heraklit«.

An römischer Bildhauerkunst des 1. bis 3. Jh.s n. Chr. sind Reliefs, Altäre und Kaiserbildnisse zahlreich vertreten: kaiserliche Porträtköpfe und Statuen, Bildnisse des Antinoos, des Äskulap, der Artemis von Ephesos sowie des stiertötenden Mithras. Sehenswert sind vor allem die beiden Platten der Cancelleria-Reliefs, benannt nach dem gleichnamigen Palazzo am Corso, die den Einzug von Kaiser Vespasian in Rom 70 n. Chr. darstellen. Wichtige Aussagen über das Aussehen antiker römischer Bauten geben die Reliefs aus dem Grab der Haterier an der Via Casilina, die neben zwei Büsten erhalten sind (um 120 n. Chr.).

Museo della Via Ostiense

Untergebracht in der Porta San Paolo, dem Ausfalltor in Richtung Ostia, befindet sich das kleine Museo della Via Ostiense (Via R. Persichetti). Das Torhaus beherbergt vor allem die Funde, die an der Via Ostiense gemacht wurden, darunter Reste von Wandmalerei und Grabdenkmälern. Sehenswert ist ein großes Modell der Stadt Ostia sowie eines des antiken Hafens aus trajanischer Zeit. Modelle einzelner Gebäudekomplexe des antiken Ostia und ein Querschnittsmodell der Via Ostiense geben eine gute Vorstellung vom Aussehen der antiken Hafenstadt. In einem der beiden Tortürme finden sich noch Reste frühchristlicher Malerei.

Galleria Borghese

Kardinal Scipione Caffarelli-Borghese (1579–1633), Sohn der Ortensia Borghese und Neffe von Papst Paul V. (1605–21), ließ sich 1613–15 mitten im Grünen ein »Privatschloss« erbauen. Die Galleria Borghese (Zugang: Viale del Museo Borghese) war von Anfang an als Gemäldegalerie geplant gewesen, schließlich war Borghese einer der herausragenden Kunstkenner, -sammler und -mäzene seiner Zeit. Sein Interesse richtete sich auf antike Kunst, Kunst der Renaissance und zeitgenössische Kunst, letzteres eher ungewöhnlich. Gemälde von Caravaggio, niederländischen Meistern oder vor allem Werke von Bernini – allesamt »zeitgenössisch« – zog er mittelalterlicher Kunst vor, zudem hatte er ein Faible für Statuengruppen.

Erst 1782 stellte Marcantonio Borghese die gesammelten Kunstwerke aus, Teile der sehenswerten Antiken-, Skulpturen- und Gemäldesammlung wurden allerdings auch verkauft, z. B. 1807 an den eingeheirateten Napoleon (heute Louvre, Paris). Spätere Neuerwerbungen und Ausgrabungsfunde konnten die Lücken teilweise wieder schließen. 1902 ging die Sammlung erst in Staats-, später in städtischen Besitz über und aus der »Königin aller Privatsammlungen« wurde ein öffentlich zugängliches Museum. Im Sommer 1998 eröffnete es nach umfassender Renovierung mit einer spektakulären Bernini-Ausstellung neu; seither ist auch das lange geschlossene Obergeschoss mit einer der herausragenden Gemäldesammlungen Italiens (um 1600 entstanden) wieder zugänglich.

Den Kern der Sammlung machen die bedeutenden Werke Berninis aus, vor allem aus seiner frühen Schaffensperiode. Dazu gehört die Gruppe *Apoll und Daphne* (Saal III) von 1624, der *Raub der Proserpina* von 1622 (Saal IV), *David mit der Schleuder* von 1624 (Saal II) oder *Aeneas und Anchises* (Saal VI). Eines der bedeutendsten klassizistischen Bildwerke wird ebenfalls hier ausgestellt: die *Venus Victrix* (Saal I), eine Porträtstatue der Paolina Borghese, die Camillo Borghese 1805 von dem berühmten Bildhauer Canova erschaffen ließ.

In direkter Nachbarschaft zu Berninis Meisterwerken findet sich eine Reihe sehenswerter antiker Skulpturen, in Saal II stehen mehrere antike Sarkophage, während sich im Salon dem Eingang gegenüber (Saal IV) fünf Fragmente eines Bodenmosaiks mit Jagd- und Kampfszenen aus dem 3. Jh. n. Chr. befinden, außerdem Kolossalköpfe des Hadrian und des Antoninus Pius sowie zwölf Kaiserbüsten aus farbigem Marmor. Bemerkenswert sind hier zudem eine Bronzekopie des *Farnesinischen Stiers* und eine Bacchus-Herme. In Saal V (Sala dell' Ermafrodito) finden sich ebenfalls antike Skulpturen wie eine *Athena-Parthenos*-Replik des Phidias, ein römisches Mosaik mit Fischfangszenen und der *Schlafende Hermaphrodit* aus hellenistischer Zeit. Römische Kopien nach griechischen klassischen Vorbildern sind in den Sälen VII (Sala Egizia) und VIII (Sala del Fauno) ausgestellt. Während in Saal VII verschiedene Amphoren und Schalen in verschiedenen Materialien sowie eine Peploskore mit nicht zugehörigem Kopf ausgestellt sind, steht in Saal VIII der meisterhaft von Thorvaldsen restaurierte *Tanzende Faun*.

Sonstige Antikensammlungen

Galleria Colonna

Der Palazzo Colonna, zwischen Piazza Santi Apostoli, Via Pilota und Via 4 Novembre wurde Anfang des 15. Jh.s für Papst Martin V. Colonna errichtet. Es handelt sich um einen riesigen Komplex mit mehreren Innenhöfen. Nur am Samstag öffnet die Galleria (Zugang: Via della Pilotta) ihre Pforten: In den prachtvoll im 17. Jh. ausgestatteten und ausgemalten Sälen befindet sich eine sehenswerte Gemäldesammlung, dazwischen sind antike Statuen meist unbekannter Herkunft und mit oft nicht zugehörigen oder modernen Köpfen ausgestellt. Vor allem in der Sala Grande sind einige sehenswerte Skulpturen versammelt: Asklepios (mit modernem Körper), eine Vestalin, ein schlafender Eros, Kopien des *Hermes Richelieu*, der *Amazone Sosikles*, der *Aphrodite Anadyomene*, des *Hermes Ludovisi* und nicht zuletzt der sog. *Aphrodite Louvre-Neapel*, außerdem eine tanzende Muse sowie Büsten von Septimius Severus, Antoninus Pius und Hadrian. Im Eingangsbereich fallen neben zahlreichen Antefixen und anderen Bauteilen und Steindenkmälern Fragmente von Campana-Reliefs ins Auge.

Galleria Doria Pamphili

Die Galleria Doria Pamphili (Piazza del Collegio Romano) besitzt eine bedeutende Kunst- und Antikensammlung – eine der wenigen, die sich noch heute in Privatbesitz befinden. Den Grundstein legte Papst Innozenz X. Pamphili, dessen Neffe Camillo Pamphili mit seiner Gemahlin die Sammlung erweiterte. Ende des 17. Jh.s wurden die Kunstschätze vom Palazzo Pamphili an der Piazza Navona in den Palazzo am Corso überführt und 1838 der Öffentlichkeit zugänglich gemacht.

Die Sammlung ist ein Gesamtkunstwerk: Prächtig freskierte Räume zeigen Meisterwerke der italienischen Malerei des 16. und 17. Jh.s, Gemälde niederländischer und flämische Maler, aber auch zahlreiche antike und barocke Skulpturen sowie große Tapisserien. Die Antiken befinden sich vor allem in der Sala Tonda des Casino Nobile; dazu gehören z. B. Kopien der *Hera Borghese* als Ceres, einer Amazone des Phradmon, *Athena Ince Blundell*, die berühmte *Aphrodite Doria-Pamphili*, ein Marsyas und eine Kopie des *Alten Fischers*. Ebenfalls von hoher Qualität sind ein Drei-Figuren- und ein Perseus-Andromeda-Relief, außerdem sind Rundaltäre, Stelen- und Sarkophagfragmente sowie Kaiserbildnisse (auch im Giardino del Teatro) vertreten. Auffällig ist der sog. *Cacciatore*, das Standbild des nackten Galienus.

Galleria Spada

In der Via Capo di Ferro steht der Palazzo Spada, nach dem Sacco di Roma von Kardinal Girolamo Capo di Ferro 1540 bei Giulio Mersi da Caravaggio in Auftrag gegeben. 1632 ging der Palast in den Besitz der Familie Spada über, die Borromini mit umfangreichen Restaurierungsarbeiten beauftragte und gleichzeitig begann, Kunst zu sammeln. Seit 1927 in Regierungsbesitz, dient das Gebäude heute als Sitz des Staatsrates. Hauptattraktion ist im Innenhof die berühmte Galerie Borrominis von 1661, in der er mittels Scheinperspektive (*trompe l'œil*) statt des real 9 m einen schätzungsweise 50 m langen Doppelsäulengang vortäuschte.

Der Großteil der in der Galleria Spada (Zugang hinter dem Innenhof, links) ausgestellten Werke wurde von Bernardino Spada (1594–1661) zusammengetragen und vor allem durch Kardinal Fabrizio Spada (1643–1717) vergrößert. Im Obergeschoss des Baus sind bedeutende Meisterwerke der italienischen Malerei des 17. Jh.s, Werke von Brueghel d. Ä., Tizian, Rubens und Dürer ausgestellt. Interessant sind die vertretenen antiken römische Porträts.

Ostia, der Hafen Roms

Geschichte der Stadt

Der Name »Ostia« geht auf das lateinische Wort *ostium* ›Mündung‹ zurück: tatsächlich befand sich die antike Stadt, anders als der 6 km von der Küste entfernt liegende heutige Ort, an der Mündung des Tibers ins Mittelmeer. Ostia kann zwar nicht mit solch spektakulären Funden wie das antike Pompeji aufwarten, doch vermittelt die eindrucksvolle Ruinenlandschaft von Ostia Antica eine hervorragende Vorstellung von Aussehen und Leben in einer pulsierenden römischen Großstadt.

Nach der Sage soll der vierte etruskische König Roms, Ancus Martius, Ostia im 6. Jh. v. Chr. gegründet haben. Nach dem archäologischen Befund ist jedoch nur sicher, dass zu Beginn des 4. Jh.s v. Chr. ein Castrum zur Sicherung der Tibermündung und des römischen Hafens, der vermehrt auch als Marinestützpunkt diente, erbaut worden war. Die Entstehung dieses Militärlagers und der im Laufe der Zeit ringsum wachsenden Siedlung steht in engem Zusammenhang mit der steigenden Bedeutung Roms als See- und Handelsmacht zunächst im westlichen, dann im gesamten Mittelmeerraum.

In der ersten Hälfte des 1. Jh.s v. Chr. ließ Sulla den Ort ummauern und zur Veteranensiedlung ausweiten. Kaum 100 Jahre später war daraus eine moderne Metropole entstanden, deren Hafenanlagen am Tiber jedoch längst nicht mehr den gewachsenen Anforderungen entsprachen. Schon Augustus plante deshalb einen Ausbau, doch erst unter

Claudius wurde das Hafenbecken ab 54 n. Chr. erneuert. Für eine Verbesserung der Infrastruktur sorgte Caligula mit dem Bau eines neuen Aquädukts, Nero stellte eine eigene Polizei- und Feuerwehrtruppe auf. Das eigentliche Hauptproblem der Stadt im 1. Jh. n. Chr. war jedoch die zunehmende Versandung der Tibermündung. Trajan ließ deswegen zwischen 102 und 112 n. Chr. ein sechseckiges Hafenbecken, nordwestlich von Ostia, auf der anderen Tiberseite, neu ausheben. Heute erinnert ein kleiner künstlicher See nahe dem Flughafen daran.

Seine Blütezeit erlebte Ostia in der Kaiserzeit, damals zählte es wohl schon um die 100 000 Einwohner. Es muss hier rege Betriebsamkeit geherrscht haben, wenn die Waren von den großen Schiffen auf kleinere Treidelschiffe umgeladen wurden, die dann von Ochsenkarren tiberaufwärts nach Rom gezogen und am Hafen im Testaccio-Viertel entladen wurden. Jährlich sind hier etwa 130 Mio. Scheffel (6,8 Mio. t) Korn, Hirse (größtenteils aus Ägypten), daneben Öl und Wein (v. a. aus Gallien) umgeschlagen worden. Die Schiffe liefen zumeist am Nachmittag ein, wenn der Wind von Westen her wehte, und legten am Morgen bei Landwind wieder ab.

Ostias Geschicke blieben immer eng mit denen Roms verknüpft; mit dem Niedergang der antiken Metropole, besonders ab dem 6. Jh., verlor auch der Hafen an Bedeutung. Mehr und mehr Bewohner verließen die malariaverseuchte Region, die danach zwar nicht zerstört oder überbaut, aber langsam in Vergessenheit geriet und von Sand überdeckt wurde. Der heutige Ort Ostia geht auf eine Neugründung Papst Gregors IV. um 840 zurück. Dieses »Gregoriopolis«, eine mittelalterliche Burg mit Siedlung, liegt etwas östlich der versandeten antiken Stadt. Ab dem 15. Jh. wurde der Ort zu einem Kastell zum Schutz der Campagna und der Seeleute erweitert und lebte einige Zeit vom Salzhandel. Erst als 1613 der Kanal von Fiumicino gebaut wurde, verlor er seine Bedeutung. Nach der archäologischen Wiederentdeckung von Ostia Antica entstand um 1900 wieder ein Dorf mit bescheidener Landwirtschaft.

Grabungen in Ostia

Zwar begann man schon ab Mitte des 19. Jh.s mit der mehr oder weniger systematischen Freilegung verschiedener Regionen der antiken Stätte, groß angelegte Grabungen fanden jedoch erst in den 1930er-Jahren statt. Innerhalb weniger Jahre wurde damals ein riesiges Gebiet freigelegt, Ruinen rekonstruiert und als archäologischer Park der Öffentlichkeit zugänglich gemacht. Probleme werfen bis heute fehlende oder unvollständige Ausgrabungspublikationen aus dieser Zeit auf: Es wurde zu schnell und zu ungenau gearbeitet. Fehlerhafte Rekonstruktionen, die sich lediglich an den Funden der Kaiserzeit orientierten, sorgen deshalb bis heute in manchen Details für falsche Vorstellungen und Benennungen.

Seit einigen Jahren finden nun einerseits punktuell gründliche Nachgrabungen statt, die neue Erkenntnisse ans Tageslicht bringen, beispielsweise im sog. Macellum. Andererseits versucht man anhand von Luftbildern und geophysikalischen Prospektionsmethoden (Magnetogramm und elektrische Widerstandsmessung) seit 1997 die bislang kaum erforschten Gebiete des antiken Ostia großflächig zu untersuchen. Dabei konnte u. a. das antike Straßennetz, besonders im Süden der Stadt, fast vollständig rekonstruiert werden und eine frühchristliche Basilika lokalisiert und durch mehrere Grabungsschnitte dokumentiert und in den Stadtzusammenhang eingegliedert werden.

Die Ausgräber des antiken Ostia haben in der 1. Hälfte des 20. Jh.s die Stadt in fünf Bereiche gegliedert, die allerdings nicht der antiken Einteilung in fünf Regionen entsprach. Auch die Straßen- und Häusernamen sind Neuschöpfungen nach Funden, Zweck oder anderen Kriterien.

Wie früher nähert sich auch der moderne Besucher auf der Via Ostiense der Stadt und betritt sie an der Porta Romana [1]. Noch vor diesem Haupt-Stadttor erstreckte sich die Nekropole, überwiegend mit Kammergräbern und Kolumbarien. Zahlreiche Sarkophage sowie kleine Altäre wurden hier gefunden. Ein Teil der republikanischen Stadtmauer [2], von Sulla um 80 v. Chr. erbaut, ist ebenfalls noch erhalten und fällt gleich beim Eingang ins Auge.

Stadtanlage und Topographie

Die Stadtanlage Ostias folgte primär strategischen Gesichtspunkten: Es sollten die Tiberzufahrt gesichert, eine gute Zugriffsmöglichkeit auf die Salinen im Osten gegeben und eine landwirtschaftliche Nutzung der im Süden gelegenen

---

Ostia Antica, Lageplan (s. S. 240, 241)

1 Porta Romana
2 Republikanische Stadtmauer
3 Horrea Neptuniana
4 Caserma dei Vigili
5 Terme di Nettuno
6 Theater
7 Piazzale delle Corporazioni
8 Horrea des Hortensius
9 frühchristliche Kirche
10 Haus des Apuleius
11 Sede degli Augustali
12 Horrea
13 Casa di Diana
14 Thermopolium
15 Forum
16 Kapitol
17 Curia
18 Basilika
19 »Augusteum«
20 Forumsthermen
21 Domus della Fortuna Annonaria
22 Porta Laurentina
23 Tempel der Magna Mater Kybele
24 Sacellum des Attis
25 Porta Occidentalis
26 »Macellum«
27 frühchristliche Basilika
28 Schola del Traiano
29 Casa delle Volte Dipinte
30 Case a Giardino
31 Thermen der Sieben Weisen
32 Mithras-Thermen
33 Tempel des Herkules
34 Domus di Amore e Psiche
35 Horrea Epagathiana e Epaphroditiana

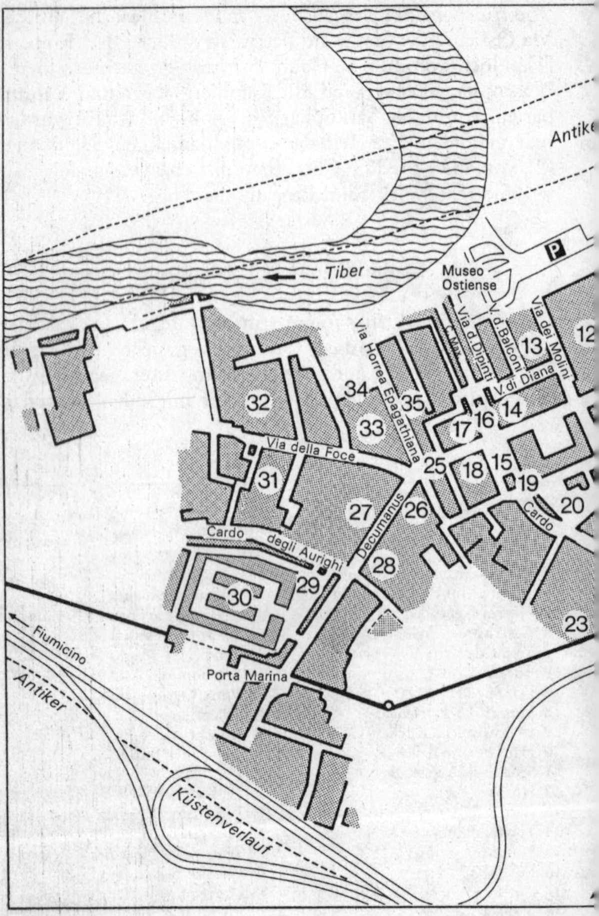

Antike
Tiber
Museo
Ostiense
P
Via d. Dipinti
C. Max.
V. d. Balconi
Via dei Molini
Via Horrea Epagathiana
V. di Diana
Via della Foce
Decumanus
Cardo
Cardo
degli Aurighi
Porta Marina
Fiumicino
Antiker
Küstenverlauf
12
13
14
15
16
17
18
19
20
23
25
26
27
28
29
30
31
32
33
34
35

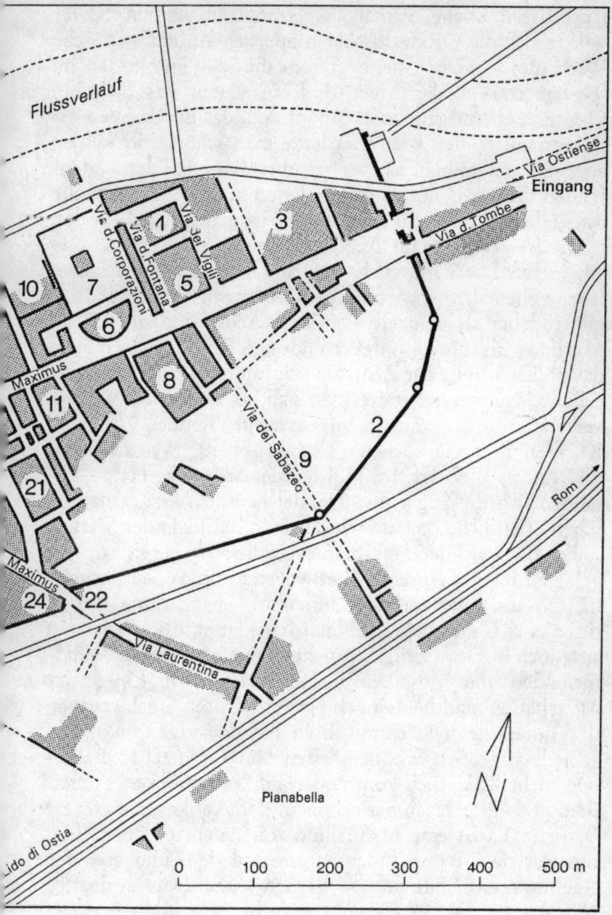

Flussverlauf
Via Ostiense
Eingang
Via d.Tombe
Via dei Vigili
Via d.Fontana
Via d.Corporazioni
Maximus
Via del Sabazeo
Rom
Maximus
Via Laurentina
Pianabella
Lido di Ostia
1
1
2
3
5
6
7
8
9
10
11
21
22
24
0
100
200
300
400
500 m
N

fruchtbaren Ebene, Pianabella, ermöglicht werden. Später wirkte sich die Ortswahl eher hinderlich auf das städtische Wachstum aus: Der Tiber begrenzte die Stadt im Norden, im Westen war es das Meer und im Osten das Stagnum Ostiense, ein ausgedehntes Sumpfland, das durch einen Tiberarm entstanden war. Hier hatte man schon früh Salinen angelegt, indem man Salzwasser über den im Süden verlaufenden Canale dello Stagno herleitete. Dieser Kanal stellte die südliche Grenze für das Agrargebiet in der Pianabella dar.

Die freigelegte Stadt zeigt deutlich ihre militärische Vorgeschichte: Die Stadt wuchs ursprünglich um das zentral gelegene ehemalige Castrum, der Decumanus Maximus fungierte dabei als zentrale Ost-West-Achse und der Cardo Maximus als Nord-Süd-Verbindung. Das Forum bildete das politisch-religiöse Zentrum mit Jupiter-Tempel und Curia, die Wohnviertel erstreckten sich im Süden und Westen, versehen mit der nötigen Infrastruktur: Tempel, Thermen, Kneipen und Garküchen (Thermopolien), Weinschänken und Läden aller Art. Im Norden der Stadt, am Hafen, befanden sich die Lager und Handelshäuser (*horrea*), dazwischen öffentliche Bauten, wie Theater, Basilika oder Markt.

Ein Blick auf den Stadtplan zeigt die schachbrettartig angelegten Insulae (Inseln), überwiegend mit großen Atriumhäusern um einen zentralen Innenhof bebaut. Zumeist handelte es sich um mehrstöckige Mietshäuser, doch befanden sich auch in Ostia einige vornehme, mit kunstvollen Wandmalereien und Mosaiken ausgestattete Villen. Einige der Mietshäuser sind heute noch bis zum dritten Stock erhalten und unterscheiden sich mit ihren Treppenaufgängen, unterschiedlich großen Wohneinheiten und vereinzelten Balkonen nicht wesentlich von modernen Wohnblöcken. Außerdem grassierte scheinbar schon in der Antike unbegrenzte Bauwut. Es ist eine Maßnahme von Augustus überliefert, mit der dem Bauspekulantentum und dem unbegrenzten Bauboom ein Ende gesetzt werden sollte: Danach durften Mietshäuser die Höhe von 21 m nicht mehr überschreiten.

Entlang dem Decumanus Maximus

Hinter dem Tor beginnt der rund 10 m breite Decumanus Maximus, der nach gut einem Kilometer ursprünglich am Meer endete. Rechts hinter dem Tor liegen an dieser ehemaligen Hauptverkehrsader die Horrea Neptuniana [3], nach einer Inschrift das älteste Lager- und Geschäftshaus der Stadt (2. Jh. v. Chr.), später zu Thermen umgestaltet. Da man in einem der Räume dieser Badeanlage ein Fußbodenmosaik mit Darstellungen aus dem Alltagsleben, etwa ein Fuhrwerk, fand, nannte man sie »Terme di Cisiarii«, abgeleitet vom lateinischen *cisium*, dem Begriff für einen Reisewagen.

Ein Stück stadteinwärts zweigt die Via dei Vigili vom Decumanus Maximus ab. Benannt wurde die Seitenstraße nach der zweigeschossigen Caserma dei Vigili [4], dem Sitz von Polizei und Feuerwehr. Die Kaserne hatte einen eigenen Zugang zu dem anschließenden, wieder an der Hauptstraße liegenden öffentlichen Badehaus, den Terme di Nettuno [5]. Dies war nur eine von insgesamt 18 Badeanstalten der Stadt. Sie wurde von den Ausgräbern nach dem prachtvollen schwarz-weißen Neptunmosaik im Zentralraum (1. oder 2. Jh. n. Chr.) benannt. Außer dem Sportplatz (*palaestra*) mit umlaufender Säulenhalle sind vor allem die Feuerungskanäle (Präfurnien) gut zu erkennen. Hinter der Caserma di Vigili führt die Via della Palestra zur Via della Fontana, eine der besterhaltenen Straßen der Stadt. Von den hier stehenden Wohnblöcken sind teilweise sogar noch die oberen Stockwerke erhalten.

Das Theater und seine Umgebung

Agrippa ließ um 12 v. Chr. das Theater [6] nach griechischem Vorbild erbauen. Es wurde unter Septimius Severus und Caracalla restauriert und ist bis heute mit Orchestra,

Tribünen (für etwa 2700 Zuschauer) und Bühnenhaus (*scenae frons*) gut erhalten. Das Theater und die sich dahinter anschließende Piazzale delle Corporazioni – heute ein pinienbestandener Platz – stellten eines der Haupt-(Handels-)Zentren der Stadt dar. Auf dem von Portiken gerahmten Areal, mit einem Tempel der Ceres, Göttin der Fruchtbarkeit, in der Mitte, befanden sich rund 70 Niederlassungen der bedeutendsten Handelshäuser, Zünfte und Reedereien. Mosaikfußböden, die zugleich als Firmen- und Reklameschilder dienten, priesen die jeweiligen Firmen und ihre Waren aus Karthago, Narbonne, Alexandria oder Spanien an.

Vom Theater aus eröffnet sich ein guter Blick nicht nur über die Piazzale delle Corporazioni [7], sondern auch auf das einstige Tiber-Areal. Heute wird die Stelle von einem fruchtbaren Feld und dahinter ansteigendem Gelände markiert. Dass sich im Laufe der Zeit die antike Stadt auch am anderen Tiberufer ausbreitete, belegen Fundamentreste und der unlängst gemachte Fund einer Thermenanlage. Ob dieser Stadtteil durch eine Brücke oder mittels Fähren mit dem Zentrum verbunden war, konnte noch nicht geklärt werden.

Schräg gegenüber dem Theater liegen die Horrea des Hortensius [8], eines der großen Lager- und Kaufhäuser der Stadt. Dahinter breitete sich einst die Regio V, ein dicht besiedeltes Wohngebiet bis zur Stadtmauer im Süden hin. Da der Grund noch heute landwirtschaftlich genutzt wird, wurde bislang hier nur wenig gegraben. Luftbilder und geophysikalische Prospektionsmethoden ließen jedoch Straßen und Fundamente erkennen. Man entdeckte dabei auch nahe der Stadtmauer an der Via del Sabazeo – eine in der Spätantike wichtige Ausfallstraße nach Süden – eine große frühchristliche Kirche [9]. Mehrere Sondagen 1998 erbrachten, dass es sich hierbei um die von Konstantin gestiftete Bischofskirche von Ostia handelt, eine dreischiffige Basilika mit Apsis im Osten und Atrium und Baptisterium im Westen.

Westlich des Theaters, bereits in der nächsten Insula, befindet sich im Haus des Apuleius [10] das sog. Mitreo delle Sette Sfere. Es gilt als das besterhaltene der etwa 18 Heiligtümer der Stadt, die dem im 1. Jh. n. Chr. weit verbreiteten Kult des Mithras dienten. Anders als die übrigen war dieses jedoch oberirdisch angelegt. Zurück am Decumanus, liegt auf der Südseite das Amtsgebäude jenes Priesterkollegiums, das für die Pflege des Kaiserkults zuständig war: der Sede degli Augustali [11]. Dahinter befand sich eine Fullonica, eine Tuchwalkerei. Vor der Abzweigung der Via dei Molini, der »Mühlenstraße«, nach Norden sind die Reste der Mura del Castro erkennbar, des im 4. Jh. v. Chr. entstandenen römischen Militärkastells, außerdem eine weitere Horrea [12] mit insgesamt 64 Lager- und Ladenräumen.

Danach zweigt mit der Via di Diana eine typische Wohnstraße Richtung Tiber ab; sie endet am Museo Ostiense. Die Casa di Diana [13] erhielt ihren Namen nach einem bei Ausgrabungen gefundenen Relief mit Darstellung der Jagdgöttin. Das Haus ist ein typisches Beispiel für eine Mietskaserne, ein Caseggiato, mit einer Vielzahl klein proportionierter Wohnungen. Auch die nahe Casa dei Dipinti (in der gleichnamigen Straße) bedeckte eine ganze Insula, war vier Geschosse hoch und verfügte über recht gut rekonstruierbare Kleinwohnungen mit umlaufendem Balkon im Obergeschoss. Unten befanden sich Tavernen und ein kleiner Innenhof. Gleich um die Ecke bietet sich ein gutes Beispiel für eine der unzähligen Thermopolien [14] – Weinschänken bzw. Gaststätten –, mit Resten von Tresen, Bänken, Wandmalereien und Vorratsbehältnissen.

Forum

Am Kreuzpunkt des Decumanus mit dem von Portiken gesäumten Cardo Maximus (Portici di Pio IX.) befand sich das eigentliche Herz der Stadt, das Forum [15]. Nach üb-

Ostia. Forum

lichem Planungsprinzip wurde es in römischen Städten immer am Kreuzpunkt der beiden Hauptachsen angelegt. Während sich die Piazza delle Corporazioni ganz den Handelsgeschäften verschrieben hatte, diente das Forum als kultisches und politisches Zentrum. An der Nordseite erhob sich das Kapitol [16] mit dem Tempel der Kapitolinischen Trias (Jupiter, Gattin Juno und Tochter Minerva) auf einem hohen, marmorverkleideten Zementpodest. Die Reste des heute erhaltenen Baus datieren in hadrianische Zeit, als der republikanische Vorgänger ersetzt wurde. Vom einstigen Marmortempel der Roma und des Augustus, gegenüber dem Kapitolstempel im 1. Jh. n. Chr. errichtet, ist nur mehr das Podium erhalten.

Westlich vom Kapitol lag die Curia [17], der Ratssaal,

dessen Reste auf einen Bau trajanischer Zeit zurückgehen. Gegenüber, auf der anderen Seite des Decumanus, befand sich die Basilika [18] als öffentlicher Gerichtssaal und Bank, in der erhaltenen Form ebenfalls unter Trajan entstanden. Diese Basilika war ähnlich wie jene auf dem Forum Romanum luxuriös ausgestattet und mit vielfarbigen Marmorböden versehen. Im Südwesten davon stand ein überkuppelter Rundtempel, das sog. Augusteum [19], Anfang des 3. Jh.s für den Kaiserkult errichtet. Auf dem Forumsareal durften öffentliche Toiletten (Forica) und eine Badeanlage – die Forumsthermen [20] im Südosten des Platzes – natürlich nicht fehlen. Die Latrine war alles andere als ein »stilles Örtchen«, hier wurden sogar Geschäfte getätigt, ganz nach dem Motto »pecunia non olet«, Geld stinkt nicht. Da die neuen Luxustoiletten mit steinernen Sitzbänken und Wasserspülung vor allem Kaiser Vespasian zu verdanken waren, wurden sie umgangssprachlich »Vespasiani« genannt.

Cardo Maximus und Pianabella

Folgt man dem Cardo weiter südwärts, vorbei an der Domus della Fortuna Annonaria [21] durch ein Wohnviertel, erreicht man die Porta Laurentina [22]. Auch hier schiebt sich ein Teil der republikanischen Mauer ins Blickfeld, über die die Stadt im Laufe der Kaiserzeit hinauswuchs. Direkt an der Mauer erstreckt sich der Campo della Magna Mater mit dem Tempel der Magna Mater Kybele [23], ein von Antoninus Pius angelegter Platz. An seiner östlichen Ecke steht das Sacellum des Attis [24], Tempel des phrygischen Vegetationsgottes und Geliebten der Kybele, aus dem 3. Jh. n. Chr. Ringsum entdeckte man die Reste weiterer Heiligtümer: eines Tempels der Bellona und der Schola degli Hastiferi, Versammlungort der Kybele-Gemeinde. Man schließt hieraus, dass es sich um ein Zentrum der in der Kaiserzeit beliebten orientalischen Kulte gehandelt haben wird. Auf dem Cardo geht es zurück zum Forum, vorbei an der Domus dei Pesci und dem Ninfeo degli Eroti.

Vor dem Rückweg ins Stadtzentrum lohnt jedoch ein Blick von der Porta Laurentina auf das Land außerhalb der Stadtmauer. Wo heute moderne Straßen und S-Bahn-Trasse die Sicht behindern, verlief in der Antike die wichtige Via Laurentina Richtung Süden. Vor der Mauer breitete sich bis zum eingangs erwähnten Kanal das Agrargebiet namens Pianabella aus. Seit der späten Republik war hier ein regelmäßiges gepflastertes Straßennetz entstanden. Neben kleinen Bauern- und größeren Gutshöfen befanden sich dort Nekropolen, in Stadtnähe auch Wohnhäuser und Magazinbauten sowie am Meeresufer einige prachtvolle Villen.

Zurück am Decumanus Maximus

Dort, wo der Decumanus das Forum nach Südwesten hin verließ, befand sich die Porta Occidentalis [25], eines der Tore des alten Castrums. Weiter Richtung Meer erreicht man an einem Knick der Hauptstraße mit großer Kreuzung die Taberne dei Pescivendoli. Hinter diesen Läden der Fischverkäufer befand sich ein Gebäudekomplex, der fälschlicherweise als »Macellum« [26] bezeichnet wurde. Wie Nachgrabungen der Universität Augsburg kürzlich aufgezeigt haben, handelte es sich vielmehr um einen häufig umgebauten und im Laufe der Zeit vielseitig genutzten Komplex mit Wohnungen, Werkstätten und Tavernen.

Im letzten Abschnitt des Decumanus befinden sich rechtsseitig die Ruinen einer frühchristlichen Basilika [27], die Anfang des 4. Jh.s von Konstantin in einer vormaligen Thermenanlage errichtet worden war. Obwohl in Ostia angeblich bereits früh eine große christliche Gemeinde existiert haben soll, wurden bisher nur zwei frühchristliche Kirchen gefunden. Gegenüber liegen die »Thermen der sechs Säulen« und daneben die Schola del Traiano [28], nach einer dort gefundenen Panzerstatue des Kaisers benannt. In Wahrheit wird es sich eher um das Versammlungshaus einer Korporation (Schiffsbauer und Reeder) gehandelt haben. Südlich schließt sich am Decumanus die Insula della Fontana a Lucerna an. In den Häusern befanden sich unten Läden und in den oberen Stockwerken Wohnungen; der ganze Block hatte eine Länge von etwa 108 m.

Westlich des Decumanus erstreckt sich das einheitliche Luxuswohnviertel, das man als Art »Gartenstadt«, Wohnsitz der Besseren in Strandnähe, bezeichnen könnte. Dazu gehört zunächst an der Via delle Volte Dipinte die gleichnamige Casa [29], ein Bürgerhaus aus dem 2. Jh. n. Chr. mit Fresken und Mosaiken, sowie die Domus dei Dioscuri. Die gegenüber liegende Insula delle Muse wurde benannt nach den dort gefundenen Wandmalereien mit Musendarstellungen im 3. Pompejanischen Stil. Die Case a Giardino [30] bestehen aus vier Gebäuden, die einen Rasenplatz umschließen, der zwei weitere Blocks fasste. Die Wohnungen der kleinen Gartenstadt verfügten nicht nur über viel Grün, sondern über Luxuseinrichtungen wie beheizbare Badezimmer oder Mosaikböden.

In der gegenüber, am Cardo degli Aurighi, liegenden Insula fanden sich Reste von zwei Thermenanlagen, den Trinacria-Thermen und den »Thermen der Sieben Weisen« [31]. Einige Räume der letztgenannten gehörten ursprünglich zu einer Taverne – das namengebende Wandbild, das die Umkleidekabine der Therme zierte, stammte eigentlich aus einer Weinstube. Die sieben dargestellten Weisen, drei sind mit Namensinschrift versehen, erteilen dem Betrachter Ratschläge zur besseren Verdauung. In weiteren Räumen sind neben Wandmalerei auch Fußbodenmosaiken erhalten. Rings um die Thermen gruppieren sich in den Insule del Serapide und degli Aurighi große Wohnblöcke, teilweise bis zum zweiten Stockwerk erhalten.

In der Via delle Foce liegt eine weitere Badeanstalt, die Mithras-Thermen [32], mit entsprechendem Heiligtum im

Untergeschoss. Zudem befindet sich hier der Tempel des Herkules [33] als Teil eines Heiligtums mit insgesamt drei republikanischen Tempeln. Die dahinter liegende Domus di Amore e Psiche [34] wurde im 4. Jh. n. Chr. von einem Geschäfts- in ein Wohnhaus umgewandelt und nach einer hier entdeckten kleinen Figurengruppe (heute Gipsreproduktion) des berühmten mythischen Liebespaares benannt. Ausstattung und Proportionen deuten auf wohlhabende Besitzer hin. Neben dem Haus liegt die Terme di Buticosus, und gegenüber die Horrea Epagathiana e Epaphroditiana [35], ein Geschäfts- und Lagerhaus mit schönem, von zweistöckigen Arkaden umgebenem Innenhof. In den oberen Stockwerken gab es Wohnungen, die zur Straße hin Loggien aufwiesen. Diesen Bautypus des kombinierten wuchtigen Lager- und Wohnhauses entwickelten übrigens Renaissance-Baumeister zum Palazzo weiter.

Ostias antiker Strand, Isola Sacra und Portus

Das ewige Problem Ostias hieß Versandung. Verließ man in der Antike durch die Porta Marina die ummauerte Stadt, stand man direkt am Meer. Heute liegt die Küste Kilometer entfernt; lediglich der Torre Boacciana, im Mittelalter auf einem antiken Leuchtturm errichtet, markiert den alten Küstenverlauf. Von hier führte eine Straße zur Isola Sacra und zum Tiberkanal mit dem trajanischen Hafenbecken. Vor der Stadtmauer, am antiken Strand, standen einige vornehme Häuser, wie die Domus fulminata, die ihren Namen von einem Mosaik mit Blitze schleuderndem Jupiter erhielt. Gegenüber erstreckten sich die Thermen der Marciana, die letzte Badeanlage der Stadt, die bis ins 6. Jh. n. Chr. hinein in Betrieb war. Daneben legen die spärlichen Überreste einer Synagoge aus dem 1. Jh. n. Chr. Zeugnis von der Existenz einer jüdischen Gemeinde in Ostia ab.

Nicht mehr zum Ausgrabungsgelände gehörig und nur über die moderne Straße, die von Ostia zum Flughafen führt, erreichbar, befindet sich auf der nördlichen Tiberseite die Isola Sacra. Diese Nekropole, die besterhaltene Totenstadt Roms, lag ursprünglich auf halben Weg zwischen Ostia und dem trajanischen Hafenbecken; sie wurde von trajanischer Zeit bis zum Ende des 4. Jh.s benutzt.

114 n. Chr. hatte Trajan unter Einbeziehung eines Vorgängerbaus des Claudius (42–54 n. Chr.) westlich von Ostia ein neues sechseckiges Hafenbecken anlegen lassen. Der Zugang erfolgte nicht mehr über den Tiber, sondern über einen großen Kanal, den »canale navigabile«, der, mit kleinen Veränderungen im 17. Jh., bis heute die Verbindung zum Meer herstellt. Anstelle des rund 800 m breiten Hafenbeckens, das eine Fläche von 330 000 qm bedeckte und etwa 200 Schiffen Platz bot, befindet sich heute ein kleiner See, hinter dem sich der internationale Flughafen Leonardo da Vinci erstreckt. Der »Lago Traiano« liegt auf Privatgrund und ist nicht zu besichtigen, man kann lediglich im umgebenden Gestrüpp noch Reste der gigantischen Lagerhallen erkennen.

Rund 1 km nördlich der Isola Sacra entdeckte man die (nur auf Anmeldung zugänglichen) Reste der im Zuge mit dem neuen Hafen entstandenen Stadt Portus, die langsam die Rolle Ostias übernahm. Im Museo delle Navi di Fiumicino sind die Funde von hier ausgestellt und Informationen erhältlich.

Villa Adriana in Tivoli

Anlage und Baukonzeption

Die römische Kaiservilla in Tivoli, die Villa Adriana, gehört zu den 15 meistbesuchten Monumenten in Italien. Die Anlage erstreckt sich südwestlich und unterhalb des modernen Orts Tivoli und umfasst rund 60 ha. Trotz der enormen Ausmaße und des hohen künstlerischen Anspruchs berichten nur wenige literarische Quellen (etwa Aurelius Victor) über die größte und wohl auch prächtigste kaiserzeitliche Palastanlage ihrer Zeit. Ihre Ausstrahlung reicht bis in der Moderne: Das »Hearst Castle« von William R. Hearst (1922–27) im kalifornischen San Simeon erinnert in vielerlei Hinsicht daran.

Ziegelstempel geben Aufschluss über die Bauzeit: Die Kaiservilla war in zwei Bauphasen entstanden, die erste zwischen 118 und 125, die zweite von 125 bis 133 n. Chr. Einen Teil der Ländereien hatte Hadrian bereits vor seiner Thronbesteigung im Jahr 117 geerbt, den Großteil nach und nach erworben. Ursprünglich war der Komplex lediglich als Altersruhesitz und idyllische Sommerresidenz geplant, doch Hadrian schien Gefallen an dem Ort gefunden zu haben. Tivoli entwickelte sich zu seinem ständigen Wohnsitz, den er zwischen seinen Reisen durchs Reich immer wieder aufsuchte. Der vielgereiste »Weltenbürger« und Philhellene umgab sich in Tivoli mit den architektonischen Erinnerungsbildern seiner Reisen; Bauten, die ihn unterwegs begeistert hatten, ließ er mehr oder weniger exakt nachbauen. Er kehrte Rom weitgehend den Rücken und ließ sogar die Verwaltung hierher verlegen. Zeitweise sollen bis zu 20 000 Menschen auf dem Areal der Villa und im Umkreis gelebt haben.

Nach dem Tod des 62-jährigen Kaisers im Jahre 138 im Bade- und Erholungsort Baiae bei Neapel – die Prunkvilla war erst wenige Jahre zuvor fertiggestellt worden – wurde sie noch bis ins 3. Jh. hinein von mehreren Nachfolgern als Sommersitz genutzt. Nachdem Konstantin Byzanz zur Hauptstadt des Weströmischen Reiches erhoben hatte und dorthin übersiedelt war, verfiel die Villa zusehends und wurde im Mittelalter als Steinbruch genutzt. Im 16. Jh. führte Pirro Ligurio im Auftrag des Adeligen Ippolito d'Este erste Geländeuntersuchungen durch, und Piranesi fertigte als Erster 1780 Zeichnungen und einen Plan an. 1870 gelangte das Areal dann in Staatsbesitz, doch auf systematische Grabungen wartete man noch bis in die 1950er-Jahre hinein. Die etwa 300, trotz jahrhundertelangem Steinraub auf dem Gelände gefundenen Skulpturen sind heute auf Museen in aller Welt verteilt.

Heute präsentiert sich das große Villenareal in malerischer Lage mit idyllisch überwachsenen, dennoch beeindruckenden Resten des Ziegelmauerwerks und üppiger Vegetation. Die Ruinen, in denen noch immer punktuell gegraben wird, vermitteln trotz ihrer Fragmentiertheit einen lebhaften Eindruck von Hadrians luxuriösem und ungewöhnlichem Wohnsitz. Zu einer besseren Vorstellung von den Dimensionen des Gesamtkomplexes und seinen zahlreichen miteinander verbundenen Einzelbauten verhilft ein Modell im Eingangspavillon. Beim Rundgang lohnt es sich, auf technische und künstlerische Details wie auf die unterschiedlichen (Mosaik-)Böden, Mauertechniken und Kuppelkonstruktionen, Stuckaturen und Wandverkleidungen zu achten. Das kleine Museum ist leider oft wegen Personalmangels oder Restaurierungsarbeiten geschlossen.

Hadrians Sommerresidenz zu Füßen der Sabiner Berge ist aus mehreren Gründen ein architektonisches Unikum: Einmal konnten sich hier die einzelnen Bauteile ohne räumliche Begrenzungen frei entfalten, zum anderen handelt es sich erstmals um eine nicht nach funktionellen, sondern nach den subjektiven Vorstellungen des Auftraggebers geschaffene Architektur für dessen ureigenen Zwecke. Es wundert daher nicht, dass die Anlage mit den Prinzipien und Traditionen des sonst üblichen Repräsentationsbaus wenig gemeinsam hat, stattdessen scheinbar von Planlosigkeit geprägt ist. Ein weiterer Aspekt macht die Konzeption so ungewöhnlich: Hadrian ließ Bauten und teilweise ganze Baukomplexe oder Landschaftsdetails, die ihn auf seinen Reisen beeindruckt hatten, nachbauen – beispielsweise das Canopus-Tal in Ägypten oder die Athener Akademie.

Der eigentliche Kaiserpalast macht nur einen Teil der Anlage aus. Daneben existieren Gästehäuser, Wirtschaftsgebäude, Thermen, ein Hippodrom, ein Stadion, Tempel, Nymphäen, eine Kaserne für die Leibgarde, Fischteiche, ausgedehnte Garten- bzw. Parkanlagen sowie landwirtschaftliche Anbauflächen. Hadrian war nicht nur gräkophil, sondern auch ein musisch interessierter Philosoph, weshalb auch ein griechisches Theater, Bibliotheken sowie ein Vortrags- bzw. Diskussionssaal nicht fehlen.

Genaue Angaben zum Zweck mancher Bauten oder Räume zu machen ist bis heute problematisch, erst recht, weil bisher nur ein Teil des Gesamtareals ausgraben ist. Die meisten Benennungen, wie »Accademia«, »Piazza d'Oro«, »Philosophensaal« oder »Bibliothek« basieren auf Vermu-

---

Tivoli, Villa Adriana

1 Stoa Poikile
2 Fest-Triclinum
3 »Cento Camerelle«
4 kleine Thermen
5 große Thermen
6 Canopus
7 Nymphäum
8 Turm von Roccabruna
9 »Accademia«
10 »Prätorium«
11 Stadion oder Nymphäum
12 Audienzsäle
13 Kaserne
14 Piazza d'Oro
15 Winterpalast
16 Cortile delle Biblioteche
17 Teatro Marittimo
18 Heliocaminus
19 Terrasse
20 griechisches Theater
21 Venus-Tempel
22 Palaestra

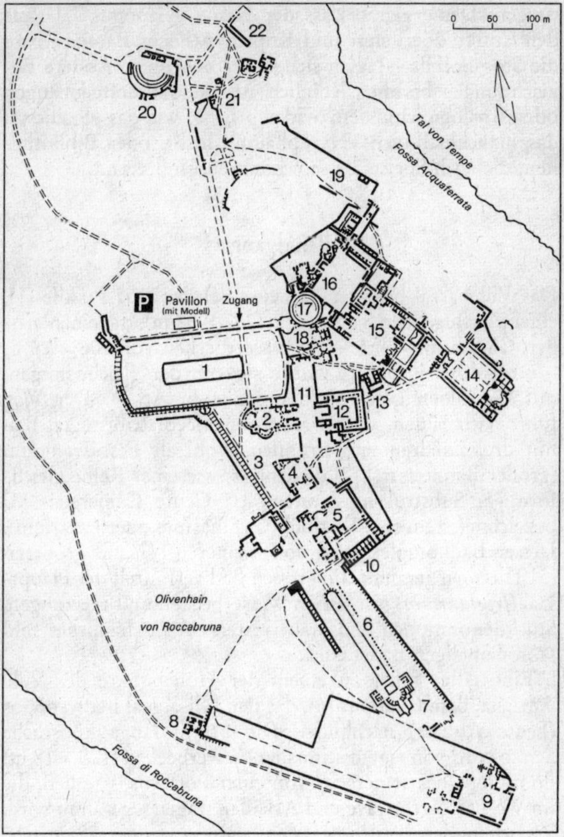
0
50
100 m
22
20
21
Tal von Tempe
Fossa Acquaferrata
19
16
P
Pavillon
(mit Modell)
Zugang
17
15
18
14
1
11
13
12
2
3
4
5
10
Olivenhain
von Roccabruna
6
7
8
Fossa di Roccabruna
9

tungen. Demgegenüber ist der Name »Canopus-Tal« aus der Antike überliefert und Kopien Athener Bauten – wie die Stoa Poikile – lassen sich sicher benennen. Andere Bezeichnungen beruhen lediglich auf Fundzusammenhängen oder Analogieschlüssen; Widersprüche, wie das »Stadion«, das manchmal auch »Nymphäum« heißt, oder Bibliotheken, die auch Speisesäle sein könnten, sind geläufig.

Rundgang

Das Villenareal betritt man heute bei der Stoa Poikile [1], einer vierflügeligen Säulenhalle (232 × 97 m), die einen großen Garten mit Teich – ein Wasserbecken von 106 × 26 m – umschloss; inspiriert wurde sie von der gleichnamigen, mit Gemälden geschmückten Halle in Athen. Der Weg führt nach Süden, vorbei an einem kleeblattförmigen Bau mit drei Exedren und Brunnen, wohl als Fest-Triclinum (großer Bankettsaal) [2] dienend, sowie einer Reihe gleichförmiger Substruktionsbauten, als »Cento Camerelle« [3] bezeichnet, zum sog. Vestibül (Gymnasium oder Lararium). Dieser Baukomplex wird von kleineren [4] und größeren [5] Thermen gerahmt. Im großen Bad vermittelt der Hauptsaal (*frigidarium*) mit seinen Wasserbecken und Heizungen, Stuckdekorationen und Mauerresten ein anschauliches Bild vom damaligen Badeluxus.

Eine Allee führt zu einem der Höhepunkte der Villa Adriana, dem Canopus [6], das den Nil-Kanal bei Kanopos (heute Abukir) nachbildet. Die 240 m lange künstliche Senke wird von einem schmalen Wasserbecken (120 × 18 m) dominiert, das seinerseits von einer Portikus – Säulen, die im Wechsel Architrave und Arkaden tragen – gerahmt wird. Zwischen den Säulen standen Statuen, wobei ägyptische Themen, v. a. Tiere (z. B. Krokodile), besonders beliebt waren, außerdem gab es Amazonen, Karyatiden, die Aphrodite von Knidos, Personifikationen von Nil und Tiber, Porträts und anderes. Die Anlage diente wohl der Veranstaltung von Sommerfesten und wird durch ein Nymphäum (Serapeion [7]) mit zentraler Exedra im Süden abgeschlossen. Im Südwesten des Canopus befindet sich, umgeben von Olivenbäumen, der Turm von Roccabruna [8], ein allein stehender Aussichtsturm, an den sich die noch wenig erforschte »Accademia« [9], ein selbständiger kleiner Palastbereich, anschließt.

Vorbei am sog. Prätorium [10], einem mehrstöckigen Bau mit Wohnungen für Diener und Unterkünften für die Prätorianergarde, der möglicherweise auch als Magazin- und Verwaltungsbau diente, führt der Rundgang zu einem kreuzförmigen, ursprünglich zweigeteilten Komplex: im Norden eine Gartenanlage mit Brunnen und im Süden ein Stadion (oder Nymphäum [11]) mit Zuschauertribünen. Östlich davon schlossen sich Audienzsäle [12] und ein weiterer Hof mit einem großen Wasserbecken an, eine weitere Kaserne [13] stand daneben.

Bei der Piazza d'Oro [14] befinden wir uns im repräsentativen Bereich der Villa. Die zugehörigen, überwölbten Räume weisen ungewöhnliche Grundrisse auf und waren kostbar mit verschiedensten Materialien ausgestaltet. Zur Anlage gehörten kleine Nymphäen, mehrere Höfe und eine kleeblattförmige Aula. Im Nordosten schloss sich der sog. Winterpalast [15] mit dem »Dorischen Pfeiler-Saal« (vielleicht ein Gerichtssaal) und einem großem Apsidial-Raum, dem sog. Thronsaal, an.

Den Kern des Gesamtkomplexes bildet der private Palast, der nördlich des Winterpalastes folgt. Dieser Teil mit einem großen Peristylhof, dem Cortile delle Biblioteche [16] im Zentrum, geht auf jenes Gebäude zurück, das Hadrian von seinem Großvater mütterlicherseits geerbt hatte und das in republikanische Zeit datiert. Hier befand sich der private Wohnbereich des Kaisers und seiner Gäste, wie das im Osten anschließende Gästehaus belegt, in dessen Nähe sich auch das Triclinio imperiale (Speisesaal) und eine Kü-

Tivoli, Villa Adriana. Teatro Marittimo

che befunden haben. Durch einen trapezoiden Hof mit diesem Komplex verbunden sind die sog. lateinische und die griechische Bibliothek, die jedoch zugleich als Speisesäle oder Sommer-Triclinium gedeutet werden.

Das Teatro Marittimo [17] gilt als einer der ungewöhnlichsten Baukomplexe der Antike und hat nichts mit einem Theater zu tun. Inmitten eines kreisrunden kleinen künstlichen Sees liegt eine Insel von 24,5 m Durchmesser, gerahmt von einer kreisförmigen Wandelhalle und über kleine Zugbrücken erreichbar. Hierher zog sich Hadrian zurück, wenn er ungestört sein wollte. Südöstlich liegt eine kleine Badeanlage mit dem sog. Heliocaminus [18]. Dieser Rundsaal war mit Kassettenkuppel und Becken sowie hohen Fenstern versehen, die den Raum bei Sonnenschein erwärmten. An das Teatro schließt sich im Westen der Philosophensaal an, der aufgrund der vorhandenen Wandnischen für Schriftrollen als Bibliothek gedeutet wurde.

Im Norden des Hauptkomplexes führt ein Weg über eine Terrasse [19], die einen schönen Blick auf das Tempe-Tal gewährt. Hier finden sich Reste weiterer Bauten: ein griechisches Theater [20], der sog. Venus-Tempel (oder Nymphäum [21]), in dem sich eine Kopie der berühmten *Venus von Knidos* befunden haben soll, und eine Palaestra [22].

Anhang

Literaturhinweise

1. Fachliteratur

Andreae, Bernard: Die Kunst des alten Rom. Freiburg 1989.
Bengtson, Hermann: Römische Geschichte. Republik und Kaiserzeit bis 284 n. Chr. München 1985.
Bianchi Bandinelli, Ranuccio: Die Römische Kunst. München 1975.
Blume, Hans-Dieter: Einführung in das antike Theaterwesen. Darmstadt 1984.
Brendel, Otto J.: Was ist römische Kunst? Köln 1990.
Brödner, Erika: Die römischen Thermen und das antike Badewesen. Darmstadt 1983.
Buchner, Edmund: Die Sonnenuhr des Augustus. Mainz 1982.
Carcopino, Jerome: Rom. Leben und Kultur in der Kaiserzeit. Stuttgart 1977.
Christ, Karl: Die Römer. München 1979.
Coarelli, Filippo: Rom. Ein archäologischer Führer. Mainz 2000.
Filippi, Fedora (Hrsg.): Archeologia e giubileo: gli interventi a Roma e nel Lazio nel piano per il Grande Giubileo del 2000. Rom 2001.
Fuhrmann, Manfred: Cicero und die römische Republik. Hamburg 1989.
– Geschichte der römischen Literatur. Stuttgart 1999.
Heilmeyer, Wolf-Dieter [u. a.]: Kaiser Augustus und die verlorene Republik. Ausstellungskatalog Antikenmuseum Berlin, Staatliche Museen Preußischer Kulturbesitz. Mainz 1988.
König, Ingemar: Kleine römische Geschichte. Stuttgart 2001.
Kolb, Frank: Rom. Die Geschichte der Stadt in der Antike. München 1995.
Latte, Kurt: Römische Religionsgeschichte. München 1967.
Meier, Christian: Caesar. Berlin 1982.
Neumeister, Christoff: Das antike Rom. Ein literarischer Stadtführer. München 1993.
Pallottino, Massimo: Italien vor der Römerzeit. München 1987.
Raith, Werner: Das verlassene Imperium. Über das Aussteigen des römischen Volkes aus der Geschichte. Berlin 1982.
Simon, Erika: Augustus. Kunst und Leben in Rom um die Zeitenwende. München 1986.

Stützer, Herbert Alexander: Die Etrusker und ihre Welt. Köln 1975.
Weiler, Ingomar: Der Sport bei den Völkern der alten Welt. Darmstadt 1981.
Zanker, Paul: Augustus und die Macht der Bilder. München 1987.

2. Historische Quellen

Augustus: Res gestae. Tatenbericht. Übers., komm. und hrsg. von M. Giebel. Stuttgart 1975.
Cicero, Marcus Tullius: Epistulae ad Atticum. Briefe an Atticus. Ausgew., übers. und hrsg. von Dietmar Schmitt. Stuttgart 1992.
– Tusculanae disputationes. Gespräche in Tusculum. Übers. und hrsg. von E. A. Kirfel. Stuttgart 1997.
Horatius Flaccus, Quintus: Sämtliche Gedichte. Mit einem Nachw. hrsg. von B. Kytzler. Stuttgart 1992.
Livius, Titus: Ab urbe condita. Römische Geschichte. Liber I–V, XXI, XXII. Übers. und hrsg. von R. Feger [u. a.]. Stuttgart 1981 ff.
Mark Aurel: Selbstbetrachtungen. Übers. von A. Wittstock. Stuttgart 1949 [u. ö].
Ovidius Naso, Publius: Metamorphosen. Epos in 15. Büchern. Übers. und hrsg. von H. Breitenbach. Stuttgart 1971.
– Ars amatoria. Liebeskunst. Übers. und hrsg. von M. v. Albrecht. Stuttgart 1992
Petronius: Satyrikon. Ein römischer Schelmenroman. Übers. und erl. von H. C. Schnur. Stuttgart 1968.
Plinius Secundus, Caius: Naturalis Historiae. Naturkunde. Gesamtausgabe in 37 Bänden. Hrsg. und übers. von R. König und Gerhard Winkler. München 1978.
Plinius Caecilius Secundus, Caius: Epistulae. Briefe. Übers. und hrsg. von H. Philips. Liber I–X. Stuttgart 1987 ff.
Polybios: Historien. Ausgew. und übers. von K. F. Eisen. Stuttgart 1974.
Sallustius Crispus, Caius: Historiae. Zeitgeschichte. Reden und Briefe. Übers. und hrsg. von O. Leggewie. Stuttgart 1975.
Seneca, Lucius Annaeus: De brevitate vitae. Von der Kürze des Lebens. Übers. und hrsg. von J. Feix. Stuttgart 1977.
– De vita beata. Vom glücklichen Leben, Übers. und hrsg. von F.-H. Mutschler. Stuttgart 1990.

Suetonius Tranquillus, Caius: Augustus. Übers. und hrsg. von D. Schmitz. Stuttgart 1988.
– Caesar. Übers. und hrsg. von D. Schmitz. Stuttgart 1999.
Tacitus Cornelius, Publius: Germania. Übers. und hrsg. von M. Fuhrmann. Stuttgart 1971.
– Historien. Übers. und hrsg. von H. Vretska. Stuttgart 1984.
Vergilius Maro, Publius: Aeneis. Übers. und hrsg. von W. Plankl [u. a.]. Stuttgart 1996 ff.
Vitruvius Pollio, Marcus: De Architectura Libri Decem, Zehn Bücher über die Architektur. Darmstadt 1981.

3. Stadt- und Museumsführer

Es existiert eine neue Serie von Publikationen der Soprintendenza Archeologica di Roma (Hrsg.), die sich mit einzelnen Museen oder Ausgrabungen befassen, z. B.:

Il Foro Romano. Rom 1997.
Il Palatino. Rom 1998.
La Valle del Colosseo. Rom 1998.
Museo Nazionale Romano. Palazzo Altemps. Rom 1998.
Terme di Diocleziano. Rom 1998.
Domus Aurea. Rom 1999.
Museo Nazionale Romano. Palazzo Massimo alle Terme. Rom 1999.

Bertoletti, Marina [u. a.] (Hrsg.): Sculture di Roma antica. Collezioni di Musei Capitolini alla Centrale Montemartini. Rom 1999.
Brinke, Margit / Kränzle, Peter: Rom und Umgebung. Stadtführer. Dormagen 2001.
Hacquard, Georges [u. a.]: Das antike Rom. Bamberg 2002.
Henze, Anton [u. a.]: Kunstführer Rom. 5., neu bearb. Aufl. Stuttgart 1994.
Höcker, Christoph: Antikes Rom. Köln 1997.
Moretti Sgubini, Anna Maria: Il Museo Nazionale Etrusco di Villa Giulia. Rom 1999.
Stützer, Herbert Alexander: Das antike Rom. Köln 1979.
Tomei, Maria Antonietta: Museo Palatino. Rom 1997.

4. Lesestoff

Bergengruen, Werner: Römisches Erinnerungsbuch. Freiburg 1983.
Breidecker, Volker: Rom. Ein kulturgeschichtlicher Reiseführer. Stuttgart 2000.
Gadda, Carlo E.: Die gräßliche Bescherung in der Via Merulana. Berlin 1998.
Goethe, Johann Wolfgang: Italienische Reise. Hrsg. von Christoph Michel. Frankfurt 1976.
Herre, Franz: Rom. Historische Spaziergänge. Köln 1999.
Kaschnitz, Marie Luise: Engelsbrücke. Römische Betrachtungen. München 1975.
Knapp, Margit (Hrsg.): Rom. Eine literarische Einladung. Berlin 1996.
Kolb, Frank: Rom. Die Geschichte der Stadt in der Antike. München 1995.
Krautheimer, Richard: Rom. Schicksal einer Stadt 312–1308. München 1987.
Malerba, Luigi / Pasolini, Pier Paolo / Moravia, Alberto: Rom erzählt. München 2001.
Moravia, Alberto: Das Mädchen vom Tiber. Römische Erzählungen. München 1990.
– Römische Erzählungen / Racconti romani. München 1990.
– La romana, Mailand 1998.
Pasolini, Pier Paolo: Ragazzi di Vita. Berlin 2000.
Rosendorfer, Herbert: Mitteilungen aus dem poetischen Chaos. Römische Geschichten. Köln 1991.
– Rom. München 1993.
Stendhal: Reise in Italien. München 1996.
Waiblinger, Franz Peter (Hrsg.): Rom. Ein literarischer Führer. Darmstadt 2000.
Yourcenar, Marguerite: Ich zähmte die Wölfin. Die Erinnerungen des Kaisers Hadrian. München 1986.

Abbildungsnachweis

Alinari, Florenz: 151
Anderson: 154
Margit Brinke / Peter Kränzle, Augsburg: 49, 72, 84, 96, 109, 114, 146, 155, 162, 166, 168, 190, 258
Werner Neumeister, München: 61, 112, 116, 157, 200, 225, 229, 246
Theodor Schwarz, Urbach: 8 f., 68 f., 100, 139, 163, 171, 177, 240 f., 255
Giovanni Simeone: 121
Verlagsarchiv: 59, 83, 88 f., 103, 118, 128, 131, 143, 149, 174

Personenregister

Haupteinträge sind halbfett hervorgehoben; kursivierte Ziffern verweisen auf Abbildungen. Zu den Regierungsdaten der Kaiser siehe S. 30–32

Objektregister

Zu den Autoren

Margit Brinke und Peter Kränzle, Jahrgang 1959 und 1957, sind promovierte Klassische Archäologen mit Nebenfächern Kunstgeschichte und Alte Geschichte (Augsburg und Würzburg). Tätigkeit als Ausgrabungsleiter in Augsburg (Stadtarchäologie / Römisches Museum); seit 1994 freie Journalisten und Autoren mit einem eigenen Büro, spezialisiert auf Sport- und vor allem Reisejournalismus (USA, Europa).

Publikationen (Auswahl): Bruckmanns Städteporträts: Rom (1997). – Bruckmanns Länderporträts: Kalifornien (1997). – San Francisco und Umgebung (1997, 2000). – Rom und Umgebung, Stadtführer (1999, 2001). – Weine Kaliforniens, Oregons und Washingtons (1999). – Kreta (1999, 2000, 2001). – New York City (1999, 2001). – Andalusien (2001).

Italienische Kunst- und Kulturgeschichte bei Reclam

Volker Breidecker. *Rom.* Ein kulturgeschichtlicher Reiseführer. 328 S. Mit 60 Abb. 1 Stadtplan. Gebunden

Jacob Burckhardt. *Die Kultur der Renaissance in Italien.* Ein Versuch. Hrsg. und mit einer Einführung von Walther Rehm. 632 S. UB 6837

Jérôme Carcopino. *Rom.* Leben und Kultur in der Kaiserzeit. Vorwort von Raymond Bloch. Hrsg. von Edgar Pack. 520 S. 113 Abb. 5 Karten. Gebunden

Jane F. Gardner. *Römische Mythen.* Aus dem Englischen übersetzt von Ingrid Rein. 156 S. Mit 39 Abb. und 1 Karte. Gebunden

Kleines Wörterbuch der frühchristlichen Kunst und Archäologie. Von Heinrich Laag. Mit einem Anhang altgriechischer Fachwörter und 100 Abb. 277 S. UB 8633

Künstler-Porträts. Bilder und Daten. Von Angela Beeskow. 446 Seiten. Mit 204 Abbildungen. UB 9451

Kunstführer Florenz. Von Manfred Wundram. 401 S. Mit 213 Fotos, Rissen, Plänen und Übersichtskarten sowie 50 Farbabb. Gebunden